KB043276

초등학교 선생님이 교실에서 검증한

초등 독서인문
첫걸음 떼기

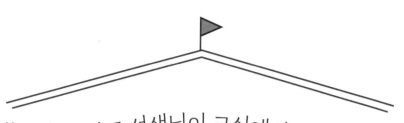

★ 초등학교 선생님이 교실에서 검증한 ★

초등
독서인문
첫걸음 떼기

박상아·양지수 지음

더블북

추천의 글

　서양교육사에서 학교교육을 설명하는 가장 강력한 이론은 자유교육이고, 고대 그리스 시대의 아리스토텔레스와 이소크라테스까지 소급된다. 아리스토텔레스의 스콜레에 연원을 둔 자유교육은 인간의 이성과 마음을 계발하는 교육이었다. 자유교육은 중세의 7자유학과, 르네상스 시기의 형식도야 이론을 거쳐 현대에 이르러 허스트의 지식의 형식 이론으로 발전했다. 자유교육은 실용교육의 도전을 받기도 하였지만 줄곧 교육의 본령으로 자리매김했다.

　이 책은 오늘날 학교교육의 기초가 되어 있는 독서와 작문을 자유교육의 맥락에서 '독서인문'으로 짚어내고 있다. 필자의 혜안이 놀랍기 그지없다. 필자는 독서인문의 사례를 설명하기 위해 서양뿐만 아니라 동양과 우리나라의 역사 속으로 천착해 들어가고 있다.

　이 책의 미덕은 훌륭한 문제 제기를 한 것에 그치지 않고, 어떻게 문제를 해결할 수 있는지 보여주는 것에 있다. 독서와 작문 교육과 관련하여 시중에 나와 있는 대부분은 매우 이론적이거나 아니면 매우 실천적이다. 전자로는 구체적 실천 방법을 짐작할 수 없고, 후자로는 활동을 포괄하는 방향을 알기 어렵다. 그에 비해 이 책은 독서와 작문을 인문학의 시각에서 바라본 후에 심리학에 발전시켜온 방법을 통해 초등학교 교실 속에서 구현하고 있다.

그저 평범해 보이는 초등학교 교사가 이 책을 구상하였다는 점이 믿어지지 않을 정도로 지적 탐구 과정이 놀랍다. 이 책은 의외로 힘 있는 책이 될 것이다. 독서와 작문의 교육을 담당하는 초등학교 교사들, 예비 초등 교사들, 독서와 작문 연구자들, 독서와 작문의 교육과 정책을 기획하는 정책 입안자들께서 읽어보기를 추천한다.

_천경록(광주교육대학교 국어교육과 교수)

독서인문역량은 삶의 힘을 기르는 좋은 방법이다. 누구나 한 번쯤 은 실행해보고 싶어하지만 누구나 쉽게 실행할 수 없는 게 독서인문 역량 강화다.

이 책은 독서인문강화를 누구나 쉽게 실행할 수 있게 하는 길라잡이다. 읽기, 쓰기에 흥미를 느끼지 못하는 아이들 그리고 읽기, 쓰기의 중요성을 간과하는 교사와 부모들을 위한 책이다. 단순히 읽기에서 끝나지 않고 다른 시각으로 바라보기, 글로 쓰기, 책을 즐기는 태도까지 잡는다.

그림책, 고전 도서, 쓸 거리도 제공하며 나의 삶과 연관 짓는 글쓰기까지 생생한 사례가 듬뿍 담겨 있다. 교실에서, 가정에서 독서인문 역량 강화를 쉽게 실행하게 해준다. 읽고 쓰기의 본질적인 즐거움을 느끼고 행복한 삶을 살아갈 아이들이 기대된다.

_신승(삼호서초등학교장)

감각적 영상, 그림, 스마트 통신 매체 등이 아이들의 주변을 두껍게 감싸고 있다. 그 두께만큼 책과 텍스트는 멀어지는 현실이다. 독서가 왜 필요한지, 쓰기를 어떻게 해야 하는지에 대한 절실함이 현저하게 사라지고 있다. 이 책은 읽기와 쓰기에 대하여 아이들의 눈높이에서 교사의 시선으로 내용들을 엮었다. 교육 현장의 고민을 덜어내는 데 큰 울림이 될 것으로 믿는다. 젊은 선생님들의 용기와 열정에 응원을 보낸다.

_김완(교육칼럼니스트, 전 함평교육장)

독서는 즐거움이 수반되어야 하며 독서교육은 궁극적으로 평생 독자를 길러내는 데 기여해야 한다. 강요된 독서가 아닌 자발적인 독서 습관을 이끌어내기 위해 현장에서 교사들은 많은 고민을 한다. 독서 환경 조성, 동기 부여, 다양한 프로그램들을 운영하지만 학생들에게는 쉽게 와 닿지 않는다. 글쓰기 지도 또한 비슷한 어려움을 겪고 있는 것이 현실이다.

이 책은 학교 현장에서 독서와 글쓰기 지도의 어려움을 해결할 수 있도록 그 방법에 대해 안내하고 있으며 수업 사례 제시 등을 통해 학급에서 직접 적용해 볼 수 있도록 구성되어 있다. 초등학교에서의 독서지도와 효율적인 글쓰기 지도를 고민하는 이들에게 작은 밑거름이 되리라 생각된다.

_이현(신흥초등학교 교감)

이 책은 우리 아이들이 새로운 가치를 형성할 수 있는 고민·사유·성찰의 독서인문교육이 미래교육이라고, 아니 현재 교육의 지향점이 되어야 한다는 것을 알려준다. 그리고 독서인문교육을 방향성만이 아니라 실천 방안 측면에서 다루어 현장 교사에게 독서인문교육을 쉽게 이해하고 실천할 수 있는 지침서가 될 것으로 기대한다. 더불어 박상아, 양지수 선생님의 이런 노력을 담은 이 책이 스스로 성장하고자 노력하는 많은 교사에게 힘이 되어 줄 수 있기를 바란다.

_이성래(삼학초등학교 교감)

독서인문이 가진 힘

책 읽는 즐거움과 글쓰기의 짜릿함

되돌아보기

"자, 이제 교과서 38쪽에 여러분의 생각을 써봅시다."

"아!"

얼마나 짧고도 강렬한 탄식인가. '여러분의 생각을 써봅시다.'라는 마법의 주문이 나오는 순간, 아이들은 일제히 하나의 감탄사를 뱉기 일쑤다. 기껏해야 한 뼘 크기인 종이 속 공간이지만 오로지 자기 머릿속에서 나온 문장으로 채워야 한다는 생각에 아이들은 몸을 배배 꼬고 울상을 짓는다. 잠시 소란해진 교실은 교사의 재촉하는 소리에 느릿느릿 연필을 움직인다.

연필이 사각대는 소리 외에는 쥐 죽은 듯 조용한 교실에 유독 막막한 표정을 짓고 있는 아이들이 있다. 연필도 들지 않은 채 온몸으로 '나 집에 가고 싶어요.', '뭐라고 써야 해요?'를 표현하는 아이들. 글자 사이에서 길을 잃은 채 어디로도 가지 못하고 있는 아이들. 그런 아이들을 보고 있자면 교사인 나 또한 몸에 힘이 쭉 빠지며 한숨이 절로 샌다. 최후의 수단으로 '쓴 내용을 발표해야 합니다.'를 외쳐야만 한두 줄쯤 쓰고 만다.

그렇게 겨우 수업을 마치고 쉬는 시간이 되는 순간, 아이들은 다시 살아나 친구들에게 하고 싶었던 말들을 와르르 쏟아낸다.

흔히 볼 수 있는 교실의 모습이다.

평소에는 묻지 않아도 재잘재잘 잘만 말하던 아이들이 자기 생각을 마음껏 표현해보라는 쓰기 시간이 될 때면 몸서리치는 모습을 보인다. 교사와 말 한마디라도 더 하고 싶어서 주변을 맴돌던 아이들이 발표는 하기 싫어 우물쭈물한다. 아침 독서 시간에 책을 읽기 싫어서, 수업 시간에 하는 글쓰기 활동이 싫어서 화장실 간다는 핑계로 잠깐의 자유를 즐기는 아이들의 모습은 이제 낯설지 않다.

아이들은 수다스럽다. 아이들의 머릿속에선 분명 수없이 많은 생각이 소용돌이치고 있다. 그래서 한시라도 제 머릿속을 어지럽히는 말들을 꺼내 이야기하지 않으면 답답해서 안달이 난다. 그런데 수업 시간에 말하기는 싫어한다. 읽고 쓰는 활동을 상상 이상으로 재미없고 괴로운 것으로 여긴다.

마주하기

매일 새로운 책이 수도 없이 만들어져 마음만 먹으면 언제든지 손

쉽게 책을 구할 수 있는 요즘 아이들이 책을 읽기 싫어하는 이유는 '본인의 선택'이 아닌 책 읽기를 해야 하기 때문이다. 그림책을 읽으면서도 학습과 연결시키는 어른들의 모습에서 읽기, 쓰기 본연의 즐거움을 느끼기는 커녕 '독서는 해야만 하는 공부'라는 인식을 받게 된다. 더구나 읽은 것에 대한 생각이나 느낌을 쓰라고까지 한다. 연필을 쥐는 것도, 생각을 머릿속에서 끄집어내는 것도 어느 하나 쉬운 것이 없다.

아이들은 단기적인 성과가 보이지 않으면 행위에 대한 동기와 자신감이 급격히 떨어지는 경향이 있다. 이해도 잘 안 되는 글을 굳이 반복해서 읽고 쓰지 않아도 당장의 생활에 지장이 없으니 많은 아이들에게 독서와 글쓰기는 억지로 하는 것 이상의 의미를 얻지 못한다. 게다가 힘들게 써낸 글이 '틀린 답'이나 '못 쓴 글'로 폄하되는 부정적인 글쓰기 경험이 있는 아이들은 글쓰기를 극도로 꺼릴 수밖에 없다. 그런 아이들에게 책 읽는 즐거움이나 글쓰기의 짜릿함을 느끼게 해주는 것은 어려운 일이다.

그렇다면 아이들이 읽고 쓰는 대신에 하고 싶은 것만 실컷 하며 생활하도록 둘 것인가? 안타깝지만 그럴 수 없다. 읽고 쓰는 것은 삶과 맞닿아 있기 때문이다.

당장 생활에 필요한 물건을 사고팔거나 사용하기 위해서는 약관이나 설명서를 읽어야 하고 병원 진료를 받기 위해 문진표를 작성해야 한다. 게다가 인간의 삶이란 밥을 먹고 잠을 자고 기본적인 생계 활동을 이어나가는 것만을 말하지 않는다. 자신의 주관으로 수많은 것을 선택하고 책임지고 성찰하는 모든 과정이 인생이기 때문이다. 인간다운 삶을 영위하기 위해 우리는 일평생 읽고 쓰며 생각의 깊이를 더해야 한다.

글을 읽고 생각하는 능력, 즉 기존의 정보를 조직화·재구성하고 새롭게 만들어내는 사고력과 창의력은 단숨에 길러지지 않는다. 읽고 쓰는 힘은 타고난 재능보다는 운동하여 근육을 만드는 것에 가깝다. 꾸준히, 끊임없이 그리고 무엇보다 포기하지 않고 해야 한다. 당장의 성과가 보이지 않아도 이어가야 한다. 그 과정이 고통스럽게 느껴지지 않도록 재미를 찾게 도와야 한다.

나아가기

생각하는 존재로 살아가기 위해 반드시 필요한 인문학적 소양을 기를 수 있는 많은 방법 중 가장 먼저 실행되어야 할 것은 단연 '책 읽기'와 '글쓰기'이다. 인문 역량 기르기 중에서도 독서인문 역량을 기르는 데 힘을 실어야 하는 이유가 바로 여기에 있다.

특히 초등 아이들은 책을 통해 다양한 세상을 접한다. 책 속의 다양한 생각을 언어로 받아들이고, 내가 사는 세상과 연결하며 마침내 얻어낸 자기만의 생각을 다시 언어로 정리하는 과정을 수없이 거쳐야만 실제의 세상과 그 속에서 살아가는 자기 자신의 모습을 바라볼 수 있다.

아이들은 책 읽기와 글쓰기를 통해 살면서 만나는 많은 문제에 대해 스스로 판단하고 유연하게 대처하며 능숙하게 표현하는 방법을 배운다. 앞으로의 생을 살아갈 아주 중요한 양분을 얻게 되는 것이다.

그렇다면 아이들에게 양질의 텍스트를 골라 읽히는 것만이 독서인문 교육의 전부인가? 아니다. 어떤 사람은 좋은 가르침을 주어도 아무런 깨달음을 얻지 못하는 반면, 어떤 사람은 해가 뜨고 지는 것을 보고도 세상의 이치에 대해 고민한다. 아이들에게 어떤 책을 읽히느냐는 사실 그렇게 중요한 문제가 아니다.

가장 중요한 것은 아이들이 그 텍스트를 비판적으로 받아들이고 자기 것으로 소화하는 능력을 길러주는 것이다. 읽고 쓰며 세상을 마주 보고 나의 삶과 연결 지을 수 있는 소양과 힘을 기르는 것은 언어만이 부릴 수 있는 마법이다.

고민하는 것, 사유하는 것, 성찰하는 것. 바로 그것이 독서인문이 우리의 삶에 주는 위안이며 지혜이다.

언어학자 비고츠키(L.S. Vygotsky)는 "아이들의 지적 삶은 주변 어른들이 결정한다."라고 말했다. 아이들이 읽고 쓰기의 필요성을 깨닫는 데서 나아가 본질적인 즐거움을 체감하기 위해서는 전적으로 주변 어른인 부모와 교사의 책임이 막중하다.

그러므로 부모와 교사는 아이들이 어떤 책을 좋아하는지, 어떤 자세로 읽을 때 가장 편해 하는지 관심을 가질 필요가 있다. 좋은 책을 소개해야 하고 좋은 질문을 던져야 한다. 이것이 바로 부모와 교사에게도 인문학적 소양이 필요한 까닭이다.

학생, 부모, 교사의 세 주체가 같은 목표와 신념을 가지고 독서인문 역량 기르기에 푹 빠졌을 때 진정한 배움이 일어나지 않을까. 지금부터 아이들이 걷는 길이 혼자만의 싸움이 되지 않도록 '함께'하면 어떨까.

글을 쓰자고 하면 여전히 교실 어딘가에서 한숨 소리가 들리곤 하지만, 아이들도 나도 그 서툰 걸음으로 아장아장 열심히도 걷고 있다.

목차

무슨 책을, 어떻게 읽어야 할까?
책 읽는 즐거움

1장 인문학이 주는 위안

한 권의 책을 백 번 읽고 백 번 쓰는, 세종 | 다독의 왕, 김득신 | 책만 읽는 바보, 이덕무
의미 단위로 사선 치기
읽는 목적에 따라 밑줄 긋기
중심 내용을 가려내는 글 분석하기
학년 군별 읽기 방법 • 1~2학년 읽기 방법: 소리 내어 읽기 |
3~4학년 읽기 방법: 균형 있게 읽기 | 5~6학년 읽기 방법: 천천히, 깊이, 다양하게 읽기

2장 그림책이 주는 편안

3장 고전이 주는 혜안

2부

생각을 쏟아내는 글쓰기
글쓰기의 짜릿함

1장 글쓰기 준비하기

2장 글쓰기와 친해지기

3장 글쓴이로 우뚝 서기

1부

무슨 책을
어떻게 읽어야 할까?

• 책 읽는 즐거움 •

인공지능과 함께 미래 사회를 살아가야 할 아이들이 인생에서 길러야 할 여러 가지 습관 중 가장 필요한 핵심은 '읽기'와 '쓰기' 습관이다. 특히 유아기와 초등학교 시기의 책 읽기의 중요성은 아무리 강조해도 지나침이 없다. 이 시기에 형성된 읽기 습관과 능력은 아이들이 평생 독자로 살아가는 아주 중요한 밑거름이 된다.

초등학교에 입학하고 나서는 읽기의 비중이 더욱 커진다. 의사소통에서 문자 언어의 비중이 늘어나기 때문이다. 책 읽기는 대표적인 전뇌 활동으로 이성을 조절하는 전두엽과 감정을 조절하는 변연계의 기능을 활성화한다. 책을 읽는 동안 뇌의 전체적인 부분이 끊임없이 사용되므로 책 읽기는 뇌를 균형 있게 발달시키는 확실한 방법이라고 할 수 있다.

아이들이 쉽게 빠져드는 게임이나 영상 시청은 우뇌를 자극하는 활동이다. 시각적인 자극이 커 쉽게 흥미를 느낄 수 있고 단편적인 정보를 검색 한 두 번으로 손쉽게 얻을 수 있다는 장점은 있지만, 수동적이고 한정된 자극만을 주므로 깊이 있는 사고를 필요로 하지 않는다. 이것이 반복되면 읽기의 부익부 빈익빈 현상이 심해진다.

읽기 습관이 잘 자리 잡은 아이들은 문자를 해독하는 데 에너지를 쏟지 않는다. 그만큼 문자 인식을 위한 뇌의 부분이 발달했기 때문이다. 문자 인식에 필요한 에너지를, 읽은 내용을 이해하고 생각하고 재구성하는 사고력에 활용할 수 있으므로 자연스레 학습 능력이 향상될 수밖에 없다. 지혜로운 부모가 아이에게 줄 수 있는 가장 큰 선물은 바로 좋은 책을 많이 읽게 해주는 것이다.

무슨 책을, 어떻게 읽어야 할까?

1부에서는 아이들의 성공적인 읽기 입문을 위한 그림책과 고전 읽기를 소개하고자 한다. 이를 통해 능동적인 읽기의 즐거움을 깨달을 수 있기를 기대한다.

인문학이 주는 위안

왜 독서인문이어야 하는가?

인문학은 인간을 사랑하는 마음에서 시작됐다. 언어, 문화, 역사, 철학 등 다양한 학문을 근간으로 하는 인류 지식과 지혜의 결정체이며, 세상을 보는 안목을 넓혀 인간이 인간답게 사는 방법과 삶의 방향을 제시하는 학문이다.

기술의 발달을 비웃기라도 하듯 인간을 인간답게 해주는 인문학의 역할이 재조명되면서 주변에 보이는 많은 것들이 유행처럼 '인문학'이라는 타이틀을 내세우고 있다. 그 영향으로 스스로 배우고 깊게 생각할 수 있는 능력을 길러주기 위한 초등 인문학의 중요성 또한 점점 커지고 있다.

하지만 아이들은 대신 생각해주는 것에 익숙하다. 터치 몇 번이면 내가 알고 싶은 것을 찾을 수 있고 내 생각을 대신 표현한 글을 찾을 수 있다. 직접 경험하고 느낄 필요 없이 다른 사람들이 먹는 것, 말하는 것, 행하는 것을 보며 대리만족하는 행태를 반복한다. 이는 능동적인 사고를 멈추게 하고 삶에 대한 주체성을 갖는 것을 방해한다. 그렇기 때문에 아이들이 인문학을 제대로 이해하고 맛보는 경험을 통해 삶의 의미와 가치에 대해 자발적인 관심을 가질 수 있도록 주변의 도움이 필요하다.

초등 인문학은 다양한 책 읽기와 체험 활동을 통해 상상력을 자극하고 풍부한 감성을 기르는 데 그 목적을 두어야 한다. 책을 통해 그속에 담긴 새로운 관점을 경험하고, 비경쟁적이고 협력적인 토론을 통해 내면의 문제들을 나를 둘러싸고 있는 세계로 확장하는 과정을 거쳐야 삶의 의미와 가치에 대해 자발적으로 관심을 품을 수 있다.

인문학의 빈자리를 보다

우리는 각자 급류 위를 홀로 떠가는 배다.

매일같이 무수한 정보들이, 미디어들이 우리에게 밀려온다. 그중 무엇이 진짜이고 무엇이 거짓인지, 무엇이 우리에게 도움이 되고 무엇이 해로운지는 아무도 가르쳐주지 않는다. 그런 세상에서 자기만의 소신과 가치관으로 판단하기를 포기한 채 무작정 휩쓸리기를 선택하는 이들은, 결국 자신이 누구인지조차 잃어버리기 마련이다.

아이러니하게도 이런 세상일수록 인문학적 가치는 외면된다. 매체가 너무도 발달한 나머지 글을 읽을 필요 자체가 없어진 까닭이다. 읽기 귀찮은 글자 대신 쉽고 짧은 동영상과 이미지가 있고, 긴 글을 짧게 요약한 콘텐츠도 많다. 책을 읽는 대신 즐길 자극적인 오락거리도 셀 수 없이 많다.

사람들은 점점 참을성이 없어진다. 글에서 서서히 쌓아 올려지는 서사의 정교함과 문학적 아름다움을 음미하는 대신, 핵심 내용에 영향을 주지 않는 묘사나 복선, 서사적 장치들은 읽을 필요 없는 부분이라고 여기며 넘어간다. 한 번에 그 뜻을 이해하기 어려운 시집 같은 것은 읽지 않는다. 의미를 해석하고 받아들이는 데 들이는 시간과 노력이 아깝다고 생각하기 때문이다.

참을성의 부재는 비단 글 읽는 데에만 국한되지 않는다.

'한 줄 요약 좀'이라는 말이 유행어처럼 사용되고, 누군가를 조롱하는 신조어와 해로운 미디어가 버젓이 양지로 나오며, 세상을 아름답게 만드는 데 필요한 가치에 대하여 깊게 고민하고 되돌아보는 사람들을 '쿨'하지 못하다고 여기는 세상. 이것이 우리가 살아가는 21세기 사회의 이면이다.

읽고 쓰기가 줄어든다는 것은, 소통이 사라진다는 것

학교에서 생활하다 보면 수업이나 업무 이상으로 교사의 마음을 힘들게 하는 일이 있다. 바로 아이들 사이에서 일어나는 다툼이다. 좁은 교실에서 아이들은 서로 많이도 싸운다. 어떨 때는 쟤가 먼저 놀려서, 어떨 때는 쟤가 먼저 기분 나쁘게 해서, 어떨 때는 쟤가 먼저 때려서…… 많은 경우에 "쟤가 먼저"라는 어두를 붙여 시작되는 그 다툼의 이야기를 들어주고 화해를 하도록 돕는 것은 교사의 몫이다.

나에게 찾아오는 아이들의 억울한 표정을 익숙해질 정도로 마주하다 보니, 아이들이 서로 부딪히는 이유는 대부분 한 가지로 갈음할 수 있었다.

소통의 부재. 친구의 불쾌하다는 말을 귀담아듣지 않아서, 오해가 생겨도 말로 풀지 않아서, 불만이 있어도 속으로만 담아두고 있다가 행동으로 단숨에 터뜨려버려서. 저학년이든 고학년이든 그 양상은 비슷하다. 다른 사람과 차분히 대화를 시도하여 언어로써 자기 생각을 전달하기보다, 부정적인 감정을 꾹꾹 눌러 담았다가 공격적인 행동으로 표출하는 아이들이 생각보다 많았다.

그러나 문제는 이것이 아이들 사이에서만 일어나는 일이 아니라는 것이다. 이제는 어른들 또한 소통에 불편을 겪는다. 각박한 세상에서 자신을 보호하려는 심리적 방어기제가 강해졌기 때문이기도 하나, 근본적인 문제는 사회 구성원들이 더는 읽고 쓰려 하지 않는다는 것이다. 읽고 쓰는 것에서부터 상대의 언어를 해석하고 받아들이는 것이 시작되므로, 문해력의 상실은 큰 문제라고 할 수 있다.

세상은 갈수록 각박해지고, 사회의 문해력은 점점 떨어진다. 상대방의 감정을 고려하지 않고 '팩트폭격'을 하는 것이 멋있다고 말하는 많은 사람들은 정작 무수히 범람하는 정보 중 무엇이 팩트인지 가려내기조차 힘들어 한다. 남을 배려해서 말하기보다 논리적인 태도로만 대화에 임하겠다는 사람들은 정작 상대의 논리가 얼마나 타당한지보다는 그 말을 들은 자기 기분이 얼마나 상했는지를 더욱 중요하게 여긴다. 프로불편러나 예민충, PC(Political Correctness, 정치적 올바름을 과도하게 강요한다는 신조어)충이라는 말을 앞세워 수용과 타협이 아닌 비난과 편 가르기로 이를 터뜨린다.

다른 사람의 언어를 해석하고 수용하는 능력, 그리고 자기 생각을 언어로써 표현하는 능력. 진정한 의미의 읽고 쓰기가 없는 세상에서는 이러한 소통 또한 먼 이야기일 수밖에 없다.

책 읽는 교실이 필요해

그러나 우리가 원하는 것은 결국 이해받고 위로받는 것이다.

이기적인 가치가 최고인 것처럼 말하는 사람들은 정말 그것이 좋고 옳은 방법이라고 생각해서 그러는 것이 아니다. 살기 위해 가시를 세우는 고슴도치처럼, 단지 그들이 알고 있는 것 중 자신이 상처받지 않을 최선의 방법을 선택하는 것뿐이다. 순수문학과 철학 도서가 줄어든 서점의 빈 서가는 있는 그대로의 당신도 아름답다고, 그렇게 치열하게 살지 않아도 괜찮다고, 당신이 누구든 응원한다고 말하는 에세이로 채워진다. 혐오 표현이 남발되고 있는 인터넷 커뮤니티에서도 '인류애가 충전되는' 내용의 글은 곧잘 인기 게시물이 된다.

그들이 진정으로 원하는 것은 갈등과 와해가 아니다. 도리어 그 반대에 가깝다. 위태롭게 갈라지는 우리 사이를 좀 더 끈끈하게 붙여주고 맺는 어떤 것. 그리하여 모두가 가면을 벗고 자기 자신으로 돌아갈 수 있도록 해주는 것. 아스팔트 사이를 뚫고서 기어이 솟아난 한 포기 풀처럼 연약하면서도 뚝심 있는 휴머니즘, 즉 인문주의다.

여기에서 우리는 처음으로 회귀한다. 인간의 본질과 인간 고유의 가치를 탐구하여 결국 이 세상에서의 인간의 삶 전반을 고민하는 것, 인간에 대한 이해를 바탕으로 모두가 더불어 살아가는, 따스한 휴머니즘을 회복하는 것. 그것이 바로 인문학이다. 우리는 잃어버린 인문학을 되찾고 싶다. 인문학을 잊었으나 누구보다 간절히 그것을 원하고 있는 우리. 좀 더 따뜻한 세상에서 살고 싶지만, 그 방법을 알지 못해 서로 상처를 주고받는 우리. 이제는 달라져야 한다. 잃어버린 인문학을 다시 우리 손으로 돌려놓기 위해 필요한 것이 바로 독서인문 교육, 책 읽는 교실이다.

지금의 아이들. 즉 타인과 관계 맺고, 소통하는 방법을 알아갈 단계의 아이들부터 언어를 매개로 자기 삶을 제대로 고민하고 선택할 기회를 주어야 한다. 자신이 발붙이고 있는 세상에 대해 깊이 생각함으로써 그 세상 속에서 자신의 역할을 고민하게 해야 한다. 그것이 독서인문 교육이 가져야 할 역할이다.

◇ 유대인의 후츠파 정신

100명의 유대인이 있다면 100명의 생각이 있다는 말이 있다. 세계 인구의 단 2% 정도밖에 되지 않는 유대인이 세계에서 가장 창의적인 민족으로 손꼽히는 이유는 무엇일까? 약점이 아닌 강점을 찾아 키우는 데 집중하며 개방적인 질문과 열린 대답으로 서로 다른 사고를 받아들이는 유대인들의 교육 방법에 그 답이 있을 것이다. 그 중심에는 끊임없는 대화와 질문을 통해 생각을 말로 표현하고 사고를 확장해 나가는 하브루타 교육법과 후츠파 정신이 있다.

후츠파는 '무례함', '뻔뻔함'이라는 뜻을 가진 단어로 유대인 특유의 도전 정신을 나타낸다. 나이와 성별, 권위와 관계없이 나의 의견을 표현하고, 상대방의 의견에 얼마든지 자유롭게 반대 의견을 제시할 수 있는 문화로 7가지 요소를 포함하고 있다.

- •형식의 타파
- •질문의 권리
- •섞임과 어울림
- •위험 감수
- •목표 지향성
- •끈질김
- •실패로부터 교훈 얻기

유대인들 또한 《토라》, 《탈무드》와 같은 고전을 몇 번씩 반복해 읽는다. 답이 정해진 질문이 아닌 '왜', '어떻게'를 탐구하는 개방형 질문과 자신의 의견을 내세우는 데 주저함이 없는 자유로운 열린 대답을 주고받으며 세계를 이끄는 창의력을 기르는 것이다.

◇ 시카고대학의 「위대한 고전 읽기 프로그램」

미국 일리노이주에 위치한 시카고대학은 1890년대 초, 존 D. 록펠러가 설립한 사립대학으로, 설립 후 약 40년간은 학업 성적이 매우 뒤처지는 학생들이 입학하는 삼류대학이란 취급을 받을 정도로 주목받지 못하는 학교에 불과했다. 이후 1929년 5대 총장으로 부임한 로버트 허친스는 어떻게 하면 학생들을 성장시킬 수 있을까를 고민하다 존 스튜어트 밀의 독서법을 적용한 'The Great Book Program' 즉 위대한 고전 읽기 프로그램인 '시카고 플랜'을 시작했다.

설립 이후 지난 100여 년 동안 100명에 가까운 노벨상 수상자를 배출한 데에는 아마 이 고전 읽기 프로젝트가 가장 큰 역할을 했을 것이다. 학교에 다니는 동안 약 100여 권의 고전을 읽고 에세이를 쓰지 않으면 졸업을 시키지 않을 정도로 허친스는 확고한 신념을 가지고 이 프로그램을 진행했다. 고전은커녕 책이라곤 제대로 읽어본 적 없는 학생들의 반응은 당연히 좋지 않았다. 하지만 100권 목표 중 30권, 40권, 절반을 넘어서자 학생들 스스로 놀라운 변화를 느끼기 시작했다. 공부는 왜 해야 하는지, 정말 하고 싶은 일은 무엇인지 자기의 삶에 대한 자유 의지와 책임 의식을 갖기 시작했다.

이 영향을 받아 시카고대학 출신의 작가 얼 쇼리스는 빈민층을 위한 고전 읽기 교육과정인 '클레멘트 코스'를 만들었다. 또 시카고 주 정부는 '그레이트북스'라는 재단을 설립해 아이부터 성인에 이르기까지 고전을 읽으며 서로의 생각을 나눌 수 있는 기회를 마련했다.

◇ 세인트존스대학의 「고전 읽기 커리큘럼」

미국에서 세 번째로 오래된 대학인 세인트존스대학은 미국의 리버럴 아트 칼리지(Liberal Arts College) 중 하나이다. 리버럴 아트 칼리지는 대규모 강의식 수업을 하는 대학이 아닌 학부 교육 중심으로 소규모 토론식 수업을 지향하는 대학이다.

세인트존스대학의 중심 학부 과정은 '삶에는 전공이 없다.'라는 슬로건을 바탕으로 전공도, 선택과목도 없이 다양한 인문 고전 도서를 읽고 토론하는 내용으로 짜여 있다. 물론 언어, 수학, 과학 등 고전 읽기가 아닌 다른 과목도 배우지만 읽고 토론하는 배움의 방식은 같다.

이 대학은 가르치는 사람을 교수(professor)가 아닌 튜터(tutor)로 여긴다. 가르치는 사람과 배우는 사람이 수직적으로 지식을 전달하는 관계에서 벗어나 수평적 관계를 맺고 스스로 참여와 토론에 참여하며 자신만의 세계를 구축하고 확장한다.

입학생은 학년이 올라갈수록 더 심층적인 고전을 읽고 토론에 참여해야 하는데, 1학년은 고대 그리스, 2학년은 중세, 3학년은 근대, 4학년은 현대 철학과 문학 위주의 도서를 읽는다. 교수도, 강의도, 시험도 성적표도 없는 세인트존스대학이지만 졸업을 앞두고 통과해야 하는 공개 구술시험인 돈 래그(don rag)는 악명이 높다고 한다. 무슨 책을 읽었느냐보다는 어떻게 읽었는지를 더 중요하게 여기고 주어진 답이 없는 문제에 관해 토론하며 자신의 사고를 단련시키는 능력을 기르는 것이 오늘날 세인트존스대학의 수준을 결정한다.

◇ 스티브 잡스의 「기술이 인문학을 만날 때, Think different」

친부모에게 버림받은 입양아, 문제아, 대학 중퇴자, 환각제 중독자, 완벽주의자, 채식주의자, 독불장군. 이 모든 것은 애플의 최고 창업자인 스티브 잡스를 표현하는 수식어이다.

"기술만으로 충분하지 않다.
우리의 가슴을 뛰게 하는 것은, 인문학과 결합한 기술이다."
"우리가 아이패드를 만든 것은
애플이 항상 기술과 인문학의 갈림길에서 고민해 왔기 때문이다.
그동안 사람들은 기술을 따라잡으려 애썼지만,
사실은 반대로 기술이 사람을 찾아와야 한다."

스티브 잡스의 수많은 발언 중에서도 인문학의 중요성을 강조한

이 발언은 많은 사람의 관심을 불러일으켜 인문학의 큰 열풍을 일으켰다. 애플의 제품은 과거 IT 전문가들이 이끌어오던 기존의 산업구조를 완전히 바꾸어놓았다고 해도 과언이 아닐 것이다.

기술은 사람을 위해 존재하는 것이며 인간의 삶에 스며든 기술이야말로 인간을 위한 기술이라는 애플의 기본 정신은 인간의 삶을 이해하기 위해서는 인문학을 통해 배워야 하며, 인문학이 주인이 되는 구조 위에 설계된 기계들이야말로 인간을 풍요롭게 하는 예술품이라고 말한다. 결국 기술은 사람을 위해, 사람이 만들고, 사람이 쓰는 것이기 때문에 기술 중심의 미래주의가 아닌 인도주의적 미래주의가 필요한 것이다. 더 이상 기계를 사는 것이 아닌 감성을 사는 이 시대의 필요에 딱 맞는 비전이 아닐까 생각한다.

인물을 통해 배우는 인문학 이야기

수천 년 동안 역사 속에 등장한 무수히 많은 철학자를 떠올려보자. 깊은 학문과 지혜를 쌓으며 인간과 세계에 관한 질문의 해답을 찾기 위해 끊임없이 사고하는 철학자들은 우리가 삶에서 만나는 여러 궁금증을 해결할 수 있는 답을 주기도 한다.

이 내용은 《철학자가 들려주는 철학 이야기》 시리즈의 내용을 참고했음을 밝힌다. 그들의 생각의 흐름과 그 과정을 따라 밟으며 생각하기 그 자체가 즐길 거리가 될 수 있음을 깨닫기 바란다.

◇ 박지원에게 듣는 「쓸모있는 공부」 이야기

'조선의 실학자 연암 박지원' 하면 떠오르는 대표적인 것은 바로 《열하일기》다. 《열하일기》는 박지원이 청나라 건륭제의 칠순잔치 축하 사절단으로 청나라를 방문하며 기록한 여행기로, 당시 조선보다 앞선 청의 기술과 문화를 소개할 뿐만 아니라 당시 조선의 사회제도와 부패한 양반 사회의 모순을 비판하는 내용이 담긴 책이다.

박지원은 청나라의 선진 문물을 받아들여 백성들의 생활을 편리하게 해야 한다는 이용후생을 주장했다. 실생활에 직접적인 도움이 되지 않는 학문은 알맹이가 없는 학문, 즉 허학이라 비판하며 배부르게 잘 먹고 잘사는 기본적인 백성들의 삶을 충족한 후 바른 덕을 쌓아 그 덕을 지키는 것이 올바른 정치의 길이라고 여겼다. 또 《허생전》, 《호질》 등을 통해 당시의 지배계층인 양반의 모습과 조선의 경제정책을 풍자했다.

무릇 선비가 해야 할 쓸모 있는 공부는 사사로운 이익이나 출세, 헛된 명예가 아닌 사람들의 생활을 편리하게 하는 데 그 목적이 있음을 몸소 실천한 박지원의 사상은 오늘날에도 많은 교훈을 준다.

쓸모 있는 공부란 어떤 공부일까?
역사 속 자문화 중심주의와 문화 사대주의에 대해서 알아보자.

◇ 공자에게 듣는 「인」 이야기

공자는 중국 고대의 대표적인 사상가로 세계 4대 성인의 한 사람으로 꼽힌다. 《시경》, 《춘추》 등의 책을 썼으며 제자들이 공자의 가르침을 모아 펴낸《논어》또한 공자의 사상이 잘 드러나 있는 책이다.
공자의 사상은 사람을 사랑하는 어진 마음인 '인'을 기본으로 하고
있는데 '인'을 단 하나의 덕목으로 정의하기보다는 효(孝)·제(悌)·예
(禮)·충(忠)·서(恕)·경(敬)·공(恭)·관(寬)·신(信)·민(敏)·혜(惠)·온량(溫
良)·애인(愛人) 등의 다양한 덕목으로 바꾸어 해석할 수 있다고 한다.

공자는 사람을 사랑하는 마음 자체가 인이며, 무조건적인 사랑이
아닌 착한 사람은 사랑하고 악한 사람은 미워하는 것이 참된 인이므
로, 인하지 못한 것은 나 자신에게 원인이 있으므로 사욕을 극복하고
마음의 공평을 유지해야 함을 강조했다.

공자는 나의 욕망을 이겨내고 친절하고 존경하는 마음으로 다른
사람을 대하며 항상 공손한 마음으로 예의를 실천하는 어짊의 삶을
살고자 노력했다. 또 내가 원하지 않는 것을 남에게 베풀지 않는 삶
이 인의 삶이며 널리 배우고, 자세히 묻고, 조심스레 생각하며 찾은
진리를 실천하여 세상을 이롭게 하는 것이 진정한 공부라고 여겼다.

내가 생각하는 '인'이란 무엇일까?
나의 주변에 '인'을 실천하고 있는 사람이 있다면 누구인지, 왜
그렇게 생각하는지 떠올려보자.

◇ 유성룡에게 듣는 「징비록」 이야기

유성룡은 조선 중기의 문신으로, 임진왜란이 일어났을 때 총책임관
을 맡아 전쟁을 승리로 이끄는 데 큰 역할을 한 인물이다. 10년 전쟁
인 임진왜란과 정유재란을 겪으며 밖으로는 명나라에 도움을 요청하

고 안으로는 훈련도감을 설치하여 군사 제도를 정비하는 등 나라를 지키기 위한 일에 힘을 쏟았다. 전쟁을 겪으며 그 과정에서 얻은 경험과 교훈을 정리한 책이 바로 《징비록》이다. '징비'라는 말은 《시경》 〈소비편〉의 '내가 지난 일을 징계하여 뒷날의 근심거리를 경계한다.'라는 구절에서 따온 것이다. 유성룡은 유비무환의 정신으로 다시는 이런 치욕을 당해서는 안 된다며 당시의 어지러운 상황과 무능한 대신 관료들의 행동을 꾸짖으며 자신의 국방책을 당당하게 소개했다.

생활 속에서 '소 잃고 외양간 고친' 경험을 떠올려보자.

유비무환은 무슨 뜻일까? 생활 속에서 유비무환의 자세를 가져야 할 때는 언제일까?

◇ 아리스토텔레스에게 듣는 「행복」 이야기

고대 그리스의 철학자 아리스토텔레스는 제일 완전하고 만족스러운 상태를 '행복'으로 정의했다. 세상의 모든 존재하는 것은 그 목적을 가지는데, 인간이 사는 목적이 바로 '행복'이다.

인간이 행복해지기 위해서는 중용의 덕을 가지고 마음을 잘 다스려야 하는데, 이때의 중용이란 욕구나 감정에 좌우되는 것이 아닌 이성에 따라 자신의 능력을 조화롭게 조절하는 것을 뜻한다. 충동과 감정을 억제해 어느 쪽으로도 치우침 없이 아는 것과 실천하는 것을 일치시키는 상태가 바로 중용인 것이다. 아리스토텔레스는 이 중용의 덕을 매일 실천해 몸에 자연스럽게 밸 정도가 되어야 행복할 수 있다고 여겼다. 행복은 편안히 누리는 것이 아니라, 열심히 노력하고 진리를 깨우쳐 이룰 수 있다는 것이다.

또 정치공동체 즉 국가의 필요성을 강조하며 '인간은 폴리스적인 동물이다.'라고 했다. 인간은 본성적으로 정치적인 공동체를 이루고 살아가는 존재이며 서로 의견을 내고 더 나은 국가를 만들어가는 과정에서 인간 존재에 대한 의의를 느낀다는 의미이다.

진정한 행복이란 무엇일까?
개인의 행복과 공동의 이익 중 더욱 중요한 것은 무엇일까?

◇ 피터 싱어에게 듣는 「동물 권리」 이야기

피터 싱어는 모든 존재의 이익을 동등하게 생각해야 한다는 공리주의를 주장한 실천윤리학자로, 우리에게는 동물 해방론으로 더욱 익숙한 인물이다. 동물도 인간과 같이 쾌락과 고통을 느끼는 존재이므로 동물 역시 도덕적 고려의 대상에 포함해 지금까지 동물들에게 관행적으로 가한 차별과 학대를 그만둬야 한다고 강조했다.

피터 싱어는 자신이 좋아하는 것과 그렇지 않은 것, 이익이 되는 것과 그렇지 못한 것에 따라 윤리적 판단이 달라져서는 안 된다고 생각했다. 이익 평등 고려의 원칙에 따라 자신과는 다른 종의 이익을 정당한 근거 없이 배척하고 소외시키는 종 차별주의는 잘못된 것이며 동물 또한 사람처럼 고통을 받지 않을 최소한의 이익을 가지고 있다고 주장했다. 많은 동물 실험이 인간의 생명과 직결된 것이 아닌 화장품이나 약품 개발 등 고통을 정당화하기 어려운 목적으로 이루어지기 때문에 당장 멈추어야 한다는 것이다. 이러한 피터의 동물 해방론은 전 세계적인 동물 권리 운동과 채식 운동에 큰 영향을 미쳤다.

> 만약 식물도 고통을 느낄 수 있다면 우리는 식물도 먹지 않아야 할까?
> 동물원에서 동물을 관람하는 것은 바람직한 일일까?

◇ 신채호에게 듣는 「자강론」 이야기

"역사를 잊은 민족에게 미래는 없다."는 말로 익히 알려진 신채호는 일제강점기의 독립운동가로 실업이나 교육, 언론을 통해 스스로 강해져 '부강한 나라'를 만들자는 자강론을 펼친 인물이다. 신채호가 선택한 독립 운동의 주요 방법은 바로 언론과 사학이었다. 일찍이 언론과 글의 힘을 깨닫고 독립의 당위성을 여러 나라에 알리는 데 힘썼으며 《독사신론》을 저술하며 단군-기자-위만으로 이어지던 한민족의 고대 사관을 단군조선-부여-고구려로 이어지는 새로운 사관으로 정립했다.

또한 《황성신문》, 《대한매일신보》의 주필로 일제의 침략과 친일파의 매국 행위를 비판하는 항일 언론 운동을 벌이며 국권 회복을 위해 온 국민이 힘써야 함을 통감했다. 또한 《을지문덕전》, 《이순신전》 등과 같은 민족사적 영웅들의 전기를 저술하여 국민의 애국심을 계발하고 자주적인 한국 역사를 재구성하여 독립을 위한 스스로의 힘을 키우는 애국 계몽 운동에도 힘썼다.

> 역사는 왜 배워야 할까?
> 나라의 힘을 키우는데 교육이 하는 역할은 무엇일까?

◇ 정약용에게 듣는 「목민심서」 이야기

정약용은 조선 후기 실학자의 대표적 인물로 일찍이 경세치용의 실학과 서학을 받아들여 조선의 신분 제도를 비판하고 선진기술 도입 및 토지개혁을 추진하고자 한 인물이다.

정약용은 내용은 없고 허울뿐인 학문이 아닌 백성의 삶을 넉넉하게 만드는 실질적인 개혁이 필요하다고 생각했다. 그래서 조선 후기의 제도와 법령을 분석하고 자신이 직접 경험하며 파악한 현실과 백성들의 참담한 상황을 담은 《경세유표》, 《목민심서》, 《흠흠신서》의 1표 2서를 비롯한 500여 권의 대저술을 남겼다.

또 이론 위주인 경전을 새롭게 재해석한 경학으로 내면적 도덕을 확립한 후, 세상을 다스리고 백성을 구제해 혜택을 베풀어주는 학문인 경세학을 실천하고자 했다. 특히 백성들을 잘 보살피기 위해 지방의 관리가 가져야 할 바른 마음가짐을 강조했다.

정약용은 성즉리를 부정하고 인간에게는 자기의 행동을 스스로 결정할 권리가 있으며 그 권리를 어떻게 사용하느냐에 따라 선과 악이 결정된다는 성기호설(性嗜好說)을 주장했다. 인간의 본성을 하늘의 이치와 연관 지어 심오하게 설명하기보다는 인간이 가진 선을 좋아하고 악을 미워하는 기호를 실천하기 위한 인간의 주체적인 노력을 강조했다.

백성을 살피는 관리가 가져야 할 덕목에는 어떤 것이 있을까?
오늘날의 정치인에게 꼭 필요한 덕목이 있다면 무엇인지, 그 이유도 함께 생각해보자.

◇ 원효에게 듣는 「일심(한마음)」 이야기

신라 시대의 승려인 원효대사는 해골 물을 마신 일화로 우리에게 유명하다. 원효는 같은 물이라 할지라도 마음먹기에 따라 썩은 물도 달게 느껴질 수 있음을 깨닫고 당나라 유학을 포기했다. 어젯밤에는 그렇게 시원하고 달콤한 물이 오늘은 구토가 나오는 이유는 물 때문이 아니라 물에 대한 내 마음이 어제와 다르기 때문이라는 것이다.

원효는 이를 계기로 모든 것은 마음이 만들어내는 것이고 진리는 밖이 아니라 내 안에 있다는 것을 깨달았다. 그 길로 당나라 유학을 포기한 원효는 우리가 다르다고 느끼고 경계하는 차이들은 모두 나의 마음에서 비롯된 것이라는 일심사상을 발전시켰다. 우리는 매일 원효처럼 해골 물을 마시고 있는 것은 아닌지 생각할 일이다.

어떤 일을 할 때 '마음가짐'이 중요한 이유는 무엇일까?
플라시보 효과, 피그말리온 효과에 대해 알아보자.

철학을 통해 배우는 인문학 이야기

인문학의 주요 근간이 되는 철학은 인간의 삶과 관련된 의미 있는 문제와 현상에 대해 생각하고 고민하고 질문하는 학문이다. 베리스 가웃, 모래그 가웃이 쓴 《5세부터 시작하는 철학》에서는 철학을 공부하는 목적을 자기의 생각에 대해 생각해보기(thinking about their own thinking)와 생각을 좀 더 잘하는 방법을 배우는 것(learn how to think better)이라고 했다. 하지만 철학을 처음 접하는 사람들에게 철학적으로 생각해보라고 하는 것은 매우 어려운 일이다.

철학은 세상을 바라보는 관점이다. 그러므로 철학적 질문에 단 하나뿐인 정답은 없다. 남들과 같은 책을 읽고, 남들과 같은 곳으로 여행을 가더라도 나만의 철학이 없다면 스스로 질문하고 생각하는 힘을 갖추지 못해 별다른 목적이 없는 삶을 사는 것과 같다.

흔히 철학이라 하면 학문으로써의 철학, 지식으로써의 철학을 떠올려 고대 철학가의 수준 높은 문답법을 떠올린다. 하지만 자기 삶의 주체로서 삶에 대해 스스로 사유하고 판단할 기회를 주는 '삶으로써 철학' 또한 필요하다. 아이들도 자신의 삶과 의미에 대해 묻고 답할 수 있는 권리와 자격이 있음을 인정하고 사려 깊고 건강한 어른이 되기 위한 철학적 사고를 연습해야 한다. 일상적인 소재로 의미 있는 질문을 만들어 토론과 경청을 통해 자유롭고 유연하게 생각을 펼치는 경험이야말로 진정한 삶으로써 철학이라고 할 수 있다.

《5세부터 시작하는 철학》,《그림책이 있는 철학 교실》에 소개된 철학적 문제 중 초등학생의 수준에 맞는 생각 거리 몇 가지를 소개한다.

◇ 공정과 규칙

- 형이 음식을 더 많이 먹는 것이 공평한 일일까? 모두가 똑같이 음식을 나누어야 할까, 아니면 상황에 따라 각자 필요한 만큼 주어야 할까?
- 규칙은 꼭 지켜야 할까? 내가 생각했을 때 필요 없고 부당한 규칙이 있다면 그 규칙은 지키지 않아도 될까?

- 반칙이 꼭 나쁜 것일까? 좋은 반칙은 없을까?
- 규칙을 정할 때 다수의 의견만 반영하고 소수의 의견은 무시해도 될까?
- 역차별은 정말 존재할까? 평등과 역차별은 어떻게 구분할까?
- 남에게 꼭 내 것을 나눠주어야 할까? 이미 자기 간식을 다 먹어 버린 친구에게 내가 아껴둔 간식을 또 나눠주어야 할까?

> 지아는 친구 민영이와 문구점에서 간식을 사 먹었습니다. 각자 과자 한 봉지씩을 사서 민영이는 그 자리에서 다 먹었는데, 지아는 조금 있다 또 배가 고프면 먹으려고 과자를 절반만 먹고 아껴 두었습니다. 둘은 놀이터에서 신나게 함께 놀았습니다. 잠시 후, 민영이가 말합니다.
> "지아야, 아까 과자 남았지? 같이 먹자!"
> 남은 과자는 지아 건데 민영이가 당당하게 달라고 하는 게 황당하고, 그렇다고 안 나눠주면 민영이가 서운해할 것 같고……. 지아는 어떻게 해야 할까요?

◇ 환경 보호
- 환경을 파괴하지 않으면서도 인간에게 편리한 방향으로 발전하는 방법은 없을까?
- 인간의 생활 영역과 동식물의 생활 영역이 공존하는 방법은 무엇일까?

- 우리는 환경을 보호하기 위해 우리가 당연하게 누리고 있었던 편리한 생활을 포기할 수 있을까? 만약 환경 파괴와 상관 없이 그 편리함을 계속 누리겠다는 사람이 있다면 어떻게 설득해야 할까?
- 우리가 분리수거한 재활용 쓰레기는 정말 잘 재활용되고 있을까?
- 쓰레기를 재활용하기 위해 가공하는 과정에서도 환경오염이 일어나지 않을까?
- 우리가 당연하게 여기는 물과 공기는 언제나 지금처럼 충분히 존재할까?

> 모 인기 가수가 자신의 콘서트에 생수 300톤 가까이 쓰는 것으로 알려져 논란이 일고 있습니다. 어떤 지역에서는 비가 오지 않아 강물이 말라붙고 단수가 되는데, 단지 즐거움을 위해 깨끗한 물 300톤을 뿌리면서 노는 것은 옳은 일일까요? 해당 가수와 팬들은 콘서트에 쓸 물에 대한 정당한 비용을 지불했으니 문제가 없다는 입장입니다. 이에 대한 여러분의 생각은 어떤가요?

◇ 감정과 내면

- 감정에 휘둘리는 것과 감정을 다스리는 것은 어떤 차이가 있을까? 감정에 솔직하다는 것은 어느 쪽에 더 가까울까?
- 분노는 꼭 부정적인 감정일까? 아무리 화가 나도 참는 것이 옳은 것일까?
- 내 감정을 꽁꽁 숨기며 사는 것과 아무 때나 지나치게 솔직하게

표현하는 것 중 하나를 선택해야 한다면?

- 나와 모습이 똑같은 사람이 나타나거나, 내가 갑자기 다른 모습으로 변한다면 나는 '나'라는 것을 어떻게 증명할 수 있을까?
- 몸과 정신 중 무엇이 더 진정한 나에 가까울까? 내 몸에 다른 사람의 영혼이 들어간 것과 다른 사람의 몸에 내 영혼이 들어간 것 중 무엇을 나라고 할 수 있을까?
- 이기적인 것은 꼭 잘못된 것일까? 이타적인 것은 꼭 좋은 것일까? 나 개인의 행복과 전체의 행복이 충돌한다면 무엇을 우선해야 할까?

선생님께서 내일 우리 반 전체가 수학 숙제를 다 해오면 피구를 하기로 약속하셨습니다. 그래서 우리 반 아이들은 숙제를 꼭 해오겠다고 눈을 반짝이며 다짐했습니다. 그런데 나는 피구를 그다지 좋아하지 않고, 수학은 더더욱 싫어합니다. 오늘 저녁에는 숙제를 다 해야 내일 검사를 받을 수 있는데, 나는 지금 게임이 너무 하고 싶습니다.

내가 게임을 포기하고 숙제를 하면 오늘 밤 내가 불행해지는 대신 내일 우리 반 아이들은 행복하게 피구를 할 수 있을 것이고, 내가 숙제를 포기하고 게임을 하면 오늘 밤 내가 행복해지는 대신 내일 우리 반 아이들은 불행해질 것입니다. 나는 우리 반 전체의 행복을 위해서 내 행복을 포기해야 할까요?

◇ 사회성과 도덕

- 사회성이라는 것이 무엇일까? '사회성이 좋다'는 말은 무슨 뜻일까? 사회성이 좋지 않은 사람들은 무엇을 어려워하는 것일까?
- 같은 학년이거나 같은 반이면 다 친구일까? 친구의 기준은 무엇일까?
- 친구가 많은 아이는 어떻게 친구를 사귀고 그 관계를 유지하는 것일까?
- 거짓말을 하는 것은 꼭 나쁜 것일까? 해도 되는 거짓말, 하얀 거짓말은 존재할까?
- 배려에도 기준이 있을까? 남이 하자는 대로만 맞춰주며 끌려 다니는 것과 내 의견만 내세우며 멋대로 하는 것 중 하나를 선택해야 한다면?
- 전학 온 친구를 친절하게 도와주어야 할까, 다른 아이들과 똑같이 대해야 할까? 새로 전학 온 친구를 우리 무리에 끼워주어야 할까?

> 이번 주에 우리 반에 예은이라는 친구가 전학을 왔습니다. 그런데 예은이는 성격이 그리 활발하지도 않고, 그렇다고 엄청 착하고 상냥한 것 같지도 않습니다. 다른 아이들도 아직은 눈치만 보고 있는지 쉬는 시간에 예은이는 혼자 자리에만 앉아 있습니다.
>
> 제가 2년 전에 전학 왔을 때가 떠오릅니다. 저렇게 말 걸어주는 사람 없이 혼자서만 앉아 있으면 정말 외롭다는 걸 아는데, 도와주고 싶은데……. 저랑 같이 노는 친구들이 예은이를 어떻게 생각할지 모르겠습니다. 예은이를 우리 무리에 끼워줘야 할까요?

◇ 시간과 죽음

- 영원한 것은 정말 없을까? 모든 것은 정말로 언젠가 흔적도 없이 사라지는 것일까?

- 나이가 드는 것은 좋은 것일까 나쁜 것일까? 어른의 기준은 나이일까, 성숙한 정신일까? 빨리 어른이 되는 것이 정말 좋을까? 내가 내일 갑자기 어른이 되어 있다면?

- 죽음이란 무엇일까? 심장이 멈추는 것이 죽음일까, 뇌의 활동이 멈추는 것이 죽음일까, 아니면 영혼이 사라지는 것이 죽음일까?

- 사후 세계나 환생은 있을까? 죽으면 존재가 그대로 사라지는 걸까, 영혼이 저승으로 가는 걸까, 다른 생물로 다시 태어나는 걸까?

- 영혼이나 귀신이 정말 존재할까? 그렇다면 동물이나 식물, 벌레도 귀신이 될 수 있을까? 내가 잡아 죽인 모기와 어제 먹은 샐러드가 귀신이 되어 나를 따라다닌다면?

- 안락사는 정말 고통 없이 죽을 수 있는 방법일까? 아픈 동물이나 보호소에 있는 동물을 안락사시키는 것은 정말 동물을 위하는 것일까? 내가 심각한 병에 걸려 살아 있는 것이 너무 괴롭다면 나를 안락사해도 될까?

현지는 가끔 부모님과 함께 유기견 보호소로 봉사활동을 갑니다. 현지는 자기를 보고 반짝이는 눈빛으로 꼬리를 흔드는 강아지들이 좋았어요. 그 애들이 좋은 주인을 만나 행복해졌으면 했답니다. 그중에서도 유독 현지의 시선을 끄는 강아지가 있었어요. 천

사처럼 순하고 착한 강아지였지요. 그런데 그 강아지가 너무 오랫동안 새 주인을 만나지 못해서 다음 주에 안락사 된다고 합니다.

현지는 그 강아지를 너무 구해주고 싶은데 부모님은 새로운 강아지를 입양할 수는 없다고 하십니다. 보호소에서 오랫동안 입양되지 않은 강아지를 안락사를 시키는 것은 새롭게 구출될 강아지들을 위한 어쩔 수 없는 행동일까요, 그저 인간들의 이기심에서 나온 행동일까요?

효율적인 읽기를 위해

자기 주도적 학습 능력의 신장을 위해서는 가장 먼저 학습 내용을 올바르게 이해할 수 있는 능력이 선행되어야 한다. 글의 내용을 올바르게 이해하는 능력을 기르기 위해서는 여러 위인들의 독서 습관을 살펴보고 사선치기, 밑줄 긋기, 글 분석법의 활동을 통해 글의 구조를 이해하고 그 내용을 파악하는 것이 선행되어야 한다.

◇ 위인들의 독서 습관

한 인물의 이야기는 개인의 역사이다. 위인전을 통해 아이들은 다른 공간과 시간을 살았던 사람의 삶을 간접적으로 체험해서 나와 비슷한 가치관을 가진 인물을 닮고 싶어하는 마음을 키우기 시작한다. 다른 사람의 행동을 관찰하고 모방하는 것은 인간의 본능이자 아이들이 성장하는 데 꼭 필요한 행위이다. 아이들은 가치 있다고 생각하는 인물을 흥미를 갖고 관찰하며 그 인물처럼 되고 싶다는 동일시 과정을 자연스럽게 거친다.

세종대왕, 아인슈타인과 같은 위인의 이름을 들으면 무엇이 먼저 떠오르는가? 우리는 흔히 위인들이 어떤 업적을 이루었는지를 먼저 떠올린다. 아이들이 위인들을 통해서 배워야 할 점은 그들이 이뤄낸 결과물이 아니라 그들이 어떻게 현명한 사람이 되었는지에 대한 과정과 그것을 탄탄하게 뒷받침한 그들의 내면이다. 아이들이 이러한 부분을 잘 끄집어내 공감하게 된다면 다양한 인물들이 공통적으로 가지고 있는 사고의 깊이와 가치를 자연스럽게 이해할 수 있다.

위인들이 지닌 독서 습관은 훨씬 이후의 삶을 살아가는 우리에게 큰 시사점을 준다. 그들이 책을 통해 어떻게 깨달음을 얻었으며, 그러한 깨달음을 어떻게 삶에 적용했는지 함께 생각해본다면 아이들이 더 깊이 있게 책을 읽는 데 도움이 된다.

자신을 지키고 세상을 살리는 책 읽기를 실천한, 다산 정약용

다산은 고된 유배 기간 동안 참 많은 편지를 두 아들에게 보냈다. 폐손의 자손으로 부귀영화를 누릴 처지는 아니지만, 독서는 사람이 할 수 있는 가장 품위 있고 가치 있는 일임을 눈물 어린 당부와 호소를 담아 전했다. 또 넉넉하지 않은 삶이라 할지라도 독서를 통해 성인들의 위대한 사상과 가치관을 배워 세상을 바르게 보는 눈을 키우는 것이 중요하다는 것을 끊임없이 강조했다.

이러한 정약용의 독서법은 '정독', '질서', '초서'의 세 가지로 정리할 수 있다.

'정독'은 깊이 있고 세밀하게 글을 읽어 내용을 면밀히 파악하는 읽기 방법이다. 책을 마구잡이로 단숨에 읽어 내려가는 것이 아니라 처음부터 끝까지 꼼꼼하게 단어와 문장에 담긴 의미가 무엇인지 음미하고 탐구하며 읽어야 한다는 것이다. 다산은 모르는 구절을 만나게 되면 근본적인 의미가 드러날 때까지 끊임없이 연구했다. 자기의 생각을 덧붙여 추론하기보다는 다른 경전 등 관련된 도서와 비교하며 비판적으로 읽고자 노력했다.

'질서'는 정독을 통해 깨달은 바와 그에 대한 자신의 생각을 빠르게 메모하며 읽는 방법이다. 특히 경전을 읽으며 의심했던 부분의 답을 구하거나 깨달은 바가 생기면 그 순간을 놓치지 않고 메모했다고 한다. 아들들에게도 책을 읽고 그 내용에 의심을 품고 질문하지 않음을 책망하고 작은 깨달음이라 할지라도 바람처럼 사라져버리기 전에 기록해 붙들어놓기를 당부했다.

'초서'는 책을 읽다 발견한 중요한 구절을 종이에 똑같이 옮겨 적는 것을 뜻한다. 하지만 필사와는 다른 의미의 쓰기이다. 단순히 책을 그대로 베껴 쓴다고 해서 초서 독서법을 행했다고는 할 수 없다. 질서의 기록은 의문이나 깨달은 점을 '빠르게 메모'하는 것이라면 초서의 기록은 '발췌하여 메모'하는 것에 가깝다. 이렇게 메모해놓은 것들을 분류하고 정리하여 자신의 뜻에 어울리는 목차를 세우고 체계적으로 엮어내는 것이 다산이 강조한 초서법이라고 할 수 있다. 다산은 두 아들에게 남긴 편지에서 초서의 중요성을 끊임없이 강조하고 있다.

무릇 한 권의 책을 얻더라도 내 학문에 보탬이 될 만한 것은 채록하여 모으고, 그렇지 않은 것은 눈길도 주지 말아야 한다. 이렇게 한다면 비록 백 권의 책이라도 열흘 공부 거리에 지나지 않는다. 남의 저서에서 도움이 될 만한 요점을 추려내어 책을 만들 때는 우선 자기 자신의 학문에 주견이 뚜렷해야 판단기준이 마음에 세워져 취사선택하는 일이 용이할 것이다.

한 권의 책을 백 번 읽고 백 번 쓰는, 세종

세종이 어린 시절부터 항상 책을 손이 닿는 가까운 곳에 두고 즐겨 읽으며 신하들과 2,000번에 가까운 경연을 열 정도로 책을 사랑한 왕이다. 《태종실록》에 '밥을 먹을 때도 좌우에 책을 펴 놓았고, 책을 읽느라 밤을 지새운 날도 많았다. 궁궐 안에 내가 읽지 않은 책은 없을 정도였다.'라는 기록이 있을 만큼 책을 붙들고 살았다고 한다.

특히 세종은 한 책을 백 번 읽고 백 번 옮겨 적는 백독백습(百讀百習)의 습관이 있었다. 책 한 권을 읽더라도 그 내용을 숙지하지 못한다면 안 읽은 것과 다를 바가 없다고 여긴 것이다. 세종은 처음 책을 읽을 때 잘 이해가 가지 않던 의미들이 읽을 때마다 서로 다르게 새롭게 해석되는 것에 희열을 느꼈다.

독서는 학습이 아닌 생활이다. 우리는 학교에서 정해진 시간 동안에만 책을 읽는 것이 아니라 수시로 책을 즐겨 읽고 이해하며 글로 소통해야 한다. 독서를 생활화하기 위해서는 쉽게 손이 닿는 곳에 책이 있어야 한다. 아이들의 생활공간이 책과 어우러져 있다면 책과 더욱 친해질 수 있을 것이다.

다독의 왕, 김득신

조선 시대 문인이자 시인인 김득신은 어릴 때 천연두를 앓아 20세가 되어서야 겨우 글을 짓기 시작한 '천천히 배우는' 아이였다고 한다. 남들보다 늦게 공부를 시작했고 배우고 돌아서면 바로 잊어버리는 김득신이었지만 끈질긴 노력으로 59세의 늦은 나이로 문과에 급제하고 조선 시대를 대표하는 문인이 되었다.

특히 김득신은 책 한 권을 읽기 시작하면 온전히 그 내용을 흡수할 때까지 여러 번 반복해서 읽는 과정을 즐겼다고 한다. 김득신 스스로 자신이 평생 읽은 책을 기록한 《독수기》을 보면 다독에 얼마나 자부심을 가지고 있었는지를 느낄 수 있다.

> "《장자》와 《사기》, 《대학》, 《중용》의 경우 읽은 횟수가 1만 번을 넘기지 않았기에 기록에서 뺀다."

우리가 흔히 알고 있는 다독은 다양한 종류의 책을 많이 읽는 것이지만 한 권의 책을 여러 번 읽는 것도 다독이라고 할 수 있다. 한 번 읽는 것으로 책에 담긴 의미를 제대로 파악하는 것은 쉬운 일은 아니다. 나와 통한 책 한 권에 흠뻑 빠지기 위해서는 김득신의 독서법대로 한 권을 여러 번 반복해서 읽는 것도 필요하다.

책만 읽는 바보, 이덕무

이덕무는 스스로를 책만 읽는 바보라는 '간서치(看書痴)'라는 별명으로 지어 불렀다고 한다. 매우 가난한 서자 출신으로 조선 시대 관직에 나아갈 수 없었지만 어두운 방 창문에 해가 들어오는 방향을 따라 책을 읽었다고 할 정도로 학문에 대한 열정이 대단했다. 덕분에 훗날 정조가 그를 중용하여 규장각 검서관이라는 직책을 맡게 된다. 이덕무의 저술에도 유독 독서 관련된 내용이 많은 것을 보아도 독서에 대한 이덕무의 애정이 대단했다는 것을 추측할 수 있다. 이덕무의 선집,《깨끗한 매미처럼 향기로운 귤처럼》에 담긴 독서의 네 가지 유익함을 소개한다.

약간 배가 고플 때 책을 읽으면 그 소리가 훨씬 낭랑해져 글에 담긴 이치를 맛보느라 배고픈 줄도 모르게 되니 이것이 첫 번째 유익함이요, 조금 추울 때 책을 읽으면 그 기운이 그 소리를 따라 몸속에 스며들면서 온몸이 활짝 펴져 추위를 잊게 되니 이것이 두 번째 유익함이요, 근심과 번뇌가 있을 때 책을 읽으면 내 눈은 글자에 빠져들고 내 마음은 이치에 잠기게 되어 천만 가지 온갖 상념이 일시에 사라지니 이것이 세 번째 유익함이요, 기침 앓이를 할 때 책을 읽으면 기운이 통창해져 막히는 바가 없게 되어 기침 소리가 돌연 멎게 되니 이것이 네 번째 유익함이다.

만약 춥거나 덥지도 않고 배고프거나 배부르지도 않으며, 마음은 더없이 화평하고 몸은 더없이 편안한 데다, 등불은 환하고 서책은 가지런하며 책상은 깨끗이 닦여 있다면, 책을 읽지 않고는 못 배길 것이다. 하물며 고원의 뜻과 빼어난 재주를 겸비한 건장한 젊은이가 책을 읽지 않는다면 달리 무엇을 할 수 있겠는가. 나의 동지들이여, 분발하고 분발할지어다!

◇ 의미 단위로 사선 치기

글을 읽을 때 우리는 글자를 각각의 낱자로 인식하지 않는다. 보편적으로 3~4개의 단어를 한 번에 인식한다. 사선 치기는 한 번에 인식하는 의미 단위를 넓히기 위한 활동으로 읽기 독립을 위한 중요한 방법 중 하나이다. 읽기 독립이란 한글을 모두 익힌 뒤 누가 읽어주지 않더라도 스스로 책을 읽을 수 있음을 뜻한다. 글자를 읽는 것과 문장을 읽는 것은 다르다. 그러므로 아이들의 수준에 맞는 읽기 자료를 활용해 이해할 수 있는 만큼 사선을 치며 읽도록 한다.

처음에는 단어마다 사선을 치는 아이들도 있다. 단어가 눈에 안 들어올뿐더러 시각 정보를 받아들여 바로 의미를 해석하는 것이 익숙하지 않기 때문이다. 어휘력이 부족한 아이들은 더욱더 그렇다. 의미 단위로 끊어 읽기가 익숙해지면 내용을 보다 빠르고 쉽게 이해할 수 있어 읽기에 자신감이 생기게 된다.

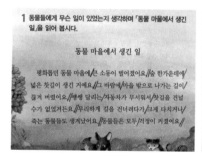
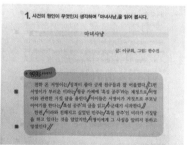

◇ 읽는 목적에 따라 밑줄 긋기

밑줄을 그으며 책을 읽는다는 것은 책의 내용에 그만큼 집중하고 있다는 뜻이다. 어떤 내용이 밑줄을 칠만한 내용인지 그렇지 않은지를 판단하며 읽어야 하기 때문이다.

밑줄 긋기는 읽은 내용과 배경지식을 빠르게 연결해 글을 좀 더 체계적으로 이해하는데 도움이 된다. 효과적인 밑줄 긋기를 위해 교사는 정확한 설명과 시범을 반복해야 한다. 밑줄 긋기의 목적이나 방법을 이해하지 못한 채 이 전략을 활용한다면 불필요하거나 무의미한 부분에 밑줄을 긋는 경우가 생기기 때문이다. 그러므로 처음부터 밑줄을 그으며 읽는 것이 아니라 글의 전체적인 내용을 훑어본 후 필요한 부분에 밑줄을 그을 수 있도록 지도해야 한다.

밑줄 긋기는 글의 내용을 요약하는 데에도 도움이 된다. 책을 읽으며 의미가 있다고 생각하는 부분에 밑줄을 긋고 교사는 왜 그 부분에 밑줄을 그었는지 물어보는 것이 하나의 읽기 후 활동이 될 수 있다.

- 새롭게 알게 된 사실에 밑줄 긋기
- 글쓴이의 주장과 근거가 드러난 부분에 밑줄 긋기
- 문단의 내용을 대표하는 문장에 밑줄 긋기
- 가장 기억에 남는 문장이나 인물의 말에 밑줄 긋기
- 잘 이해가 되지 않는 문장에 밑줄 긋기
- 나의 생각과 반대되는 의견에 밑줄 긋기

밑줄 긋기와 비슷한 방법으로 낱말에 동그라미를 하는 방법이 있다. 가장 중요하다고 생각하는 단어에 동그라미를 하고, 그 단어를 중심으로 관련된 의미를 정렬해서 글의 내용을 파악하는 것이다. 핵심 단어뿐만 아니라 주요 등장인물이나 사건이 일어난 배경 등을 서로 다르게 표시하며 읽을 수도 있다.

> 핵심 단어에 표시하며 읽기
> 뜻을 모르는 낱말에 표시하며 읽기
> 등장인물에 표시하며 읽기
> 시간과 장소를 나타내는 말에 표시하며 읽기
> '그러나', '그러므로' 등의 접속사에 표시하며 읽기

◇ **중심 내용을 가려내는 글 분석하기**

글 분석법은 글을 사실적으로 이해하고 그 안에 담긴 주제를 찾는 방법으로, 글을 읽고 맥락을 파악해 나의 삶에 비추어 가치를 내면화하며 읽는 문학적 수용과는 다르다. 아이들의 서로 다른 경험과 배경지식은 글을 정확하게 이해하는 데 간혹 방해가 되기도 한다. 중요한 문장과 덜 중요한 문장을 잘못 판단해 글쓴이가 전달하고자 하는 정보나 주제를 파악하는 데 어려움을 겪는 것이다. 글을 읽고 교

사와 함께 문단의 개념, 문단의 중심 내용 찾기, 글의 형식, 글의 주제
찾기, 모르는 낱말의 뜻 알아보기 등의 질문을 해결하며 글의 구조와
특성 및 내용을 파악한다. 다음과 같은 예시 질문을 활용할 수 있다.

<글 분석을 위한 예시 질문>

1. 이 글은 몇 개의 문단으로 되어
   있나요?
2. 각 문단의 중요한 문장이나
   내용을 적어보세요.
3. 이 글의 형식은 무엇인가요?
4. 이 글의 주제는 무엇일까요?
5. 내용에 알맞은 제목을 붙여
   보세요.

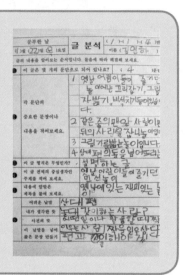

◇ 학년 군별 읽기 방법

1~2학년 읽기 방법 : 소리 내어 읽기

영화나 드라마 속 서당의 풍경을 떠올려보자. 바깥까지 다 들릴 정
도의 큰 소리로 또박또박 책을 읽는 모습이 심심치 않게 등장한다.
서당뿐만 아니라 조선 최고의 교육기관이었던 성균관에서도 주자학
을 소리 내어 읽으며 공부했다고 한다. 책을 눈으로 읽을 때는 눈에
만 신경을 집중하면 되지만 소리 내어 책을 읽을 때는 눈뿐만 아니라
입과 귀도 활용하므로 훨씬 더 많은 집중력이 필요하다. 또 그만큼

내용은 오래 기억된다. 소리 내어 읽기가 잠들어 있는 신경세포를 자극하고 뇌를 활성화해 의미를 각인시키는 데 도움이 되기 때문이다.

물론 유창하게 소리 내어 읽는다고 글의 의미를 잘 파악하는 것은 아니다. 하지만 이 시기의 아이들에게는 문자 해득이 가장 우선시되는 목표이므로 유창하게 소리 내어 읽기는 큰 의미가 있다. 글을 막힘없이 유창하게 읽는다는 것은 문자를 시각적으로 받아들여 음성으로 변환할 수 있다는 것, 낱말을 정확하게 발음할 수 있다는 것을 뛰어넘어 의미 단위에 맞게 끊어 읽기를 하며 글의 의미를 파악하고 있다는 것이다.

〈소리 내어 읽기의 좋은 점〉
• 한 문장 한 문장을 집중해서 읽을 수 있다.
• 이미지와 의미를 뇌 속에 각인시켜주는 효과가 있다.
• 눈으로만 읽을 때보다 글의 내용을 더 잘 이해할 수 있고 기억하는 데에 도움이 된다.
• 정확한 발음, 띄어 읽기, 강약 조절, 감정 이입 등의 훈련이 자연스럽게 이루어져 말하기에 자신감이 생기고 발표력이 신장된다.
• 소리 내어 읽기가 자동화·습관화되면 의미 구성에 집중할 수 있어 글의 의미를 파악하는 데 도움이 된다.
• 읽기에 적합한 두뇌 환경을 만드는 훈련이 될 뿐만 아니라 말하기 연습, 발음 교정과 같은 언어치료의 효과를 얻을 수 있다.

이 시기의 아이들은 하루에 한 권씩 그림책을 소리 내 읽기를 추천한다. 꼭 책이 아니더라도 알림장이나 가정통신문, 게시판의 게시물 등을 또박또박 소리 내 읽어보는 것도 좋다.

다음은 효과적인 소리 내어 읽기를 위한 도움말이다.

〈효과적인 소리 내어 읽기를 위한 도움말〉

• **교사나 부모와 함께 읽는다**

처음 소리 내어 읽기를 하는 아이들에게는 교사나 부모의 시범이 아주 중요하다. 아이들은 이 시간을 매우 좋아한다. 책 읽어주기 활동은 아이들의 듣기 이해력과 집중력을 키우는 좋은 방법이다. 이야기를 싫어하는 아이들은 없다. 이야기를 들으며 아빠, 엄마 그리고 선생님의 목소리의 높낮이, 성량, 그 속에 실린 감정과 느낌을 함께 전달받는다.

초등학교 아이들은 혼자서도 책을 읽을 수는 있지만 스스로 읽는 것을 좋아하지는 않는다. 이런 아이들에게 책 함께 읽기는 책 읽기의

흥미와 호기심을 불러일으키고, 상상력을 구체화하는 좋은 경험이 된다.

아이들은 이야기를 듣는 것을 무척 좋아한다. 함께 눈 맞추며 책을 읽는 경험은 참 신선하고 특별하다. 떠들다가도 "얘들아! 책 읽을 시간이야." 하면 옹기종기 모여 조용히 들을 준비를 하는 것을 보면 책 함께 읽기가 아이들에게 흥미를 일으키고 정서적으로 유의미한 활동이라는 것을 단번에 느낄 수 있다. 책 속에 담긴 다양한 주제와 그것을 통해 전달하고자 하는 의미는 아이들의 경험과 감정에 따라 서로 다르게 스며든다. 교사와 함께 읽기가 어느 정도 익숙해지면 자기가 읽은 책을 다른 친구들 앞에서 읽어주는 활동도 전개할 수 있다.

• 적은 분량을 읽더라도 정확하게 매일 조금씩 읽는다

적은 양이라도 매일 꾸준히 읽는 습관을 기르도록 한다. 상대방이 잘 들을 수 있는 또렷한 목소리로 끊어 읽기와 발음을 정확하게 신경 쓰면서 읽는다. 매일 책을 펴는 일은 쉬운 일이 아니다. 무거운 책장을 매일 넘기는 것만으로도 충분히 칭찬받을 만하다.

• 다른 사람 앞에서 읽는다

혼자서 읽는 것과 다른 사람에게 읽어주는 것은 확연히 다르다. 다른 사람에게 글을 읽어줄 때는 자연스레 의미 단위로 끊어 읽게 되고 문장의 호흡을 신경 쓰게 된다. 또한 등장인물의 감정과 글 속의 상황을 민감하게 파악하며 대화 글을 실감 나게 읽음으로써 실제 생활 속에서도 상대방의 입장을 살피게 된다.

처음에는 다른 친구들 앞에서 책도 거꾸로 들고, 목소리도 바꾸면서 책을 읽는 게 부끄러웠다. 친구들이 집중해서 잘 들어주니 점점 부끄러움이 사라진 것 같다. 이제 책을 빌려오면 어떻게 읽어주면 더 재미있을까를 생각하게 된다.

— 2학년 곽○○학생

• 되도록 지적하지 않는다

소리 내어 읽기가 익숙하지 않은 아이들은 단어를 바꿔 읽는다거나 조사 등 몇몇 단어를 빠뜨리고 읽는 경우가 있다. 이때 잘못 읽은 부분을 지적하거나 잘못 읽은 부분을 다시 읽게 한다면 소리 내어 읽기에 대한 부담감이 생길 것이다. 소리 내어 읽기를 하며 생긴 오류들은 되도록 다 읽고 난 후에 꼭 필요한 부분만 간단히 언급해주는 것이 좋다.

또한, 저학년 시기에 해야 할 중요한 한 가지는 책을 읽은 후 간단하게 책의 내용을 간추려 이야기하는 연습을 하는 것이다. 책을 읽고 나서 요약하기 어려워한다는 것은 책의 내용을 충분히 이해하지 못했다는 것이다. 정리된 문장으로 독후감을 쓰는 것이 아니라 차근차근 이야기를 나눌 기회를 주는 것이 중요하다. 읽은 책을 친구들이나 가족들에게 소개한다거나 인상 깊은 장면이나 인물에 대해 한두 문장으로 정리해보는 것도 좋다. 아이들이 책에 관한 이야기를 나누는 것이 즐겁다고 느낄 수 있도록 칭찬과 격려를 아끼지 않아야 한다.

3~4학년 읽기 방법 : 균형 있게 읽기

3, 4학년 아이들은 단순한 문자 해독에서 벗어나 다양한 주제와 영역의 책을 읽으며 독해로 발전해 나가는 균형 독서를 시작하는 시기이다. 따라서 책의 내용을 잘 이해하며 제대로 읽고 있는지, 읽기에 대한 흥미는 어느 정도인지, 읽기를 방해하는 요인이 있는지, 필요한 읽기 전략은 무엇인지에 대한 정확한 진단이 필요하다.

이 시기 아이들의 독서를 방해하는 것은 흥미 있는 책이 없다는 것이다. 재미있는 책이 있다는 것을 스스로 깨닫고 책에 대한 좋은 경험을 쌓을 수 있도록 읽고 싶은 책을 맘껏 선택해보는 기회를 자주가지며 독서에 대한 흥미를 잃지 않게 도와주어야 한다.

• 문학적 텍스트와 설명적 텍스트의 균형이 필요하다

문학적 텍스트는 문학 작품 속에 담긴 작가의 의도나 감수성을 나의 경험에 비추어보며 자신만의 답을 찾아가기 위해 읽는다. 단순히 이해하고 감상하는 것에서 나아가 공감과 상상을 통해 창의적으로 수용하고 창조적으로 재구성하는 과정이 필요하다.

설명적 텍스트는 문학적 텍스트에 비해 이미 알고 있는 어휘나 배경지식의 영향을 더욱 많이 받는다. 3~4학년 시기의 아이들은 논리적이고 비판적인 사고가 발달하기 시작하는데, 설명적 읽기를 통해 자신만의 기준을 세워 분석하며 글을 비판적으로 수용하는 과정을 경험하게 된다.

문학적 텍스트와 설명적 텍스트는 쓰인 목적과 사용된 어휘가 다르므로 글을 이해하는 데 필요한 읽기 전략 또한 다르게 적용되어야 한다. 물론 아이들 각자가 더욱 선호하는 텍스트의 유형은 있겠지만 균형 있게 읽기를 통해 앞으로 아이들이 만날 다양한 읽기 쓰기 상황에 어울리는 다양한 전략과 기능을 습득하는 것이 필요하다.

• 줄글과 학습만화의 균형이 필요하다

이 시기는 과목들의 경계가 허물어져 교과 간 통합적인 사고력이 요구되므로 새로운 지식을 습득할 수 있는 사회·과학 분야의 지식 정보 책들을 읽기에 적합하다. 아이들이 창작 동화나 판타지 동화 등 문학 분야의 책만 주로 읽고 과학, 사회, 역사 분야의 책 읽기를 꺼린다면 그 분야의 배경지식이 부족한 경우가 많다. 그래서 부모들은 학습에 필요한 지식과 상식을 쉽게 길러주고자 학습만화를 권하기도 한다.

학습만화는 그림책에서 줄글 책으로 넘어가는 중간 다리의 역할을 하며 읽기의 재미와 즐거움을 북돋는 데 아주 효과적이다. 또 사회나 과학 등의 지식 정보를 빠르게 습득하는 데 도움을 준다. 하지만 학습만화가 가진 어휘력의 한계와 시각적인 자극으로, 읽는 동안 줄글에 비해 사고력을 덜 자극한다는 단점 또한 분명하다. 또한 학습만화를 통해 얻은 단편적인 지식은 제대로 알지 못하는 것을 잘 알고 있는 것으로 착각하게 해 오히려 학습을 방해하기도 한다.

이때는 읽기가 독이 아닌 득이 되도록 학습만화에 대한 규칙을 아이들과 함께 정하는 것이 좋다. 과학이나 역사와 같은 개념이나 서사의 이해가 필요한 과목들에 학습만화를 활용하거나 글밥이 적은 줄글 책을 함께 읽도록 권할 수 있다. 또 좋은 학습만화를 고르는 것도 중요하다. 단순히 화려한 그림과 익살스러운 표현으로 재미만 쫓는

만화가 아닌 지식의 이해를 돕기 위한 역할을 충실히 하는 유익한 책을 골라야 한다.

5~6학년 읽기 방법 : 천천히, 깊이, 다양하게 읽기

5~6학년 아이들에게는 천천히 읽기, 깊이 읽기, 다양하게 읽기를 지도해야 한다. 교과와 연계한 비문학을 주로 읽어야 하는 시기로 자신이 좋아하는 분야의 책을 충분히 읽되 배경지식이나 교양을 넓히기 위한 비문학 도서도 충분히 읽어야 한다.

• 천천히 읽는다

글밥이 많아지고 글 속에 사용된 단어의 수준이 눈에 띄게 달라지다 보니 추천 도서를 집어든 아이들은 간혹 당황하기도 한다. 비문학 도서를 처음 접하는 아이들이 책의 내용을 모두 기억해야 한다는 부담감을 느끼지 않도록 도와주어야 한다. 책의 내용이 어려우면 천천히 읽거나 다시 읽을 수 있고, 밑줄을 긋거나 뜻을 찾아가며 읽어도 된다. 또 필요에 의해 중간에 읽기를 멈추는 것을 허락해야 한다. 초등학교 저학년 때의 읽기가 다독에 가까웠다면 이 시기의 아이들은 정독을 해야 한다. 한 권을 읽더라도 책 속에 담긴 다양한 가치와 이야깃거리들을 발견할 수 있는 천천히 읽기가 필요하다.

• 깊이 읽는다

깊이 읽는 것은 흔히 알고 있는 정독의 개념과 가깝다. 단순히 한 권의 책을 처음부터 쭉쭉 읽어나가는 것이 아니라 글자와 낱말, 문장에 숨겨진 뜻을 하나하나 파악하기 위해 적극적이고 능동적인 노력을 해야 하는 것이다. 대체로 책을 읽을 때 단어 하나하나를 의식하지 않고 문장을 통째로 받아들여 이해하기 때문에 깊이 읽기는 어느 정도의 훈련이 따로 필요하다.

이전 학년에서 다양한 분야의 책을 많이 읽으며 읽기에 대한 흥미를 키워나갔다면 이 시기에는 글이 쓰인 목적뿐만 아니라 글에 드러나지 않은 의미와 의도까지 파악하는 깊이 읽기를 시작해야 한다.

• 다양하게 읽는다

한 권의 책을 읽고 다양한 관점에서 생각해보는 기회를 주는 것도 중요하다. 등장인물의 행동을 단순하게 옳고 그름으로 판단하는 것이 아니라 작품의 배경, 작가의 세계관, 인물이 처한 상황, 내면의 갈등 등을 깊게 들여다보고 자신의 경험이나 생각과 연관 지으며 다양한 관점에서 살펴보는 활동을 한다.

무작정 학년 추천 도서 목록을 참고하기보다는 같은 내용을 다룬 여러 출판사의 책을 비교해보고 자신의 수준과 기호에 맞는 책을 골라 읽는 것이 바람직하다. 목차를 천천히 살펴보며 그중 가장 흥미를 끄는 소제목을 골라 그 부분부터 읽는 것도 좋은 방법 중 하나이다.

우리 반에서는 교실 뒤 게시판의 한 부분을 책을 소개하는 코너로 만들어 활용했다. 학기 초부터 매달 '이달의 책'을 선정하고 간단한 질문을 통해 읽은 내용을 확인해 스티커 보상을 실시했다. 1학기에는 교사 위주의 추천이 이루어졌지만 2학기가 되자 아이들이 읽은 책을 직접 추천하는 횟수가 늘어났다. 책을 읽고 함께 생각해보면 좋을 만

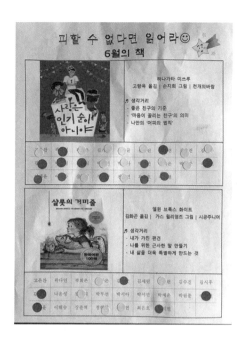

한 생각 거리를 제시했다.

책을 다 읽고 생각 거리 중 한 가지를 골라 자신의 생각을 정리하고 교사나 짝과 이야기했다. 이해한 책의 내용을 바탕으로 생각 거리를 잘 풀어낸 친구의 이름에 스티커를 붙여주었다.

2장

그림책이 주는 편안

왜 그림책이어야 하는가?

올 한 해 독서인문 역량을 기르기로 결정했다면, 그림책을 활용하는 것도 좋은 방법이다. 우리 학급 독서의 시작을 열어준 것 또한 한 권의 짧은 그림책이었다.

왜 그림책 읽기를 시작해야 하는가?

그림책은 상대적으로 진입 장벽이 낮아 아이들의 거부감이 적은 편이다. 이는 그림과 글이 서로 어우러지는 과정에서 독자 스스로 내용을 파악할 수 있고, 줄글 책보다는 글자 수가 적어 심리적인 부담감이 덜하기 때문이다. 또한 아이들은 책의 내용을 수동적으로 받아들이는 독자 역할에만 머물지 않고 글과 그림 하나하나에 관심을 가지고 질문하며 적극적으로 내용을 구성하는 주체가 된다.

그림책에 등장하는 인물과 배경은 아이들에게 친숙하다. 책 속에서 일어나는 일들은 아이들에게도 일어날법한 친숙한 광경이다. 그림책은 아이들이 처음 만나는 책으로, 그림책에서 느낀 즐거움과 재미, 공감과 소통은 앞으로 만나게 될 세상과의 연결 고리가 된다.

매터슨은 사고의 확장, 언어표현력과 어휘력의 확장, 즐거움 및 대화 기회의 제공, 육체적 휴식 제공 등의 이유로 그림책의 가치를 높게 평가하고 있다. 그림책은 아이들의 언어발달뿐만 아니라 인지 발달, 창의성 발달, 사회도덕성 발달, 미적 발달, 정서 지능의 발달에도 도움이 된다. 책에 대한 감상을 더욱 풍부하고 다양하게 만드는 글과 그림의 조화를 통해 아이들은 표현 하나하나에 섬세한 관심을 기울이는 방법을 연습할 수 있다. 또한, 그림책 독서 활동에서 이루어지는 미에 대한 탐구와 감수성 발달은 나중에 이루어질 문예 창작 활동에도 많은 도움이 된다.

그림책의 내용이 비교적 단순하고 이해가 쉽다 보니 어린아이들만 읽는 책이라는 인식을 은연중에 갖게 된다. 그러나 그림책은 아이들뿐 아니라 청소년, 성인 등 생의 모든 단계에서 즐길 수 있는 책이다. 그림책을 통한 독서 교육을 본격적으로 시작하는 교사 또는 부모들은 그림책이 얼마나 다양한 장르에 걸쳐 만들어지고 있는지, 또 얼마나 다양한 내용과 주제를 담고 있는지를 깨닫고 놀라곤 한다.

◇ 그림책 선정 방법

수업에 활용할 그림책은 어떻게 선정해야 할까?

첫째, 학급교육과정 운영 중점에 따라 정해야 한다. 인성, 창의력, 독서토론, 역사교육 등 학급교육과정 운영 중점은 교사마다 다르다. 따라서 그 중점에 따라 어떤 장르 또는 어떤 내용의 책을 활용할 것인지 정한다.

둘째, 그림책에서 전달하려고 하는 핵심 메시지와 수업의 의도가 맞아떨어져야 한다. 수업에 그림책을 활용하는 이유는 아이들이 그림책을 통해 전하고자 하는 메시지를 효과적으로 받아들이도록, 결과적으로 더 효율적으로 학습 목표에 도달하도록 돕는 것이기 때문이다. 가령 학급에서 환경 보호에 대한 단원을 다루고 있다면 환경에 대한 그림책을, 감정 조절에 대한 단원을 다루고 있다면 감정에 대한 그림책을, 봄이나 여름과 같은 저학년 통합 교과 단원을 다루고 있다면 해당 계절과 관련된 그림책을 활용한다면 아이들의 학습은 더 깊어질 것이다.

셋째, 아이들이 내용을 이해할 수 있어야 한다. 학년 군에 따라, 그리고 개별 학생의 문해 수준을 고려해 선정한다. 책을 수업에 활용하기 위해서는 교실에 있는 아이들이 같은 책을 읽어야 하기 때문에 아이들 모두가 책의 내용과 전하고자 하는 의도를 파악할 수 있어야 하고, 이를 위해 아이들의 문해 수준을 면밀히 분석하는 과정이 필수적이다.

넷째, 아이들의 흥미를 유발할 수 있어야 한다. 책의 내용이 수업 목표에 적합하고 아이들의 수준에 맞는 책이더라도 그 책이 읽는 이의 마음을 움직이지 않으면 아이들의 내면에서는 의미 있는 변화가 일어날 수 없다. 단순한 수업 도구를 넘어서 아이들에게 감동을 주고 사고와 행동의 변화를 이끌어낼 수 있는 영향력을 가진 '재미있는' 책을 선정해 활용해야 한다.

책 읽기를 좋아하는 아이들에게 직접 추천받는 것도 좋은 방법 중 하나이다. 어른들의 기준으로 생각했을 때보다 아이들이 재미있고 의미 있다고 느껴지는 책을 활용했을 때 실제로 아이들의 수업 참여도와 동기가 형성되는 것을 볼 수 있었다. 교육은 그 대상이 되는 아이들이 흥미와 호기심을 가질 때 더 큰 효과가 있으므로 아이들이 수업의 전 과정에 자발적으로 참여할 수 있도록 다양한 기회를 주는 것이 중요하다.

옷, 침구, 먹거리, 영양제까지 다양한 방면에서 사용자의 성향과 취향에 맞춘 구독 서비스가 성행하고 있는 요즘이다. 그런 세상에서 아이들이 1년 내내 똑같은 추천 도서 목록만 접한다면 책 읽기에 흥미를 느낄 수 있을까? 책 읽기가 지루한 일이라고 생각하는 아이들을 위해, 매월 초 「지금은 그림책 보는 시간」이라는 추천 도서 목록을 선정하여 독서 활동에 활용했다.

꾸준히 추천 도서 목록을 업데이트하고, 정기적으로 아이들과 함께 학교 도서관을 방문해 책을 직접 골라 대출해서 읽었다. 그러자 1년 내내 같은 도서 목록을 활용했을 때보다 그때그때 관심과 필요에 따라 융통성 있게 변경된 목록을 활용했을 때 아이들이 더 적극적으로 책 읽기에 임하는 모습을 볼 수 있었다. 위와 같은 방법으로 선정한 그림책 목록의 예시이다.

『지.그.시.(지금은 그림책 보는 시간)』 선정 도서 목록 (예시)

주제	도서명	지은이	출판사
「만남」 내가 가진 여러 색깔 소개하기	모모모모모	밤코	향출판사
	고구마구마	사이다	반달
	다다다 다른 별 학교	윤진현	천개의바람
	나는요	김희경	여유당
	물고기는 물고기야!	레오 리오니	시공주니어
	또르의 첫인사	토리고에 마리	베틀북
	까만 크레파스	나카야 미와	웅진닷컴

「친구」 다름에 귀 기울이고 서로를 존중하는 관계 맺기	내 탓이 아니야	글 레이프 크리스티안손 그림 딕 스텐베리	고래이야기
	가만히 들어주었어	코리 도어펠드	북뱅크
	토마토 나라에 온 선인장	김수경	달그림
	물끄러미	덩컨 버디	키즈엠
	나랑 같이 놀자	마리 홀 에츠	시공주니어
	알사탕	백희나	책읽는곰
	뒷집 준범이	이혜란	보림
「나다움」 진짜 나를 찾기 위한 마음 속 들여다보기	앵무새 해럴드	코트니 딕마스	봄봄
	치킨 마스크	우쓰기 미호	책읽는곰
	내가 올챙이야?	다시마 세이조	계수나무
	내가 보여?	박지희	웅진주니어
	사랑스러운 까마귀	글 베아트리스 퐁타넬 그림 앙트완 기요삐	국민서관
	고슴도치 엑스	노인경	문학동네어린이
	내가 잘하는 건 뭘까?	유진	빨간콩
「언어」 표현이 주는 즐거움 느끼기	아빠한테 물어보렴	글 다비드 칼리 그림 노에미 볼라	책빛
	어른들 안에는 아이가 산대	헨리 블랙쇼	길벗스쿨
	팥빙수의 전설	이지은	웅진주니어
	단어수집가	피터 H. 레이놀즈	문학동네
	왜 띄어 써야 돼?	박규빈	길벗어린이
	이파라파냐무냐무	이지은	사계절
「감정」 올바르게 표현하고 건강하게 다스리는 방법 알기	그랬구나	글 김금향 그림 정진호	그랬구나
	나는 하고 싶지 않아!	유수민	담푸스
	미움	조원희	만만한 책방
	씩씩해요	전미화	사계절
	날아라 현수야	한성옥	웅진주니어
	천천히 걷다 보면	게일 실버	불광출판사

	아무도 지나가지 마!	이자벨 미뇨스 마르틴스	그림책공작소
「사회」 문화 다양성과 인권 차별 문제 이해하기	내가 라면을 먹을 때	하세가와 요시후미	고래이야기
	위를 봐요	정진호	은나팔
	거짓말 같은 이야기	강경수	시공주니어
	길 아저씨 손 아저씨	글 권정생 그림 김용철	국민서관
	장벽: 세상에서 가장 긴 벽	잔카를로 마크리	내인생의 책
	따로 따로 행복하게	배빗 콜	보림

그림책을 활용하는 수업에서는 공통적으로 읽기 전, 읽기 중, 읽기 후 활동으로 이루어지는 3단계 독서법을 활용했다. 각 단계의 내용은 다음과 같다.

◇ 읽기 전 활동: 생각의 문 열기

독자, 즉 아이들에게는 책의 내용을 파악하고 수용하기 전 책에 호기심을 가지고 그 내용을 예상하며 스스로 질문해보는 시간이 필요하다. 그래야 책을 읽는 동안 독서에 대한 흥미와 동기를 잃지 않고 책의 내용을 자신만의 가치관과 언어로 재구성할 수 있다. 따라서 교실에서 책을 함께 읽기 위해서는 읽기 전 활동이 반드시 필요하다.

그림책의 내용을 깊이 있게 받아들이기 위해서는 텍스트뿐 아니라 텍스트와 함께하는 그림까지도 이해해야 한다. 책에 실린 그림의 표현 방식을 이해하고 책의 내용에 관심을 갖게 하기 위해 다음과 같은 발문을 활용했다.

- 책 표지에서는 무엇이 보이나요?
- 책 표지의 인물은 누구일까요?
- 제목은 무슨 뜻일까요?
- 지은이는 누구인가요?
- 책에서는 어떤 내용이 펼쳐질까요?
- 이와 관련된 경험이 있나요? 그때의 기분이 어땠나요?
- 이 책이 전달하고자 하는 주제는 무엇일까요?

◇ 읽기 중 활동: 함께 읽는 교실

책을 펼쳐 읽기 시작하는 이 단계에서 아이들은 스스로 내용을 파악하고 구성하며 읽기 전에 했던 예상과 읽은 내용이 얼마나 일치하는지를 확인한다. 그러면서 아이들은 등장인물의 행동이나 상황에 자신을 대입해보고 그 배경에 나름의 이유와 동기를 붙여보기도 한다. 이를 통해 책의 내용을 온전히 받아들일 수 있다.

이 단계에서는 교사의 적절한 발문이 매우 중요하다. 교사는 책을 읽는 동안 수시로 아이들에게 질문하며 책을 읽고 더욱 깊이 생각하도록 유도해야 한다. 읽기 활동에서 주로 사용할 수 있는 발문의 유형으로는 재생적 발문, 추론적 발문, 적용적 발문이 있다.

재생적 발문은 읽은 내용을 확인하기 위해 책에서 나온 내용이나 사건의 흐름 등을 확인하는 발문이다. 추론적 발문은 학생들이 책에서 읽은 내용을 분석하여 책에 답이 명시되어 있지 않은 문제를 해결하는 발문이다. 적용적 발문은 사고의 확산을 위해 책의 내용을 새로운 상황에 적용하도록 하는 발문이다. 아이들이 책을 읽고 깊이 생각하도록 만들기 위해서는 각 유형의 발문을 조화롭게 활용해야 한다.

각 발문의 예는 다음과 같다.

재생적 발문

•등장인물은 누구누구 인가요?

•책 속에서 어떤 일이 일어났나요?

•등장인물이 이 장면에서 어떤 말과 행동을 했나요?

•이야기는 어떻게 마무리되었나요?

추론적 발문

•등장인물은 왜 그런 말과 행동을 했을까요?

•그 장면에서 등장인물의 마음은 어땠을까요?

•이 일로 인물 간의 관계는 어떻게 달라졌을까요?

•그 사건이 책 속의 세계에 어떤 영향을 미쳤을까요?

적용적 발문

•이 뒤의 이야기는 어떻게 될까요?

•등장인물이 다른 선택을 했다면 어떨까요?

•만약 이야기의 배경이 다른 시대나 공간이라면 어떨까요?

•책에서 이야기한 주제에 대해서 어떻게 생각하나요?

읽기 단계에서는 함께 책을 읽는 방법 또한 신중하게 결정해야 한다. 가령 아이들 수가 적은 편인 교실에서는 교사가 정확한 발음과 실감 나는 어투로 아이들에게 책을 직접 읽어주는 편이 좋고, 아이들 수가 많아 교사의 목소리가 제대로 전달되지 않는 교실에서는 미리 녹음을 하거나 온라인 컨텐츠를 활용하여 음성 또는 동영상으로 재생해주는 것도 하나의 방법이 된다. 책상을 한쪽으로 밀어 두고 아이들이 교사 앞에 옹기종기 모여 앉게 한 다음 책을 읽거나 교사가 화면에 프레젠테이션을 띄운 채로 책을 읽을 수도 있다.

◇ 읽기 후 활동: 생각의 깊이 더하기

책을 다 읽었다고 해서 독서가 끝난 것은 아니다. 오히려 독서의 진정한 묘미는 책의 마지막 장을 덮었을 때부터 비로소 다시 시작한다. 아이들은 책 속 등장인물들의 경험과 자신의 과거 경험을 관련 짓고, 책 속의 세상을 자신이 구성한 실제의 세상으로 받아들인다. 그리고 책 속의 인물과 사회를 살아가는 나의 모습을 동일시한다.

읽기 후 활동은 난이도와 걸리는 시간 등을 고려하여 한두 개 정도로 구성하는 것이 적절하다. 교실에서 활용하는 읽기 후 활동은 놀이하기, 이야기하기, 다시 쓰기, 표현하기 등으로 나눌 수 있다.

놀이하기

책과 관련된 놀이를 통해 아이들이 책 내용을 들여다보고 받아들이도록 도와주는 방법이다. 책의 주제나 내용에 맞는 놀이 선정을 통해 독서에 거부감이 있는 아이들도 책 읽는 것을 즐거운 경험으로 받아들인다.

이야기하기

읽은 책의 내용을 묻고 답하거나, 생각을 나누는 토론 활동을 통해 활발히 소통할 수 있는 활동이다. 아이들은 읽은 내용과 떠오른 생각을 서로 이야기 나누며 다른 사람의 의견에 공감하기도 하고 미처 떠올리지 못한 새로운 관점을 접하기도 한다.

다시 쓰기

이야기를 새롭게 재창조하는 활동이다. 읽기 중 의문이 생겼던 점을 바꾸어 이야기를 다르게 써보거나, 책이 끝난 뒤의 이야기를 상상하여 보는 활동을 통해 비판적 사고와 창의력을 기른다.

표현하기

책을 읽은 후의 생각이나 느낌을 그림, 만화, 영상, 사진 등 다른 매체로 표현하는 것이다. 이 활동을 통해 아이들은 글이 전달하고자 하는 핵심 메시지를 파악할 수 있고, 이를 다른 매체로 표현하는 과정에서 미적 감수성이 계발된다.

그림책으로 만나는 나

◇ 나를 수용하고 자신감 회복하기

《안돼!》는 자신의 이름을 '안돼'라고 착각하고 있는 강아지에 관한 이야기이다. '안돼'는 가족들을 사랑하기 때문에 최선을 다해 가족들

《안돼!》 글·그림 마르타 알테스, 북극곰

을 돕는다. 가족들도 그런 '안돼'를 사랑한다. 그런데 그에게는 딱 한 가지 이해할 수 없는 일이 있다. 바로 자신의 이름은 '안돼'인데 목걸이에는 '안돼'가 아닌 다른 이름이 적혀 있다는 것.

누군가에게 사랑받고, 인정받고 싶은 것은 모든 인간이 가지고 있는 욕구이다. 많은 사람은 그 욕구를 충족하기 위해 최선을 다한다. 드러나는 행동은 모두 다르지만 결국 그 모든 행동을 만들어내는 본질적인 마음은 한 가지다. 사랑받고 싶다, 그리고 관심 받고 싶다는 것이다. 그 욕구만은 모두와 잘 지내는 아이들도, 교실 속 적응을 어려워하는 아이들도 마찬가지일 것이다.

공교롭게도 자신 안에 숨겨진 그 본심을 알아채고 솔직하게 표현하는 아이들은 많지 않다. 자신의 감정을 있는 그대로 마주하고 인정하며, 이를 바탕으로 스스로를 사랑하는 것은 아이들뿐 아니라 누구에게나 어려운 일이기 때문이다. 그것이 내가 이 책을 아이들에게 소개한 이유다.

이 책은 아이들이 자신의 욕구를 긍정하고, 사랑받고 칭찬받고자 하는 자신을 수용하도록 안내하기 위해 활용했다. 수업의 과정은 다음과 같다.

생각의 문 열기

본문을 읽기 전에 아이들과 표지를 보며 이야기 나누었다. 다음은 표지를 보며 던질 수 있는 질문의 예시이다.

- 무엇이 보이나요?
- 강아지가 무엇을 물고 있나요?
- 표지 속 강아지의 표정이 어떤가요?
- 표지 속 강아지의 기분은 어떨까요?
- 강아지의 이름은 무엇일까요?
- 강아지에게 '안돼!'라고 말하는 사람의 표정이나 자세는 어떨까요? 왜 그렇게 생각해요?
- 여러분은 반려동물을 기르고 있나요? 아니면 기르고 싶은 반려동물이 있나요?
- 만약 반려동물과 함께 살고 있다면, 반려동물에게 '안돼!'라고 할 때는 언제인가요?

함께 읽는 교실

표지를 충분히 살핀 후에 본문으로 들어갔다.

책에서 나오는 대사는 많지 않다. 아니, 거의 한 가지다. 가족들이 강아지에게 하는 말, 바로 '안돼'. 내가 가족들의 대사를 읽어줄 때마다 아이들도 '안돼'라는 말을 주문처럼 함께 외쳤다. 간혹 강아지에게 안 된다고만 하는 책 속 가족들에게 어떠한 반항심이라도 생긴 것인지 '돼!'를 외치는 아이들도 보였다.

다음은 책을 읽은 후 활용할 수 있는 질문의 예시이다.

- 강아지의 이름은 무엇인가요?
- 강아지는 자신의 이름을 무엇이라고 생각했을까요?
- 강아지는 왜 자신의 이름을 '안돼'라고 생각했을까요?
- 가족들은 강아지에게 왜 '안돼'라고만 말했을까요?
- 강아지는 왜 하지 말라는 행동만 하고 있을까요?
- 내가 이 강아지의 가족이라면 강아지에게 뭐라고 말했을까요?
- 강아지에게 '안돼' 말고 다른 말을 해준다면 무슨 말을 해줄 수 있을까요?

"'좋아'요."
"'귀여워'요."
"'잘했어'요."

독서의 과정에서 아이들은 자연스럽게 책의 주인공을 자기 자신과 동일시하게 된다. 아이들은 '안돼'의 행동을 변호하고 감싸주고 이유를 붙여주었다. 마치 '안돼'가 자기 자신이라도 되는 것처럼 말이다.

마지막 질문에 대한 아이들의 대답에는 그동안 애써 억눌러 왔던 인정 욕구가 묻어 나온다. 그것을 가만히 들어주었다. 여기저기서 톡톡 튀어나오는 아이들의 대답이 모두 끝나고, 교실이 다시 조용해질 때까지. 비로소 질문의 주인공을 강아지에게서 아이들로 옮길 시간이었다.

생각의 깊이 더하기

• 나의 이름은

자신에 대한 부정적인 인식은 그동안 주위에서 들었던 자신에 대한 부정적인 말들로 만들어진다. 마찬가지로 자신에 대한 긍정적인 생각과 자기 수용은 그동안 들었던 긍정적인 말들로 이루어진다. 아이들이 그동안 많이 들었던 말은 무엇인지 떠올려보고, 자신이 진정으로 듣고자 했던 말은 무엇인지 생각해보게 하였다.

"선생님이 붙임 쪽지를 두 개 줄게요. 파란색 쪽지에는 책 속의 '안돼'처럼 여러분들이 집에서 가장 자주 듣는 말, 노란색 쪽지에는 여러분들이 자주 들었으면 하는 말을 적어 보는거예요."

아이들의 대답은 다음과 같았다.

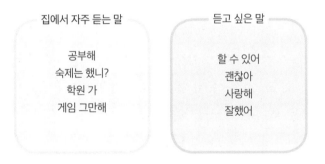

집에서 자주 듣는 말	듣고 싶은 말
공부해 숙제는 했니? 학원 가 게임 그만해	할 수 있어 괜찮아 사랑해 잘했어

• 내 이름을 불러줘

대답을 다 쓴 학생들은 노란색 붙임 쪽지를 들고 교실을 돌아다니며, 친구들을 만나 서로가 듣고 싶었던 말을 해주는 활동으로 해당 수업을 마무리했다.

고학년 학생들은 자신의 감정이나 욕구를 다른 사람에게 솔직하게

표현하는 것을 부끄러운 일로 여기는 경향이 있다. 《안돼!》를 함께 읽고 이야기 나눔으로써 누군가에게 인정받고 칭찬받고 싶은 자신의 욕구를 있는 그대로 마주하고 인정하는 것을 연습했다.

　이 수업 이후 나는 우리 반 아이들에게 종종 돌발적으로 칭찬을 던지곤 한다. 그럼 아이들은 미리 약속이라도 하고 온 것처럼 일제히 질색한다. 간혹 자기 귀가 의심된다는 듯 "예?"라며 몇 번이고 반문하거나 토할 것 같다는 듯이 입가를 부여잡으며 손사래를 치는 아이들도 있다. 그럼 나는 다시금 강조한다.

　"아냐, 너희들 다 내 눈에는 너무 예쁘고 귀여워."

　"아아악! 선생님 갑자기 왜 그래요!"

　"사랑한다 얘들아~"

　"꺄아악!"

　충격에 빠진 아이들의 비명으로 교실은 한바탕 난장판이 되지만, 《안돼!》 수업을 통해 마주했던 아이들의 진심과 싫다면서도 눈까지 접으며 웃고 있는 아이들의 표정을 보고 있자면 앞으로도 나의 칭찬

폭탄 던지기는 멈출 수 없을 듯하다.

⚑ Tip. 함께 읽으면 좋은 책

수업 시간, 선생님은 '내가 잘하는 것'을 써보라고 한다. 소타는 고민한다. 자신이 보았던 많은 사람을 떠올린다. 그러나 정작 자기 자신은 무엇을 잘하는지 모르겠다. 소타는 좀처럼 그 질문 하나에 대한 답을 쓰지 못한다.

《내가 잘하는 건 뭘까》 글 구스노키 시게
노리·그림 이시이 기요타카, 북뱅크

사람은 좋은 점과 나쁜 점을 모두 가지고 있다. 내가 인정하지 못하고 사랑하지 못하는 나의 어떤 모습도 바꾸어 생각해보면 장점이 될 수도 있다는 뜻이다. 고집불통인 사람은 자기 주관이 뚜렷하고, 소심한 사람은 남의 마음을 헤아려 배려하는 능력이 뛰어나며, 행동이 느린 사람은 남다른 신중함을 가지고 있는 것처럼.

《안돼!》를 통해 자신의 속마음, 즉 마음 깊이 숨겨져 있던 사랑과 인정에 대한 욕구를 들여다보았다면 《내가 잘하는 건 뭘까》를 후속 활동으로 읽으며 자신의 장점을 찾을 수 있다. 그 과정을 통해 비로소 자기 자신을 미리 재단하지 않고 있는 그대로 수용하며, 자기 자신을 믿고 가장 나답게 살아갈 수 있을 것이다.

◇ 건강하게 감정을 다스리고 전달하기

분노와 증오가 너무나도 쉽게 표현되는 세상이다. 아이들을 보며 그 사실을 자주 통감한다. 자신과 생각이 다르면 편을 가르고, 소통 방식의 차이에서 비롯된 조금의 어긋남이 돌이킬 수 없는 지경까지 벌어지기도 한다.

분노를 해소하기 위한 폭력은 편리하다. 가장 쉽고 간단하게 감정이 해소되면서도 이를 통해 느낄 수 있는 후련함과 우월감은 적지 않다. 그러나 분노와 증오와 폭력이 만연한 사회가 어떤 모습인지 우리는 이미 충분히 알고 있다. 우리는 분노를 옳은 방법으로 해소하는 방법을 배워야 한다.

《소피가 화나면, 정말정말 화나면》은 분노의 감정을 어떻게 다스리면 좋을지 생각해보는 책이다. 자신이 가지고 놀던 인형을 빼앗아 간 언니의 행동에 정말 정말 화가 난 소피는 소리를 지르기도 하고 집을 박차고 나가기도 하고 혼자만의 시간을 보내며 마음속의 분노를 풀어낸다.

《소피가 화나면, 정말 정말 화나면》
글·그림 몰리 뱅, 책읽는곰

자신의 감정과 욕구를 알아채고 조절하는 것은 아이들에게 특히 어렵다. 그중에서도 분노의 감정을 순간적으로 조절하지 못해 다른 사람에게 폭력적으로 이를 표출하다 보면, 결국 학교폭력 등 심각한 갈등 상황이 발생하기도 한다. 이에 건강한 감정을 다스리고 전달하는 수업의 과정은 다음과 같다.

생각의 문 열기

학습 목표를 달성하기 위해서는 아이들이 이 책의 내용을 이해하는 것을 넘어서 주인공의 상황에 자신의 입장을 대입해보는 경험이 필요하다. 따라서 책을 읽기 전 여러 감정을 떠올릴 수 있는 상황을 제시해 그런 상황에서 자신이 어떤 감정을 얼마나 느끼는지 되돌아보는 것으로 학습 내용에 대한 동기를 유발한 다음 책을 함께 읽었다.

다음은 책을 읽기 전 활용할 수 있는 질문의 예시이다.

- 선생님이 갑자기 여러분한테 공부하지 말고 놀자고 하면 어떤 기분이 들까요?
- 공개수업 중에 선생님이 갑자기 여러분한테 발표를 시키면 어떤 기분이 들까요?
- 오늘 학교 끝나고 먹으려고 아껴둔 간식을 가족이 다 먹어버린 걸 뒤늦게 알았다면 어떤 기분이 들까요?
- (이미지 카드 또는 감정 카드를 제시하며) 이것은 어떤 감정일까요?
- 여러분은 지금 어떤 감정이 드나요?
- 여러분은 그 감정을 건강하게 소화하려면 어떻게 해야 하는지 알고 있나요?

함께 읽는 교실

언니의 행동에 격분하는 소피의 모습에 처음에는 "왜 저래?", "분노

조절이 안 되나?"라며 냉소적인 모습을 보이던 아이들의 반응은 소피의 감정이 해소될수록 진지해졌다. 무턱대고 감정을 표출하는 것은 나쁜 것이라고만 생각했는데, 막상 그 감정을 직면하고 아무도 모르는 곳에서 쏟아낸 소피의 모습은 너무도 평안해보였기 때문이다.

책을 읽은 후에는 아이들에게 질문을 던졌다. 다음은 책을 읽은 후 활용할 수 있는 질문의 예시이다.

- 소피는 지금 어떤 감정을 느끼고 있나요?
- 소피는 왜 화가 났나요?
- 소피는 그 화를 어떻게 풀었나요?
- 여러분은 다른 사람에게 아주 많이 화가 난 적이 있나요?
- 여러분이 소피라면 어떻게 화를 풀었을까요?
- 여러분이 생각한 방식으로 행동하면 그 뒤의 이야기는 어떻게 되었을까요?

아이들에게 다른 사람에게 강한 분노의 감정을 느낄 때 이를 어떻게 해소하는지 질문하자 '그 사람에게 욕을 한다', '때린다', '화가 풀릴 때까지 혼자 있는다' 등 다양한 방법들이 나왔다. 허용적인 분위기 속에서 아이들이 다양한 의견을 낼 수 있도록 충분히 기다려준 다음, 건강하게 감정을 해소할 수 있는 방법은 어떤 것이 있는지 함께 이야기 나누었다.

생각의 깊이 더하기

• 나의 감정은 무슨 색일까?

도덕 교과서에 나온 '감정 신호등 3단계'에 대하여 살폈다. 결과적으로 지금 자신이 느끼고 있는 감정이 무엇인지 인식하고 이를 건강하게 다스리는 것이 타인과 긍정적인 관계를 형성하기 위한 첫걸음임을 알아보았다. 그다음 활동지의 질문에 답하고 학습 내용을 정리하면서 책이 전달하고자 하는 메시지에 대해 더욱 깊이 이해할 수 있

지금 어떤 감정을 느끼고 있나요?

재밌다, 피곤하다, 즐겁다, 귀찮다 등

소피처럼 화가 많이 나 본 적이 있나요?

있다.

어떨 때 가장 화가 나나요?

같은 팀원이 잘못해서 게임에서 졌을 때
오빠가 내 간식 뺏어 먹었을 때
친구가 나를 자꾸 건드릴 때

자신의 감정과 욕구를 건강하게 다스리지 못하면 어떤 일이 일어날까요?

사람들과 싸우게 된다.
남에게 피해를 주게 된다.
친구를 못 사귀게 된다.

화가 많이 났을 때 어떻게 하면 좋을까요?

방에 혼자 들어가서 화가 풀릴 때까지 있는다.
좋아하는 가수의 노래를 듣는다.
잠을 잔다.

었다. 앞으로 화가 났을 때 어떤 식으로 분노의 감정을 해소할 수 있을지에 대해 생각해보며 건강한 감정 해소를 위한 나만의 방법을 만들고 발표하며 수업을 마무리했다.

이 책을 한번 같이 읽었다고 해서 교실 속 갈등이 바로 원만하게 해결되지는 않았다. 다만 아이들 사이에서 싸움이 일어났을 때 종종 나는 "화가 났다고 해서 그걸 남한테 폭력으로 풀어도 될까?"라고 질문한다. 그럼 아이들은 어느 정도 잘못을 인정하고 수긍하는 모습을 보이곤 한다.

성장은 계단이 아니라 경사로다. 한 번의 수업으로 갑자기 사람이 바뀔 수는 없다. 당장 눈에 띄는 변화가 없더라도 느리게 변하고 느리게 성장하는 것이다. 이것들이 쌓여 더 큰 변화가 생기지 않을까.

⚑ Tip. 함께 읽으면 좋은 책

누구나 이유 없이 화가 날 때가 있다. 아침에 눈을 뜨는 그 순간부터, 밤에 눈을 감는 순간까지 출처도 모를 짜증이 마구 치솟던 날. 누군가 내게 거는 말 한마디, 잘못 걸려 넘어질 뻔한 돌부리 하나, 다른 때였으면 그냥 넘어갈 아주 사소한 불운 하나에조차 화가 나서 견딜 수 없을 것 같은 날. 이상하지 않다. 누구나 겪는 일이다.

대부분 감정에는 이유가 없다. 우리는 누구나 이유 없이 화가 나고, 들뜨고, 그러다 불쑥 외롭고 슬퍼지기도 한다. 합리적이지 못한 감정을 수시로 느끼고, 또 그 감정에 휘둘려 경솔하게 행동하거나 애꿎은 사람에게 배출해버리기도 한다. 중요한 것은 그 감정의 이유를 파악하는 것이 아닌, 자신이 느끼는 감정을 직면하고 이를 올바르게 다스리는 것이다.

《화가 나서 그랬어!》를 함께 읽으며 감정이란 무엇인지, 그리고 우리가 감정을 지혜롭게 다스리기 위해서는 어떻게 해야 하는지 생각했다. 책에 대해 생각한 점을 이야기 나눈

《화가 나서 그랬어!》글·그림 레베카 패터슨, 현암

끝에 내린 결론은 다른 사람에게 분노를 폭력적으로 표출할 수 있는 사람은 아무도 없으며, 우리는 각자의 감정을 각자의 건강한 방식으로 풀어나가야 한다는 것이었다. 감정을 건강하게 다스리기 위한 각자의 방법을 마련하며 수업을 마무리했다.

그림책으로 이해하는 우리

◇ 다름을 이해하고 존중하기

"아! 인생 망했어!"

"하……. 내 인생은 왜 이럴까."

교실에 있다 보면 종종 학생들의 말을 듣고 놀라곤 한다. 높고 날카롭게 빼액 지르는 소리도, 격앙된 목소리로 내뱉는 욕설도 모두 나를

《다다다 다른 별 학교》글·그림 윤진현,
천개의바람

놀라게 하지만 그중 가장 나를 놀라고 걱정되게 했던 것은 아이들이 한탄처럼 중얼대는 부정적인 말들이었다. 이제 열 살을 겨우 넘긴 아이들은 생각보다 자주 자기의 인생이 실패했다고 생각하고 자신에게 쉽게 실망한다. 다른 특출난 경우와 비교하며 깎아내린다.

《다다다 다른 별 학교》는 남과 비교해 있는 그대로의 내 모습을 받아들이기 어려운 아이들을 위한 책이다. 이 책은 우리가 서로 다른 이유는 각자 다른 별에서 왔기 때문이며, 각자 다른 우리 모두가 소중하다는 내용을 담고 있다.

이 책은 인성 어울림 교육 활동에 활용했다. 3학년을 넘어가면 아이들은 서로의 이름과 얼굴, 성격까지 어느 정도는 알고 있다. 동시에 모두에게 두루 인기 있는 아이는 '좋은 애'로, 남들과는 다소 다른 모습을 보이는 학생은 '이상한 애'로 은연중에 인식되기도 한다. 고학년은 사춘기가 시작되면서 교우 관계에 매우 예민해지는 시기이므로, 나의 모습과 친구의 모습을 있는 그대로 수용하고 서로의 다름을 좋고 나쁨이 아닌 다름 그 자체로 받아들일 수 있는 기회가 필요하다고 생각했다.

수업의 과정은 다음과 같다.

생각의 문 열기

책을 읽기 전 표지 그림이나 제목을 살피며 질문을 주고받았다. 다음은 읽기 전 활동에 활용할 수 있는 질문의 예시이다.

- 책 표지에서는 무엇이 보이나요?
- 이 책은 어떤 내용일까요?
- 책의 제목을 보고 무엇이 떠올랐나요?
- '별'하면 무엇이 떠오르나요?
- 별의 모습을 자세히 관찰해본 적이 있나요? 어땠나요?
- 밤하늘에 뜬 별들을 보면 어떤 느낌이 드나요?

함께 읽는 교실

"별 이름이 왜 저래요?"

"무슨 저런 별이 다 있어요?"

처음 몇 장을 읽어줄 때까지만 해도 별 이름을 가지고 왁자지껄하게 떠들던 아이들의 질문은 책장이 넘어갈수록 내용 자체에 대한 질문으로 변했다.

"저건 무슨 별이야?"

"○○별인 것 같은데?"

"아니네, △△별이었어."

책을 다 읽고 나자 아이들에게 질문하며 책의 내용과 핵심 메시지에 대한 이해도를 확인했다. 다음은 책을 읽은 후 활용할 수 있는 질문의 예시이다.

- 책에 나온 별에는 무엇이 있었나요?
- 왜 ○○별에서 왔다고 했을까요?
- 여러분이 가장 가보고 싶은 별은 무엇인가요?
- 가장 여러분과 비슷한 별, 반대되는 별은 무엇인가요?
- 여러분은 어느 별에서 왔을까요?

생각의 깊이 더하기
• 우리가 만드는 우주

가장 마지막으로 던진 질문은 '여러분은 어느 별에서 왔을까요?'였다. 남들과는 다른 자신의 특성을 생각해 본 다음, 이를 바탕으로 자신만의 별의 이름을 지어 보는 활동이었다. 물음에 대한 대답을 공책에 정리하도록 안내한 다음, 학급 전체가 돌아가며 발표하는 것으로 각자 다른 서로의 모습을 확인했다. 그리고 서로의 차이를 있는 그대로 존중해야 한다는 것을 강조했다.

활동을 진행하다 보면 가끔 이런 학생들이 보인다.

"선생님, 저는 특징이 없는데요. 저는 잘하는 것도 없고 그냥 평범해요."

그럼 나는 이렇게 대답한다.

"지금 이건 잘하는 걸 찾는 게 아니야. 남들과는 다른 너의 특징을 찾는 거지. 너만이 가지고 있는 특징이 정 떠오르지 않는다면 평범한 것도 특징이 될 수 있지 않을까?"

그렇게 탄생한 '평범별'을 비롯한 이십여 개의 별들은 모두 저마다 다른 이름으로 빛나고 있다. 각자 다른 밝기, 다른 빛깔을 가진 별들이 모여 더 찬란한 우주처럼, 우리도 각자 다르기에 더 아름답다는 사실을 이야기하며 수업을 마무리하였다.

⚑ Tip. 함께 읽으면 좋은 책

담임교사로서 그 해의 아이들을 처음 맞이하는 마음과 새 학기 첫날 반 배정 결과를 걱정하며 등교하는 아이들의 마음은 다를까? 《학교 가기 싫은 선생님》은 임용 시험에 합격한 새내기 선생님이 불안과 걱정 끝에 출근해서 아이들을 마주하기까지의 이야기를 담고 있는 책이다.

《학교 가기 싫은 선생님》글 박보람·그림 한승무, 노란상상

새로운 사람을 만난다는 것은 설렘과 동시에 두려운 일이다. 저

사람이 나와 맞는 사람일지, 맞지 않는 사람인지, 나를 좋아할지 싫어할지, 저 사람과 친해질 수 있을지 없을지. 낯선 사람과 인사를 나누는 몇 초 동안 수많은 가능성이 머릿속을 맴돈다. 그런 의미에서 이책은 비단 학기 초 교실 속 이야기만이 아닌 새로운 장소나 사람에 적응해야 하는 모든 사람의 이야기. 즉, 만남에 관한 이야기이다.

선생님이 교실에 들어가 아이들과 인사하기 전까지 아이들의 모습은 모두 알 수 없는 괴물의 모습으로 표현된다. 선생님은 공포에 떤다. 그러나 교실로 들어갔을 때 반갑게 인사하는 아이들의 모습은 더없이 밝고 화사하다. 이 책을 읽고 나서 각자 다른 우리가 서로를 만나고, 인정하고 수용하기까지는 서로에 대한 많은 배려와 용기가 필요하다는 것을 이야기했다.

이 책을 읽고 깨달음을 얻은 것은 학생들뿐만이 아니었다. 극도로 내향적이라 누구와 친해지는 데 시간이 아주 많이 걸리고, 내 학생들을 포함해 처음 만난 사람에게 친근한 말조차 건네기 힘든 숫기 없는 교사인 나 또한 책을 읽고 이야기를 나누는 동안 많은 생각을 할 수 있었다.

◇ **관계 맺기와 공감하기**

고학년 아이들과 겪는 가장 주된 어려움 중 하나는 교우관계 문제이다. 사춘기에 본격적으로 접어들면서 아이들의 마음은 예민하고 날카로워지고, 또래 사이에서 자신의 힘과 존재감을 인정받고자 한다. 한때 같이 노는 것 자체에 의미를 두었던 친구 관계는 이제 눈치싸움이 된다. 친구와 놀 때 얼마나 즐거운지 생각하기보다 친구가 나를 무시하지는 않는지, 내가 만만하게 보이진 않는지가 신경 쓰이는 시기. 때문에 사소하게 감정이 상한 것으로 험담을 하고 트집을 잡으면서 서로 미워하는 감정을 키워간다. 이러한 문제가 반복되며 아이들도, 나도 괴로워지기를 몇 차례. 아이들이 친구 관계의 진정한 의미가 무엇인지 생각하고 올바른 인간관계를 형성할 수 있는 기회를 주어야 한다고 생각했다.

《짝꿍》글·그림 박정섭, 위즈덤하우스

《짝꿍》은 친한 짝이었던 두 아이가 오해로 인해 싸우고 화해하기까지의 과정을 보여주는 책이다. 어디선가 짝꿍이 '나'를 욕했다는 이야기를 전해들은 것으로 시작한 갈등은 점점 커져서, 결국엔 서로의 친구들을 끌어들여 몸싸움까지 벌인다. 급기야 둘은 붙어 있던 책상 사이를 띄어 앉기까지 하고, 둘 사이는 걷잡을 수 없이 멀어진다. '나'는 나중에야 짝꿍이 자신을 욕했다는 말이 헛소문이었음을 알게 되고, 갈등 끝에 짝꿍에게 먼저 말을 거는 장면으로 마무리된다.

이 책은 학기 초 어울림 교육에 활용하였다. 수업의 과정은 다음과 같다.

생각의 문 열기

책을 읽어주기 전, 아이들에게 책 표지를 보여주며 책 내용을 추측해보게 했다. 다음은 읽기 전 활동에 활용할 수 있는 질문의 예시이다.

- 표지에 있는 아이는 누구일까요?
- 아이의 표정과 얼굴색은 어떤가요?
- 저 표정을 짓는 아이의 마음은 어떨까요?
- 어떤 상황이길래 저렇게 땀을 흘리는 걸까요?
- 아이가 잡고 있는 손은 누구의 것일까요?
- 이 책은 어떤 내용일까요?

땀을 줄줄 흘리며 곤란한 표정으로 누군가의 손을 잡고 있는 주인공 '나'의 모습을 보며 아이들은 손의 주인이 누구일지에 대한 각자의 예상을 쏟아냈다. 좋아하는 사람의 손을 잡고 있을 것이란 예상이 가장 많았다. 한 장을 넘겨 손의 주인이 짝꿍이었다는 것을 알고 난 뒤 아이들은 '나'가 짝꿍과 어떤 관계이길래 저런 표정으로 손을 잡고 있을까 하는 의문을 가졌다.

함께 읽는 교실

책은 '나'의 입장에서 서술된다. 내가 짝꿍과 싸우게 되는 과정, 책상을 떼어 앉으며 멀어지는 과정, 소문이 오해였다는 것을 알고 갈등을 해결하는 과정들을 따라가며 아이들은 "아!"라는 외마디 감탄사로 답답해하기도 하고, "빨리 미안하다고 해!"라며 짝꿍과의 화해를 재촉하기도 하고, '나'와 비슷한 일을 겪은 경험을 말하고 싶어 애가 타기도 했다. 책을 다 읽은 뒤 질문했다.

- '나'에게 어떤 일이 일어났나요?

- 그때 짝꿍은 어떤 마음이 들었을까요?
- 짝꿍의 입장에서 이 일을 다시 정리해볼까요?
- '나'는 짝꿍에게 뭐라고 말했을까요?
- 짝꿍과의 관계는 앞으로 어떻게 되었을까요?
- 여러분도 비슷한 경험이 있나요?

마지막 질문을 던지자 기다렸다는 듯 아이들의 말이 터져 나왔다. 그때의 마음이 어땠는지, 그때 나는 어떻게 했는지 등을 묻자 교실이 한층 더 와자해졌다.

생각의 깊이 더하기
• 내가 쓰는 다음 이야기
아이들이 주인공의 입장에 충분히 이입하고 공감할 수 있도록 시간을 준 다음 마지막 질문을 던졌다.

이미 답을 알고 있었다. 어떻게 하면 짝꿍의 화가 풀릴지, 어떻게 화해할 수 있을지 알고는 있었던 것이다. 그럼에도 불구하고 친구에게 선뜻 사과를 건넬 수 없었던 것은 무엇 때문일까. 아이들에게는 간접적으로라도 자신의 잘못에 대해 사과하고 친구와 화해해볼 수 있는 경험이 필요한 것 같았다.

열린 결말로 끝난 이 책의 뒷이야기를 이어 써보도록 했다. 방금 생각했던 말을 건넸을 때 짝꿍의 반응은 어떨지, 서로 무슨 대화를 나눌지, 어떻게 오해를 풀지 자유롭게 상상하도록 했다. 다만 결말만은 한 가지로 정했다. 둘이 화해하는 것. 한번 금이 간 관계를 다시 회복하기 위해 우리는 어떻게 해야 할까?

자신의 잘못을 인정하고, 상대방에게 먼저 다가가는 것은 무척 힘든 일이다. 특히 감수성이 풍부하고 자신의 실수를 인정하는 것이 어려운 사춘기 아이들은 자신이 잘못해서 싸운 일에도 먼저 화해하려 다가가는 것이 쉽지 않다. 책 속의 '나'를 통해 친구와의 갈등 상황을 간접적으로 겪어 보고 타인과의 마찰이 생겼을 때 어떻게 해야 긍정적 관계를 회복할 수 있을지에 대해 이야기 나누어보자.

'나'는 이제 짝꿍에게 뭐라고 말할까요?

미안해, 내가 오해했어.
우리 이제 화해하자.
내가 다른 애들 말만 듣고 너한테 나쁘게 해서 미안해.
오늘 끝나고 같이 놀래?

⚑ Tip. 함께 읽으면 좋은 책

《가만히 들어주었어》의 주인공 테일러는 자신이 공들여 만든 블록이 갑작스럽게 무너지게 되자 상심한다. 많은 동물이 다가와 테일러를 위로해주려 노력한다. 무슨 일인지 말해보라고 재촉하기도 하고, 소리를 질러보라고도 하고 자신이 대신 만들어 주겠다고 한다. 그러나 테일러는 어느 것 하나 마음에 들지 않는다. 테일러에게 다가왔던 동물들은 위로를 건넸는데도 테일러가 아무 반응을 보이지 않자 모두 그를 떠난다. 홀로 남은 테일러 옆에 마지막으로 다가온 것은, 아무것도 하지 않고 그냥 그 옆에 가만히 있어 주는 토끼였다.

《가만히 들어주었어》글·그림 코리 도어펠드, 북뱅크

사람들은 자신이 건네는 위로가 모든 사람에게 도움이 되리라는 착각을 자주 한다. 그래서 어려움을 겪는 사람이 있으면 책 속의 동물들처럼 자신만의 방식으로 도움을 주려고 한다. 그러나 상대방이 진정으로 원하는 것이 무엇인지 파악해보기도 전에 다른 사람의 감정에 나의 판단을 얹는 것은 상황을 더 악화시킬 수도 있다.

무슨 일인지 캐묻는 것도 안 되고, 화를 내보라는 것도 안 되고, 대신해주는 것도 안 되고. 그럼 어떻게 하면 좋을까? 여기서 우리는 위로의 본질이 무엇인지 생각해보아야 한다. 위로란 상대가 부정적인 감정에서 스스로 벗어나도록 도움을 주는 것. 즉 상대방의 감정을 해소해주는 것이다. 많은 경우 감정의 해갈은 경청과 공감으로 이루어진다.

이 책을 읽고 사람 간의 관계에서 상대방의 마음을 헤아려 공감하는 것, 그리고 인내심을 가지고 경청하는 것이 얼마나 중요한 일인지 이야기 나누었다. 아직 자기중심적인 소통 양상을 보이곤 하는 아이들이 상대방의 마음을 헤아려 위로하는 방법을 배우는 시간이었다.

그림책으로 바라보는 세상

◇ 언어유희에 '맛'을 끼얹었다

언제 어디서 말을 꺼내도 아이들이 격렬한 반응을 보이며 좋아하는 주제가 있다. 바로 먹을 것. 아이들은 누구보다도 먹을 것에 진심이다. 어쩌다 좋아하는 음식에 관한 이야기가 나오면 수업이 지루해 죽겠다는 표정을 짓고 있던 아이들도 금세 살아나 선생님도 민트초코 좋아하시냐느니 배고프다느니 라는 말을 한마디씩은 한다. 이 주제를 가지고 수업을 진행하면 '수업은 공부고, 공부는 재미가 없다'라는 아이들의 고정관념을 깨면서도 아이들의 학습 수준과 관계없이 적극적으로 참여할 수 있는 재미있는 활동이다.

《모모모모모》는 벼가 자라 쌀의 형태로 우리의 식탁에 오르기까지

《모모모모모》글·그림 밤코, 향출판사

의 과정을 표현한 그림책이다. 모모모모모, 벼벼벼벼벼 등 책의 내용 대부분은 반복되는 말로 표현된다. 벼가 바람을 맞아 옆으로 눕혀지는 모습은 '뚀뚀뚀뚀뚀', 수확 전 볏단이 묶인 모습은 '뼈뼈뼈뼈뼈'로 표현하는 등 책 속의 언어유희는 그림의 내용, 그리고 글자의 모양과 어우러져 더욱 강력한 힘을 발휘한다. 수업의 과정은 다음과 같다.

생각의 문 열기

책 표지를 보며 아이들에게 질문을 던졌다.

- 책의 제목은 무슨 뜻일까요?
- 무엇에 대한 이야기일까요?
- 여러분이 가장 좋아하는 음식은 무엇인가요?
- 그 음식은 어떤 재료로 만들어졌나요?
- 그 음식을 요리할 때는 어떤 소리가 날까요?
- 그 음식의 맛은 어떨까요?
- 그 음식을 씹거나 먹을 때는 어떤 소리가 날까요?

마침 점심시간이 가까운 수업 시간이었던지라 왜 우리를 배고프게 하냐는 원망과 함께 자기가 좋아하는 음식의 이름을 간절하게 부르던 아이들의 모습이 인상적이었다.

함께 읽는 교실

함께 책을 읽고, 음식이 우리 식탁에 오기까지의 과정과 음식의 소중함을 생각했다. 평소 국어를 싫어하는 아이들, 아침 독서 시간에 책을 읽으라고 하면 한숨부터 쉬는 아이들도 이 책을 함께 읽을 때는 무슨 이런 책이 있냐며 어이없어했다.

책을 다 읽은 뒤에는 아이들에게 질문했다. 다음은 책을 읽고 활용할 수 있는 질문의 예시이다.

- 책 내용의 흐름이 어떻게 되나요?
- ~~하는 장면은 어떤 글자로 표현했나요?
- ~~하는 장면에서 글씨의 모양과 크기는 어떻게 되었나요?
- '벼'라는 글자를 눕히니 어떤 글자가 되었나요?
- 여러분은 벼가 자라 우리 식탁에 올라오기까지의 과정을 상상해 본 적이 있나요?
- 여러분이 좋아하는 음식은 어떤 과정을 거쳐 여러분들에게 올까요?
- 그 음식에 들어가는 식재료는 어떻게 자라 어떻게 그 음식에 들어가게 될까요?

이런 식으로 이야기를 나누고 있자니 문득 학생들 사이에서 이런 말이 튀어나왔다.

"선생님, 저게 책이에요?"

"그냥 다 말장난이잖아요!"

"그렇지? 그럼 그 말장난 우리도 해보자!"

생각의 깊이 더하기

• '모모모모모' 표현하기

각자 좋아하는 음식 또는 식재료를 하나씩 골라, 해당 음식에서 나는 소리를 다섯 글자 내외의 반복되는 의성어로 표현했다. 닭은 '꼬꼬꼬꼬꼬', 국수는 '후루루루룩'으로 표현하는 등, 아이들은 짧으면서도 대상의 특징을 잘 표현하는 의성어를 찾으려 고심하는 모습을 보

여주었다.

좋아하는 음식이 아니더라도 현재 나의 상태를 잘 표현할 수 있는 글자를 표현하는 것도 재미있다. 잠이 부족한 아이들은 '잠잠잠잠잠', 용돈이 부족한 아이들은 '돈돈돈돈돈', 또래 사이에서 한창 유행하는 것을 즐기는 아이들은 '잼잼잼잼잼' 등, 개성이 드러나는 표현을 재미있게 쏟아낸다. 글은 무조건 어렵고 재미없는 것으로 생각했던 아이들이 비로소 언어의 즐거움을 맛보는 순간이었다.

• 함께 감상하기

표현 활동에서 빠질 수 없는 것이 감상이다. 완성된 작품을 칠판에 한데 모아 붙이고, 다른 친구들은 어떤 음식을 표현했는지 생각해보게 했다. 다른 친구의 작품에서 자신이 좋아하는 음식을 찾아 '어!' 하는 학생들도, 각 음식의 맛을 떠올리며 입맛을 다시는 아이들도 있었다. 감상이 끝난 후에는 음식의 소중함을 느끼며 밥을 먹자며 수업을 정리했다. 마침 수업이 끝난 직후가 점심시간이었으니 유의미한 배움이 되었던 셈이다.

⚑ Tip. 함께 읽으면 좋은 책

《고구마구마》는 여러 모습의 고구마를 보여주며 세상에는 다양한 사람이 있고, 그들 각자의 특성이 존중받아야 한다는 메시지를 담고 있는 그림책이다. 이 책에서 고구마의 모습을 나타낸 문장들은 모두 '~구마'체로 마무리되며, '길쭉하구마', '크구마', '작구마'와 같이 고구마라는 낱말을 이용한 언어유희가 들어간 것이 특징이다.

《모모모모모》와 함께 이 책을 읽어주자 독서에 대해 거부감을 가지고 있는 아이들도 언어를 놀이처럼 즐길 수 있는 언어유희가 무엇인지 알고, 언어를 재미로 받아들일 수 있게 되었다. 이번에는 자신의 모습을 고구마로 나타내고, 밑에는 '(살이) 쪘구마', '말이 많구마'와 같이 자신을 나타낼 수 있는 문장을 '~구마' 체로 표현하여 자기 탐색 및 표현 활동도 함께하였다.

《고구마구마》 글·그림 사이다, 반달

그림을 그리기 전에 자신의 외모,

성격, 좋아하는 것, 싫어하는 것, 취미나 특기 등 자기의 특징을 최대한 많이 떠올리게 했다. 충분히 떠올렸으면 그림에 표현할 만한 특징들을 골라 표현해보게 했다. 자신을 고구마로 표현한 아이들의 그림은 제각각이었다. 무작정 예쁘고 멋있게 그리는 아이, 사람처럼 생긴 고구마를 그리는 아이, 우스꽝스럽게 그리는 아이……

이윽고 교실 칠판은 이십여 개의 고구마들이 있는 고구마밭으로 변신했다. 우리는 그 앞에 모여 풍작을 맞은 농부처럼 함께 웃었다.

◇ 문화 다양성과 인권 문제

《거짓말 같은 이야기》는 마치 거짓말처럼 참혹한 세계의 아동 인권 실태를 드러내는 그림책이다. 이 세상 어딘가에서는 지금 이 순간에도 자연재해, 기아, 전쟁 등의 여러 불행이 일어나고 있다. 안전한 환경에서 밥을 먹고 잠을 자는 것, 우리가 당연하게 생각했던 것들이 어떤 아이들에게는 전혀 당연한 것이 아닐지도 모른다.

《거짓말 같은 이야기》 글·그림강경수, 시공주니어

인권과 평등이라는 추상적인 가치에 관해 깊게 고민하는 어린이는 많지 않다. 이 책은 세계 각지에 존재하는 분쟁과 불평등 상황을 그림이라는 시각 매체로 함께 제시해 책 속의 아이들이 괴로운 상황에서 벗어나기 위해 우리가 할 수 있는 것이 무엇인지 생각해보게 한다.

'인권 침해 사례 찾아보기'라는 주제로 구성된 사회 수업에서 해당 도서를 활용했다. 수업의 과정은 다음과 같다.

생각의 문 열기

인권의 의미를 상기한 후 생활 속 인권 침해 상황에 대한 사례를 소개했다. 유명 코미디언이 흑인으로 우스꽝스럽게 분장한 사진, 장애인들이 지하철에서 시위하는 사진, 가게에 노키즈존이라는 안내판이 붙여진 사진. 처음에는 재미있다며 웃던 아이들은 사진이 넘어갈수록 진지하게 인권이라는 주제에 관해 생각하기 시작했다. 사진을 보고, 책 표지를 보여준 뒤 아이들에게 질문했다.

- 이 책의 제목은 무엇인가요?
- 책의 제목은 무엇을 의미할까요?
- 책의 내용은 무엇에 대한 것일까요?
- 우리는 방금 어떤 사진들을 살펴보았나요?
- 그것은 누구를 차별한 사례인가요?
- 우리가 사는 세상에서는 모두의 인권이 지켜지고 있을까요?
- 오늘은 무엇에 대해서 배우게 될까요?

그렇게 아이들의 입에서 나온 오늘의 학습 문제는 이것이었다.
"인권이 침해된 사례를 알아봅시다."

함께 읽는 교실

그림책을 함께 읽으며 전 세계에서 벌어지고 있는 아동 인권 침해 사례에 대하여 생각했다. 소년 광부의 이야기를 읽은 뒤에는 실제 볼리비아 소년 광부의 사진을, 외상 후 스트레스 장애로 고통 받는 소년병의 이야기를 읽은 뒤에는 실제 콩고민주공화국 소년병의 사진을 보여주며 아이들이 이야기에 더욱 몰입하도록 했다.

책을 읽고 나서 아이들에게 질문했다.

- 책에 나온 등장인물들은 누구인가요?
- 책 속에 나온 친구들은 어떤 상황에 처해 있나요?
- 책 속의 친구들은 왜 그런 상황에 처해야 했을까요?
- 이 친구들이 이 상황에서 빠져나올 수 있는 방법이 있을까요?
- 이 친구들과 같은 사람들이 지금 이 세상에 실제로 있을까요?

이를 통해 인권 침해라는 것이 무엇인지 함께 정의했다.

생각의 깊이 더하기
• 생활 속 인권 침해 사례 나누기

다음으로는 우리 주변의 세계에서 일어나는 인권 침해 사례를 떠올렸다.

허니컴보드에 각자 조사해 온 생활 속 인권 침해 사례를 써 칠판에 붙였다. 비슷한 것끼리는 붙여 두고, 다른 것끼리는 떨어뜨려 두니 아이들이 생각한 인권 침해 사례가 크게 몇 부분으로 나뉜 것을 볼 수 있었다. 장애인 인권 침해, 아동 인권 침해, 성차별 등이 그것이었다.

그다음에는 자신이 직접 또는 간접적으로 겪은 인권 침해 경험을 나누는 시간을 가졌다. 단지 경험을 나누는 것에서 그치지 않고 이것이 인권 침해 사례가 맞는지, 어떤 권리를 침해당한 사례인지 등에 대해 이야기를 나누었다.

• 인권 텔레파시 게임

그동안 알아보았던 인권 침해 사례를 텔레파시 게임을 변형한 인권 텔레파시 게임으로 정리했다. 게임의 방법은 다음과 같다.

1. 학생들의 인권 점수는 모두 100점으로 시작한다.
2. 인권 침해 상황이 주어지고, 학생들은 1번과 2번 중 무작위로 하나를 선택한다.
3. 선택을 마치면 1번과 2번이 무엇이었는지 공개한다. 학생들의 인권 점수는 경우에 따라 감점당할 수 있다.
4. 게임이 끝나면 점수가 얼마나 남아 있는지 계산한다,

사실 이 게임에는 속임수가 있다. 보통의 텔레파시 게임은 감점이 있으면 가산점도 있다. 깎이는 점수가 있으면 이를 채워줄 플러스 점수 또한 있다는 것이다. 그러나 이 게임에는 플러스가 없다. 오히려 1번과 2번 모두가 감점당하는 상황이 있다.

예상대로 감점당한 점수가 도저히 회복되지 않고 계속해서 깎이기

만 하자, 격분한 아이들은 나에게 이런 법이 어디 있냐며 따지고 들었다. 교실이 시끌시끌해질 정도가 되자 나는 아이들에게 반문했다.

"우리가 사는 현실 사회에서는 한쪽의 인권이 낮아지면 다른 쪽의 인권은 높아지나요?"

누군가 차별받는다고 해서 다른 사람들의 인권이 신장되는 것은 아니다. 누군가에 대한 처우가 나아지지 않고 퇴보한다고 해서 다른 사람들에 대한 처우가 좋아지는 것 또한 아니다. 마찬가지로, 누군가의 인권이 신장된다고 해서 다른 사람들의 인권이 침해당하는 것은 아니다. 여성 정책이 생긴다고 해서 남성 인권이 침해되는 것이 아니며, 장애인의 인권을 존중한다고 해서 비장애인들이 손해를 보게 되는 것은 아니다.

인권에는 총량이 존재하지 않는다. 인권이란 정해진 양을 서로 눈치 보며 싸우듯 뺏어야 하는 것이 아니라, 애초에 모두가 동등하게 가지고 태어난 것이다. 그러므로 사회는 모든 사회 구성원의 인권을 보장해야 한다.

그렇다면 모두의 인권이 보장되는 사회를 만들기 위해 우리가 할 수 있는 일에는 무엇이 있을까? 바로 인권 문제에 지속적인 관심을 가지는 것이다. 세상을 바꾸는 것은 누군가의 예민함이다. 외면당하는 사람들의 아주 작은 목소리를 알아듣는 것, 함께 목소리 내고 행동하는 것, 그리하여 나와 남의 권리를 지켜내는 것. 그것이 우리 아이들이 민주 시민으로서 가져야 할 역량이 아닐까. 인권 보장을 위해 우리 모두가 함께 노력해야 한다는 것을 강조하며 수업을 마무리했다.

《위를 봐요!》 글·그림 정진호,
현암사

나쁜 일은 항상 갑작스럽게 찾아온다. 그것은 《위를 봐요!》의 주인공 수지가 가족여행을 갔다가 사고를 당한 것도, 그래서 다리에 장애를 얻은 것도 마찬가지였다. 이제 밖을 돌아다니기 여의치 않은 수지의 새로운 취미는 창밖을 하염없이 내려다보는 것이다. 자신을 봐주지 않고 바삐 지나다니는 사람들과 야속하게도 쑥쑥 자라는 나무들의 정수리를 뚫어져라 쳐다보는 것.

그런 수지를 발견하고, 위를 올려다보아 눈을 맞춰주는 사람이 생겼다. 한 사람이 위를 보자 그를 발견한 다른 사람들도 하나둘 수지를 발견한다. 이제 수지는 남들의 까만 정수리를 혼자 바라만 보는 존재가 아닌, 비로소 사람들과 인사 나누고 눈을 맞출 수 있는 이웃으로서 존재할 수 있게 된 것이다.

지금 이 순간에도 보이지 않는 곳에서 숨죽이고 있을 수지 같은 이웃들을 우리가 발견해주자. 그들을 알아보고 목소리를 들어주자. 이 책을 읽으며 내가 전하고 싶은 메시지였다.

아이들과 책을 함께 읽고 질문을 던졌다.

"이 책에 나온 수지는 남들과는 조금 다른 점이 하나 있네요. 우리는 보통 집 밖으로 나가고 싶으면 어떻게 하죠?"

"나가서 놀아요."

"그런데 수지는 어떻게 하죠?"

"안 나가고 창밖을 내려다봐요."

"그렇다면 수지는 집 밖으로 나가고 싶어도 왜 나갈 수 없을까요?"

"몸이 불편하니까 나가면 돌아다니기 힘들어서요."

"사람들이 이상하게 볼 것 같아서 무서웠을 것 같아요."

"휠체어를 밀어줄 사람이 없어서요."

책 속의 인물에 대해 생각하고 대답하는 아이들의 모습에서 실제 세상의 모습을 발견할 수 있었다. 최근 논란이 되었던 장애인 이동권 문제의 많은 부분이 아이들의 대답 속에 녹아들었기 때문이다. 사회 문제를 낯설고 어렵게 생각했던 아이들이 사회의 일원으로서 그 문제에 대해 고민할 수 있게 하였다.

이처럼 아이들은 책을 통해서도 사회에서 외면되는 소수자들의 문제를 직면하고 그에 공감하며, 자신과 같은 사회의 구성원으로 받아들이고 배려할 수 있게 된다.

⚑ Tip. 꼭 인권 관련 도서여야 하나요?

상황을 직접 언급하지 않고 다양성에 대하여 생각하게 하는 그림책도 있다. 《알사탕》이 그러하다. 주인공 동동이는 우연히 얻게 된 신비한 알사탕을 먹고 다른 존재의 속마음을 들을 수 있는 능력을 얻게 된다. 소파, 반려견, 아빠, 돌아가신 할머니까지. 그런데 책 속에 엄마

《알사탕》글·그림 백희나, 책읽는곰

는 나오지 않는다. 동동이의 가족 중 엄마는 없다.

"근데 왜 엄마는 없어요?"

누군가가 던진 질문. 내가 입을 떼기도 전에 아이들은 각자 대답했다.

"돌아가셨을 수도 있지."

"아빠랑 헤어졌을 수도 있잖아."

동동이가 엄마가 있고 없고는 책의 내용 전개에 아무런 영향도 끼치지 않는다는 것을 떠올리고는 마저 읽어달라고 나에게 부탁했다. '그럴 수도 있지.'라는 아주 간단한 결론을 내리면서.

세상의 모든 다름에 대한 수용은 '그럴 수도 있지.'라는 한마디 말로부터 시작한다. 아이들은 그림책을 읽으며 자기도 모르게 그 사실을 깨달은 것이다.

책 읽는 교실 들여다보기

독서인문 교육을 한 해 내내 꾸준히 진행하기 위해서는 독서를 교육과정 속에 자연스럽게 녹여내야 한다. 비단 국어 시간만이 아닌, 수학, 사회, 과학 등 여러 교과의 수업에서 책을 활용할 수 있다. 여기서 생각해야 할 것이 성취기준이다. 교과별 교육과정을 살펴보며 각 성취기준에 맞는 도서를 찾아 적절히 연결한다면, 해당 성취기준과 독서인문 교육을 연계하여 더 풍성한 배움이 일어나는 수업을 만들 수 있을 것이다.

다음은 수업안을 작성해 활용한 도서와 학습 주제의 목록이다. 부록에 실린 수업안이 교실 상황에서 도움이 되기를 기대해본다.

곰 가족과 시끌벅적 괴물들 (글 차보금·그림 노성빈, 여원미디어)	[2수05-01] 교실 및 생활 주변에 있는 사물들을 정해진 기준 또는 자신이 정한 기준으로 분류하여 개수를 세어보고, 기준에 따른 결과를 말할 수 있다. ★ 기준에 맞게 분류하여 찾아보기
어떡하지 (글·그림 앤서니 브라운, 웅진주니어)	[2국02-04] 글을 읽고 인물의 처지와 마음을 짐작한다. ★ 인물의 마음을 짐작하며 글 읽기
점 (글·그림 피터H. 레이놀즈, 문학동네)	[2국01-06] 바르고 고운 말을 사용하여 말하는 태도를 지닌다. ★ 칭찬하는 말의 중요성 알기
지각대장 존 (글·그림 존 버닝햄, 비룡소)	[4국03-04] 읽는 이를 고려하며 자신의 마음을 표현하는 글을 쓴다. ★ 이야기 속 인물의 마음을 헤아리며 글 읽기
아낌없이 주는 나무 (글·그림 쉘 실버스타인, 시공주니어)	[4도02-01] 가족을 사랑하고 감사해야 하는 이유를 찾아보고, 가족 간에 지켜야 할 도리와 해야 할 일을 약속으로 정해 실천한다. ★ 가족의 소중함 알기
까마귀 소년 (글·그림 야시마 타로, 비룡소)	[4도04-02] 참된 아름다움을 올바르게 이해하고 느껴 생활 속에서 이를 실천한다. ★ 아름다운 사람이 되기 위한 방법 찾기

돼지책 (글·그림 앤서니 브라운, 웅진주니어)	[6실01-04] 건강한 가정생활을 위해 가족 구성원의 다양한 요구에 대하여 서로 간의 배려와 돌봄이 필요함을 이해한다. ★ 가족을 위해 내가 할 수 있는 일 찾아 실천하기
치킨 마스크 (글·그림 우쓰기 미호, 책읽는곰)	[6도04-01] 긍정적 태도의 의미와 중요성을 알고, 어려움을 극복하기 위한 긍정적 삶의 태도를 습관화한다. ★ 나를 소중히 여기기
하늘과 바람과 별과 시 (글 윤동주·스타북스)	[6사04-04] 광복을 위하여 힘쓴 인물(이회영, 김구, 유관순, 신채호 등)의 활동을 파악하고, 나라를 되찾기 위한 노력을 소중히 여기는 태도를 기른다. ★ 나라를 되찾으려는 다양한 노력 알아보기

3장

고전이 주는 혜안

왜 고전이어야 하는가?

◇ 고전 읽기의 중요성

하루가 멀다 하고 새로운 기술이 개발되고 새로운 교육법이 쏟아진다. 실재와 가상세계의 경계가 점차 무너지고 인공지능이 인간의 지능을 초월하는 이른바 4차 산업혁명이 코앞으로 다가왔다. 기술의 발달은 여러 한계를 극복하며 인간 삶의 불편함을 해소하는 데 도움을 준다. 하지만 동전의 양면처럼 전혀 생각지도 못한 윤리적인 문제 또한 발생시킨다. 끊임없는 자극으로 무엇이 기본인지조차 중심을 잡기 어려운 시대에 아이들은 무엇을 배워야 할까.

지금 우리에게 필요한 것은 인류 보편의 가치와 인간과 세계에 관한 질문을 기반으로 한 문제 해결 능력과 판단력이다. 이런 능력은 인공지능과는 다른 인간의 따뜻한 감성과 전 세대가 공감하며 쌓아온 사회적 합의를 토대로 완성되는 것이다.

특히 고전은 인문학 중에서도 겹겹이 쌓인 긴 시간의 지층을 통과한 가장 귀하고 진한 결정체를 담고 있다. 그 속에는 해가 거듭되어도 변하지 않는 진리와 세대를 초월하는 인류 보편적 가치가 녹아있다. 그래서 고전은 삶 속에서 생기는 복합적인 문제에 대한 답을 내어줄 수 있다.

고전이란 어떤 책일까. 흔히 고전이라 하면 몇 가지 선입견이 떠오른다.

- 고전은 오래된 책(古典)이라서 읽기 어렵다. 내용을 이해하기 어려운 책이다.
- 고전은 아무나 읽을 수 있는 책이 아니다. 머리가 좋거나 심오한 진리를 추구하는 학력이 높은 사람들이 읽는 책이다.
- 초등학생에게 고전 읽기를 가르치는 것은 이르다. 만약 초등학생이 고전을 읽는다면 어린이용 고전을 읽어야 한다.

일단 답하자면 모두 '아니요.'이다.

고전은 오래된 책을 뜻할 뿐만 아니라 오랜 세대를 거쳐 문화와 인종을 뛰어넘어 많은 사람에게 사랑받은 수준 있는 책을 말한다. 그래서 제목도 내용도 어딘가에서 들어본 것 같고 마치 서점의 스테디셀러처럼 이미 내용을 어느 정도 알 것 같은 친숙한 느낌이 든다.

서당에서 하늘 천 땅 지를 외우던 아이들도, 조정의 원로대신들도 모두 똑같이 《대학》, 《논어》, 《중용》 등의 고전을 읽었다. 다만 고전을 읽고 난 후의 해석은 모두 달랐을 것이다. 왜냐하면 책, 특히 고전은 읽는 이의 경험이나 배경지식에 따라 그 해석이 매우 다양하게 이루어지기 때문이다. 고전을 읽다 보면 읽기를 멈추고 생각에 잠기게 하는 문장들이 있다. 같은 문장을 보고 책 읽기를 멈췄더라도 각자 다른 생각을 할 수 있다는 것은 고전이 주는 커다란 매력이다. 그래서 고전은 아이도, 어른도 모두 읽을 수 있다. 중요한 것은 무슨 책을 어떻게 읽는지 그 방향을 설정하는 것이다.

《하루 20분 초등 고전 읽기》의 저자 이아영은 고전은 '읽는 책'이 아니라 '생각하는 책'이라고 표현했다. 한 줄 한 줄 천천히 곱씹으면서 생각해봐야 하고 또 그렇게 읽어야만 자연스럽게 폭넓은 사상과 과거의 지혜를 온전히 느낄 수 있다는 뜻이다.

◇ 고전 깊이 읽기

• 스스로 계획을 세워 읽는다

아이들 스스로 독서의 주체가 되어야 읽기가 수단이 아닌 그 자체로 목적이 될 수 있다. 이는 책을 고르고 매일 읽을 분량과 횟수를 정하는 것에서부터 시작한다. 책을 고르는 일은 읽는 것만큼이나 중요하다. 하지만 스스로 고른 책을 읽다가 너무 어렵거나 생각보다 마음에 들지 않아 바꾸고 싶을 때는 언제든지 읽기를 중단하고 다시 책을 고를 수 있도록 안내한다. 그 과정에서 아이의 고전 취향이 어떻게 변화하는지 살펴보는 것도 쏠쏠한 재미가 될 것이다.

읽기 중이나 읽기 후에 책을 통해 얻은 지혜를 어떻게 정리하면 좋을지도 미리 생각해본다. 고전 읽기의 목적은 교육이 아니라 '즐거움'에 있다. 비자발적으로 고전 읽기를 시작했을지라도 스스로 계획을 세워 읽기를 주도하는 과정에서 어느새 자발적으로 참여하는 아이들의 모습을 볼 수 있다.

	날짜	제목	지은이	별점	한 줄 평
1				☆☆☆☆☆	
2				☆☆☆☆☆	
3				☆☆☆☆☆	

책을 읽기 시작한 날짜와 제목, 지은이를 적고 책에 대한 느낌을 별점으로 표시한 후 한두 문장으로 정리한다. 만약 중간에 책을 바꾸었다면 책 읽기를 중간에 멈춘 이유에 대해서 적어도 좋다. 이 간단한 독서기록을 참고해 다음번 읽을 책을 선정하는 데 도움을 얻을 수 있고 자신의 고전 취향을 파악할 수 있다.

• '날마다', '조금씩' 읽는다

고전은 한 권을 가지고도 오래 여러 번 읽을 수 있는 책이다. 특히 동양 고전은 분량이 짧고 문장의 호흡이 길지 않지만 곱씹으며 읽을수록 그 의미가 다양하게 해석되므로 처음 고전을 경험하는 아이들이 내용을 소화하고 받아들이는 데 도움이 된다. 그러므로 고전 읽기에 필요한 힘을 키운다는 생각으로 많이 읽기보다는 천천히, 날마다 조금씩 읽는 습관을 들이는 것이 중요하다.

천 리 길도 한 걸음부터라는 말이 있듯, 고전 읽기도 짧은 이야기부터 시작하면 아이들의 심리적 부담을 줄일 수 있다. 특히 수업이 일찍 끝나는 자투리 시간이나 아이들이 부쩍 공부에 지쳐 보일 때 가뭄에 단비처럼 고전 단편소설이나 짧은 설화를 준비해 자연스럽게 함께 읽기를 유도하는 것도 좋은 방법이다.

아이들이 짧은 이야기 읽기에 적당히 익숙해졌으면 점차 그 전보다는 긴 텍스트를 활용한다. 짧은 이야기에서 단편으로, 조금 더 긴 이야기로, 그렇게 마침내 한 권 읽기까지. 무언가를 읽는 힘 자체를 늘려가는 것이다. 그러다 보면 평소에 독서 습관이 몸에 배지 않았던 학생들은 자신이 어느새 줄글 책 한 권을 다 읽었다는 사실만으로도 뿌듯함을 느낄 수 있다.

또 읽는 시간을 정해주기보다는 분량을 정해주는 것이 좋다. 15분 동안 읽기, 30분 동안 읽기가 아닌 1~2장 읽기, 소제목 하나 읽기 등 독서의 목표를 분량으로 정하는 것이 바람직하다. 이는 아이들의 읽기 부담을 줄여주고, 정해진 분량을 다 읽는 성공 경험을 쌓을 수 있게 해준다. 날마다 읽는 것은 쉬운 일이 아니다. 그러나 시나브로 시도하고 실천하는 것은 후에 읽기 습관의 큰 차이를 가져온다. 정독하다 보면 자연스레 다독, 심독, 발췌독도 가능해진다.

• 함께 천천히 읽는다

고전을 읽다 보면 같은 문장을 보더라도 서로 다르게 느낄 수 있다. 사람마다 경험과 사고의 깊이가 다르기 때문이다. 경험과 사고의 깊이가 다른 만큼 다양한 해석이 가능하기 때문에 그만큼 상황을 바라보는 시야가 확장되고, 서로의 생각을 나누는 과정에서 자연스럽게 세상의 문제에는 단 하나뿐인 정답이란 없다는 것을 깨닫게 된다.

고전은 글밥이 많지 않다. 하지만 내용을 이해하려면 대충 읽고 넘어가서는 안 된다. 천천히 집중해서 여러 번 읽어야 그 의미를 제대로 파악할 수 있다. 이 과정을 반복하면 고전을 이루고 있는 논리적 구조를 자연스럽게 익힐 수 있고 과거를 통해 얻은 지혜를 현재의 삶에 적용할 수 있게 된다.

한국 근현대 단편 소설집이나, 그리스·로마 신화의 짧은 설화를 준비해 이야기 하듯 아이들에게 들려주는 것도 좋은 방법이다. 공부하지 않는 대신 이야기를 들려주겠다는 교사의 말에 아이들은 순간 행복해한다. 평소 같았으면 귀도 열려고 하지 않았을 고전 이야기도 눈을 반짝이며 들어줄 준비를 한다. 바로 그 순간을 교사는 놓치지 않아야 한다. 고전이 생각보다 부담스럽지 않고 재미있다는 사실을 아이들에게 확인하는 것이다.

• 자기 책을 가지고 읽는다

학급에서 이루어지는 책 읽기는 대부분 도서관에서 빌린 책으로 이루어지는데 되도록 고전 읽기에 참여하는 아이들 수만큼 책을 마련하기를 권한다. 여러 번 강조했듯이 고전은 '많이'보다는 '날마다', '넓게'보다는 '깊이' 읽어야 한다. 나의 소유물이 되는 순간 그 책의 의미는 더욱 특별해진다. 고전 읽기에 임하는 나의 기대와 다짐을 써보기도 하고, 인상 깊은 구절에 밑줄도 그어보며 손때가 묻은 책은 아이들에게 색다른 선물과 보물이 될 것이다.

• 친숙한 이야기에서 새로운 이야기로 읽는다

이야기를 읽는 것에도 적응이 필요하다. 특히 그 당대 사회의 모습이나 시대 상황이 잘 드러나는 고전 문학의 경우에는 더욱 그렇다. 우리는 글을 읽으면서 우리가 겪어 보지 못한 시대의 상황과 분위기를 간접적으로 체험할 수 있고, 나아가 시대가 변해도 변치 않는 가치의 본질에 대해서도 생각해볼 수 있다. 이러한 간접 경험은 독자의 읽기 경험이나 가치관에 큰 영향을 주기도 한다.

그런데 독자가 아직 준비되지 않은 상태에서 전혀 새로운 시대의, 전혀 새로운 이야기를 접하게 된다면 이를 어떻게 받아들일 수 있을까? 배경지식이 없으니 내용에 대한 이해 자체도 힘들 뿐더러, 자칫 고전 문학 자체를 무슨 이야기인지 알 수 없는 것, 나와는 상관없는 것으로 생각해버릴 우려가 있다.

따라서 고전 읽기를 시작할 때는 아이들이 쉽게 이해하고 받아들일 만한 쉽고 친숙한 이야기로 시작하되, 독서 경험을 늘려가면서 점차 새로운 시대 상황 또는 새로운 이야기 구조가 포함된 이야기로 범위를 넓혀 가는 것이 좋다. 읽기 전 활동을 다양하게 구성해 독서 활동에 필요한 배경지식을 미리 얻게 하는 것도 학생들이 부담 없이 책을 읽을 수 있도록 돕는 방법이다.

아이들이 친숙하고 흥미로운 이야기로 고전에 익숙해졌을 때 비로소 우리는 그냥 즐기는 것을 넘어 더 생각할 거리가 많은 깊은 주제로 넘어간다. 책 속의 세계에 호기심을 가지고 간접적으로 탐험하는 것을 넘어, 우리가 사는 세상과 책 속의 세상을 관련지어 현실을 생각할 준비가 되는 것이다.

하루 20분 고전 읽기

아침 8시 30분부터 8시 50분까지는 사제동행 독서 시간이다. 좋은 글을 쓰기 위해서는 먼저 좋은 글을 많이 읽어야 하고, 좋은 글을 많이 읽기 위해서는 꾸준한 독서가 필수이므로 학기 초에 아이들과 '우리 잠깐씩이라도 매일매일 책을 읽자'라는 약속까지 했다.

그런데 정작 아침에 교실을 둘러보면 시간 맞춰 자발적으로 독서를 시작하는 아이들은 손에 꼽을 정도로 적다. 제때 책을 읽는 아이들보다 독서 시간이 되었음을 알면서도 느릿느릿 시간을 끌다 결국 40분이 다 되어서야 자리에 앉아 멍하게 시간을 보내고, 가끔 만화책 정도만 대충 들춰보는 것으로 독서를 마치는 아이들이 더 많다. 모범을 보이며 아이들의 책 읽기를 독려해야 할 교사 또한 아침에는 다른 일들로 정신이 없는 나머지 독서 활동에 신경 쓰지 못하는 경우가 부지기수다.

그래서 우리 반에서는 한동안 제대로 된 독서 활동이 이루어지지 않았다. 급기야 우리 반 아이들 몇 명이 아침 독서를 피해 화장실로 도망치기까지 한다는 소식을 듣고 나서야 나는 사태의 심각성을 깨달았다.

그러나 몇 번이고 거듭 고민하여 내린 결론은 역시나 '해야 한다'는 것이다. 독서, 특히 줄글 책에 대해 아이들이 느끼는 막연한 공포감과 거부감을 줄이고 스스로 질문을 만들며 깊이 있는 독서를 경험하게 하는 것이 내게 주어진 가장 큰 숙제가 되었다.

그렇게 시작한 것이 '하루 20분 고전 읽기'이다.

고전 읽기를 습관화하고 교실에 정착시키기 위해 고전 읽기 시간을 따로 마련했다. 일주일에 두세 번 요일을 정해 고전 읽는 날로 지정했다. 많은 학교가 등교 후부터 1교시 시작 전까지를 아침 독서 시간으로 활용하므로 아이들이 큰 무리 없이 독서 활동에 참여할 수 있다. 하지만 정해진 20분을 '채운다'라는 느낌으로 앉아 있지 않도록 각자의 수준에 맞는 읽기 분량을 정하는 것을 추천한다.

아침잠이 모자라거나 가만히 앉아서 책 읽기가 어려운 아이들은 같은 페이지를 20분 동안 펼쳐놓고 앉아 있는 기적을 보이기도 한다. 고전은 많이 읽는다고 해서 좋은 것이 아니다. 내가 읽고 소화할 수 있는 분량을 정해놓고 다 읽으면 나머지 시간 동안에는 친구들에게 방해되지 않는 범위에서 그림을 그리거나 다른 책을 읽는 등의 활동을 할 수 있도록 한다면 고전 읽기에 대한 부담을 줄이고 작은 성공에 대한 성취감도 느낄 수 있다.

◇ 1~2학년 고전 읽기

저학년 고전 읽기의 핵심은 이야기의 흐름을 정확히 파악하는 것이다. 저학년은 초기 문해력이 발달하는 시기이다. 즉, 글자를 읽고 쓰는 방법을 습득하고, 글을 읽고 대략적인 내용을 파악할 수 있는 능력이 이 시기에 길러진다는 것이다. 따라서 텍스트를 읽고, 사건의 흐름을 파악하여 글의 내용을 이해하는 것만으로도 저학년 고전 읽기는 그 목표를 달성했다고 볼 수 있다.

저학년 고전 읽기에는 주로 길이가 짧은 텍스트를 활용한다. 부담 없이 읽을 수 있도록 글의 비중이 상대적으로 적고 글씨의 크기가 크며, 글과 그림이 어우러져 내용에 대한 이해가 쉬운 옛이야기 그림책 등이 활용하기 적당하다. 책을 읽는 중에는 적절한 발문을 통해 학생들이 주요 인물과 사건을 제대로 이해하고 있는지 점검하고 확인하는 과정이 필요하다.

책을 읽을 때는 따라 읽기나 돌아가며 한 문장씩 읽기 등을 통해 아이들의 초기 문해력 증진에 도움을 줄 수도 있다. 다만 한글 미해득 학생이 많은 학급의 경우 때에 따라 교사가 책 전체를 읽어주는 방식 또한 선택할 수 있다.

독후 활동으로는 역할극이나, 인상 깊은 내용에 대한 그림 그리기나 북아트 등의 표현 활동, 책 놀이 활동을 할 수 있다. 역할극을 통해 학생들은 인물의 입장을 자신과 동일시하게 되고, 인물의 마음을 헤아려 더 깊이 있게 이해할 수 있게 된다. 표현 활동을 통해 학생들은 상상력과 창의력을 발휘하여 머릿속에서 막연하게 이해했던 책 속의 장면을 글이 아닌 다른 매체로 표현할 기회를 얻게 된다. 책 놀이를 하면서 독서라는 것이 어려운 것이 아닌 흥미롭고 즐거운 것이라는 인식을 가지고, 평생 독자로서 독서에 대한 동기를 높일 수 있다.

《책 먹는 여우》의 주인공 여우 아저씨는 책을 매우 좋아한다. 그런데 여우 아저씨의 독서법은 조금 특별하다. 책을 재미있게 읽은 뒤에, 소금과 후추를 톡톡 뿌려 먹어버리는 것이다. 그러나 가난한 여우 아저씨는 엄청난 책값을 감당할 수 없었고, 결국 도서관과 서점에서 책 도둑질을 하다 붙잡혀 감옥에 간다. 더 이상 책을 먹을 수 없게 된 여우 아저씨는 급기야 먹을 책을 스스로 만들기 위해 이야기를 쓰고,

여우의 재능을 알아본 교도관의 도움으로 그 이야기는 책으로 출판되어 베스트셀러가 된다.

책에서 맛이 느껴질 수도 있다는 특별한 발상은 아이들의 본능적인 호기심과 상상력을 자극한다. 여우 아저씨가 가장 좋아하는 책과 싫어하는 책은 어떤 맛일까? 그동안 우리가 읽었던 책은 어떤 맛일까? 국어 교과서, 수학 교과서는? 방금 우리가 읽은《책 먹는 여우》는 어떤 맛일까? 이 책을 읽으며

《책 먹는 여우》글·그림 프란치스카 비어만, 주니어 김영사

아이들은 여우 아저씨에 이입하여 각각의 책에서 어떤 맛이 날지 상상했다. 그동안 읽어본 책 중 가장 맛있을 것 같은 책을 소개하고, 그 책에서는 어떤 맛이 날지 상상하여 발표하며 수업을 마무리했다.

1~2학년 고전 도서 추천 목록

책 제목	지은이	출판사
아낌없이 주는 나무	쉘 실버스타인	시공주니어
책 먹는 여우	프란치스카 비어만	주니어 김영사
심술쟁이 내 동생 싸게 팔아요!	다니엘르 시마르	어린이 작가정신
낭송 사자소학	김고은, 이수민	북드라망
오세암	정채봉	샘터
이솝 이야기	이솝	어린이 작가정신
옹고집전	이민희, 경혜원	휴머니스트

화요일의 두꺼비	러셀 에릭슨	사계절
김용택 선생님이 들려주는 전래동화 50	김용택 편저	은하수
틀려도 괜찮아	마키타 신지	토토북
엄마 마중	겨레아동문학연구회 편저	보리
샬롯의 거미줄	엘윈 브룩스 화이트	시공주니어
마법의 설탕 두 조각	미하엘 엔데	소년한길
안데르센 동화	안데르센	그린북
걸리버 여행기	조나단 스위프트	미래엔아이세움
꿀벌 마야의 모험	발데마르 본젤스	비룡소
플랜더스의 개	위다	비룡소
어린이 아라비안나이트	김수연	홍진 P&M

◇ 3~4학년 고전 읽기

중학년 고전 읽기의 핵심은 단순히 글의 내용을 파악하는 수준을 넘어서 이야기가 전하려는 메시지를 포착하는 것이다. 인물과 사건을 정리하는 것에서 한 걸음 나아가 이 이야기를 쓴 작가의 의도는 무엇인지, 그리하여 이 이야기가 독자인 우리에게 말하고자 하는 것이 무엇인지 생각해볼 수 있어야 한다. 또 이야기를 읽고 난 뒤 자기 생각과 감정을 직시하여 독서를 통해 얻은 깨달음이나 의문을 언어로 표현할 수 있어야 한다.

중학년 고전 읽기에는 주로 고전 단편, 또는 신화나 설화 같은 옛이야기를 활용한다. 사용된 어휘나 내용이 복잡하지 않은 장편의 경우에는 온 책 읽기도 시도해볼 수 있다.

중요한 것은 학생들이 책을 읽고 이해하는 데서 그치지 않고, 자신의 독서 경험에 대해 한 번이라도 더 고민하고 생각하는 습관을 만들어가는 것이다. 책을 읽으며 들었던 생각을 언어의 형태로 표현하여 스스로 명료화하는 습관이 중학년 고전 읽기의 중점이다.

독후 활동으로는 독서 감상문 쓰기나 등장인물의 입장에서 글쓰기, 등장인물에게 편지 쓰기 등이 적절하다. 독서 감상문에는 책의 내용, 인상 깊었던 장면, 책을 읽고 느낀 점까지 모두 짧게라도 들어가야 한다는 점을 안내하는 것이 좋다. 등장인물의 입장에서 글쓰기를 통해 인물의 입장을 깊이 있게 이해하고, 관점을 전환하여 생각하는 힘을 얻게 된다. 등장인물에게 편지 쓰기를 통해 독자인 나와 책이 이어져 있다고 느끼며, 인물에 대한 공감, 조언하고 싶은 점, 또는 궁금한 점을 언어로 표현하여 책과 자기 삶을 연결하는 태도를 가질 수 있다.

《장발장》의 주인공 장발장은 굶주리는 가족들을 위해 빵 한 개를 훔친 죄로 19년간의 옥살이를 하게 된다. 교도소에서 출소한 후 갈 곳이 없어 묵은 성당에서 받은 호의로 인해 장발장은 자신의 죄를 회개하고 선행을 실천하며 살아간다. 그는 시장이던 시절 자신이 경영하던 공장에서 억울하게 해고당한 판틴의 딸 코제트를 양녀로 들여 지극정성으로 돌보고, 경찰 자베르는 장발장의 정체를 의

심하여 그 뒤를 좇는다. 한편 그 시대 프랑스에는 혁명의 바람이 불기 시작한다.

남을 위하는 것은 좋은 것이다. 하지만 도둑질은 나쁜 것이다. 그렇다면 남을 위해 도둑질을 하는 것은 좋은 일인가, 나쁜 일인가? 이 책을 읽고 아이들은 '남을 위해 저지른 범죄는 용서해줘야 할까?'라는 주제에 대해 이야기 나누었다. 도덕적 갈등 상황에 대한 고민을 통해 아이들은 자신들이 생각하는 공정과 정의의 개념이 무엇인지 생각할 수 있다.

책의 주인공인 장발장, 그리고 그와 대립하는 자베르는 무작정 선악으로 나눌 수 없는 입체적인 인물이다. 장발장은 도둑질이라는 범죄를 저질렀지만 판틴과 그의 딸 코제트를 정성으로 돌보며 일생 동안 선행을 실천하는 인물이다. 또한 자베르는 경찰로서 자신의 소임을 다하는 원칙주의자임과 동시에 하층민보다는 권력자의 편에 서는 인물이다. 장발장과 자베르 등의 등장인물에 이입하여 대화하는 핫시팅 기법을 통해 각각의 등장인물에 대한 아이들의 이해도를 높일 수 있었다.

책을 읽는 동안 교사가 당대 프랑스 사회에 대한 배경지식을 아이들에게 적절히 제시한다면 더욱 의미 있는 독서 활동을 진행할 수 있다.

3~4학년 고전 도서 추천 목록

책 제목	지은이	출판사
명심보감	추적 엮음	홍익출판사
갈매기의 꿈	리처드 바크	현문미디어

행복한 왕자	오스카 와일드 윈저 조 이니스	아이위즈
소학	주희, 유청지 엮음	홍익출판사
탈무드	이동민 역	인디북
오즈의 마법사	L.프랭크 바움	인디고(글담)
꿈을 찍는 사진관	강소천	상서각
빨간 머리 앤	루시 모드 몽고메리	인디고(글담)
장발장	빅토르 위고	효리원
박지원 단편집	이영호	계림(계림북스)
내 이름은 삐삐 롱스타킹	아스트리드 린드그렌	시공주니어
어린이 동몽선습	김영이	한국독서지도회
처음으로 만나는 그리스 로마 신화	김민수	녹색지팡이
어린이 사자소학	엄기원 엮음	한국독서지도회
꽃들에게 희망을	트리나 폴러스	시공주니어
박씨전	손연자	대교출판
홍길동전	김진섭	깊은책속옹달샘
로빈슨 크루소	대니엘 디포	대교출판

◇ 5~6학년 고전 읽기

한참 유행에 민감한 시기의 아이들에게 '고전'이라는 단어는 어감부터 재미없고 고리타분하며 교과서적인 이야기뿐일 것 같다는 편견을 자극한다. 그러나 고전 문학은 당시의 시대상을 반영한 다양한 이야기 구조와 표현을 바탕으로 오랜 시간이 지난 지금까지도 좋은 필자가 되기 위해 꼭 읽어야 할 텍스트, 두고두고 읽어야 할 명작으로 회자되고 있다. 따라서 고전 읽기 프로젝트에서는 아이들이 마음속에 자리한 편견과 거부감을 이겨내고 텍스트를 최대한 깊이 있게 음미하도록 하는 것에 중점을 둔다.

먼저 아이들이 고전을 친숙하게 느끼도록 도왔다. 마침 음악 교과에는 공연 예절과 관련된 내용이 있었다. 해당 내용과 연계하여 아이들에게 '레미제라블', '노트르담 드 파리', '로미오와 줄리엣' 등 뮤지컬 공연 장면의 일부를 보여주고, 그 원작이 되는 소설의 내용을 간단하게 설명했다. 이것은 일회성으로 끝난 것이 아니라 해당 주제를 학습하는 내내 5분에서 10분 정도의 시간을 할애하여 진행했는데, 화려한 무대 영상과 함께 스토리텔링을 접한 아이들은 소설 내용에 자연스레 흥미를 갖게 되었다. 이렇게 고전 읽기에 대한 거부감이 옅어질 때까지 기다린 후에 본격적으로 고전 읽기 활동을 시작했다.

《안네의 일기》는 제2차세계대전 기간 나치 독일이 유대인을 탄압하던 시절, 강제 수용소로 끌려간 유대인 소녀 안네 프랑크가 썼던 일기이다. 전쟁의 비참함과 당시 탄압받았던 유대인의 생활을 보여주는 작품이며, 그 역사적 가치를 인정받아 유네스코 세계기록유산에도 등재되었다.

전쟁의 위협과 언제든 붙잡힐지 모른다는 불안감에 시달리며 가족과 함께 은둔 생활을 하던 소녀의 이야기는 그 자체로도 먹먹함을 남긴다. 다만 독자가 책의 내용을 가장 풍부하게 이해하고 받아들이기 위해서 가장 필요한 것은, 책을 쓴 작가와 작가가 살았던 시대적 배경에 대한 이해이다.

이 책을 읽고 작품의 시대적 배경에 대한 정보를 아이들이 직접 수집할 수 있도록 조사학습을 진행하였다. 제2차세계대전에 대한 정보를 각자 조사해서 학급 게시판에 올리고 발표하며 작품의 이해도를 높였다. 아이들은 나치 독일, 히틀러, 홀로코스트, 아우슈비츠 등 많은 정보들을 찾아냈는데, 그중 아이들의 마음에 가장 와 닿은 정보가 있었다. 바로 유대인들이 탄압받았던 제2차세계대전 당시, 우리나라 또한 일제강점기로 인해 고통 받고 있었다는 것이다.

《안네의 일기》글·그림 안네 프랑크, 지경사

　유대인 소녀가 겪어야 했던 전쟁의 끔찍함은 순식간에 우리 민족이 겪었던 고통과 겹쳐졌다. 만일 내가 저런 은신처에 숨어 지내야 한다면? 내가 한국인이라는 이유로 붙잡혀 죽임을 당해야 한다면? 등의 발문을 통해 아이들이 안네의 입장에 공감하도록 유도한 다음, 하브루타 활동을 진행하였다. 책에 대해 서로 묻고 답하면서 아이들은 전쟁, 죽음 등의 추상적인 개념에 대해 더 깊이 생각할 수 있다.

　고학년 고전 읽기의 핵심은 책 속의 이야기를 현실 세계의 이야기로 끄집어내는 것이다.

　책의 내용과 전하고자 하는 메시지를 당대 사회의 모습과 관련지어 지금의 시대를 살아가는 사람으로서 해당 고전이 우리에게 주는 시사점이 무엇인지 생각해보는 것이다. 그러기 위해서는 책에 대한 이해뿐 아니라 작가의 삶과 작품이 쓰인 시대 상황 등을 고려한 종합적인 해석이 필요하다.

고학년 고전 읽기에는 내용이 복합적이고 다소 철학적인 면이 있는 텍스트나 고전 장편까지도 활용할 수 있다. 중요한 것은 많이 읽는 것이 아닌 단 한 편을 읽더라도 깊이 있게 사유하며 읽는 것이다. 그런 의미에서 '온 책 읽기'도 추천할 만하다.

고학년 고전 읽기에서 중요한 것은 비판적 사고력을 키울 수 있도록 돕는 것이다. 아이들은 책을 읽는 독자로서 책의 내용에 의문을 가지고, 비판하고, 의심할 수 있다. 그렇게 책 속의 세계를 자기 손으로 허물어보기도, 허물어진 부분을 다시 자기만의 것으로 세워보기도 하며 책 속의 이야기를 비로소 이 세상을 살아가는 '나'의 이야기로 바꾸어 펼치는 것이다.

5~6학년 고전 도서 추천 목록

책 제목	지은이	출판사
채근담	홍자성	홍익출판사
논어	공자	홍익출판사
청소년을 위한 백범일지	김구	나남
나의 라임 오렌지 나무	J.M.바스콘셀로스	동녘
열하일기	이명애	파란자전거
삼국유사	이정범	영림카디널
별	알퐁스 도데	인디북
80일간의 세계 일주	쥘 베른	시공주니어
비밀의 화원	프랜시스 호지슨 버넷	시공주니어
어린왕자	생텍쥐페리	인디고(글담)
소나기	황순원	맑은소리

안네의 일기	한상남 편저	지경사
나무를 심은 사람	장 지오노	두레
톰 소여의 모험	마크 트웨인	시공주니어
목민심서	이성률	파란자전거
구운몽	진경환	휴머니스트
제인 에어	샬롯 브론테	시공주니어
난중일기	이순신	파란자전거

학년 공통 활용 전집 목록

전집명	출판사
생각통통 명작문학	헤르만헤세
온고지신 우리고전문학	톨스토이
처음으로 만나는 그리스 로마 신화	녹색지팡이
세계 어린이 문학 고전 비룡소 클래식	비룡소
옹기종기 교과서 세계전래동화	톨스토이
재미있다! 우리 고전	창작과 비평사
네버랜드 클래식	시공주니어
철학자가 들려주는 철학 이야기	자음과 모음

책 비틀어 읽기

◇ 천천히 읽기, 제대로 읽기

독서에 거부감을 가진 아이들은 책의 내용이 이해되는 것과 상관

없이 글씨를 빠르게 읽어내는 행위에만 집중하기 마련이다. 처음부터 끝까지 그런 식으로 죽 훑으며 누구보다 빠르게 책을 덮은 아이들에게 책 내용에 대해 질문하면, '모르겠어요' 이상의 대답을 듣기 힘들다. 그 아이가 독서를 통해 얻은 것은 아무것도 없다는 뜻이다.

그런 아이들을 도와주기 위해 책을 천천히 읽도록 했다. 표현을 천천히 곱씹으며 그 의미를 생각해보자는 의미로 매주 화요일, 목요일 아침 고전 필사를 진행하고 슬로리딩을 수업에 활용했다.

또 책을 제대로 읽도록 했다. 너무 느리게 조금씩 책을 읽다 보면 그전에는 어떤 내용이 나왔는지, 작가가 전하려고 한 핵심 메시지가 무엇인지 놓치기 쉽다. 텍스트의 내용과, 그 이면에 숨겨진 의미까지 파악하여 체하지 않게 전부 소화해보라는 의미로 독서 중 책의 내용에 관한 질문을 수시로 떠올려 공책에 쓰고 답변해보게 했다. 이 활동이 '책 비틀어 읽기' 활동의 시작이다.

◇ 비판적 사고를 깨우는 질문 만들기

가끔, 책을 함께 읽다 보면 아이들은 갑작스레 내용에 대해 따지곤 한다.

"선생님, 이 사람은 왜 그런 거예요?"

"이렇게 하면 애초에 오해가 안 생길 텐데 바보 같아요."

많은 경우에 그 질문들은 이야기의 본질을 꿰뚫는 것이라서, 나도 뭐라 변명할 길 없이 "그러게 왜 그럴까?" 하는 대답만 내놓고선 입을 다물게 된다. 나는 아이들의 그러한 통찰력과 호기심을 독서 활동에 이용하기로 했다.

책을 읽으면서 아이들과 질문을 만들었다.

"책의 제목이 내용과 어울린다고 생각하나요? 그럼 책의 제목을 다시 지어 보면 어떨까요?"

"다른 인물의 입장에서 이 사건을 바라본다면 어떨까요?"

"등장인물이 다른 선택을 했다면 어떨까요?"

이야기를 다른 관점에서 바라보고, 비판하고, 대안을 제시하는 질문들을 서로 주고받고 생각을 나누게 했다. 그 과정에서 아이들은 텍스트를 수용하는 수동적인 독자가 아닌, 이야기를 재창조하는 능동적인 독자가 되었다.

다음은 작품별로 아이들이 만들고 답한 질문의 예시이다.

학년 군	작품명	비틀어보기
1~2 학년	옹고집 전	Q. 진짜 옹고집과 가짜 옹고집이 사이좋게 지낸다면? - 일도 나눠서 하고 공부도 나눠서 해서 좋을 것 같다. - 주변에는 잃어버린 쌍둥이 형제를 찾았다고 말하고 실제로도 형제처럼 지내면 될 것 같다. Q. 만약 나와 얼굴이 똑같은 사람이 나타난다면 나는 어떻게 내가 진짜라는 걸 증명할까? - 나만 알고 있는 내 비밀을 이야기할 것이다. - 가짜 나한테 '그냥 네가 진짜라고 할게, 나 대신 공부도 하고 숙제도 해.'라고 하면 알아서 자기가 가짜라고 자백할 것이다.
	플랜더스의 개	Q. 어린아이가 돈을 벌기 위해 일하는 것은 옳은 일일까? - 그렇다. 집이 너무 가난하고 힘들어서 가족을 도와 일해야 하는 상황이 생길 수도 있기 때문이다. - 옳지 않다. 아이들이 해야 할 일은 공부하는 것과 노는 것이기 때문이다.

		Q. 동물에게 일을 시키는 것은 옳은 일일까? - 그렇다. 동물들에게 일을 시키는 것은 사람들을 편리하게 하는 일이기 때문이다. - 아니다. 동물에게 일을 시키는 것은 동물 학대이기 때문이다.
	이솝 이야기	Q. 양치기 소년은 왜 자꾸 거짓말을 했을까? - 그렇게 해서라도 마을 사람들에게 관심받고 싶기 때문이다. - 혼자 종일 양을 지키고 있었으니 심심하고 외로웠을 것이다. Q. 여우는 왜 포도를 먹어보지도 않았으면서 신 포도라고 했을까? - 먹을 수 없다는 것을 인정하기 싫어서 스스로 그렇게 말한 것이다. - 자기가 못 먹은 게 아니라 일부러 안 먹은 거라고 하면서 자존심 세우려고 그런 것이다.
3~4 학년	박지원 단편집 -양반전	Q. 태어날 때부터 신분이 정해져 있다면? - 내가 양반이면 좋을 것 같고 노비면 싫을 것 같다. - 만약 내가 태어날 때부터 낮은 신분이면 내가 아무리 능력 있어도 능력을 펼칠 방법이 없어서 화가 날 것 같다. Q. 진정한 의미의 양반은? - 신분이 낮은 사람들도 존중하는 것이 진정한 양반이다. - 모두가 존경하고 따를 만한 사람이 진정한 양반이다.
	처음으로 만나는 그리스· 로마 신화	Q. 에우리디케가 사실 저승에 계속 남아 있고 싶어서 오르페우스를 뒤돌아보게 한 것이라면? - 그렇다면 에우리디케 입장에서는 자기를 찾으러 저승까지 따라온 오르페우스가 귀찮고 무서울 수도 있겠다. - 이승으로 올라가면 언젠가는 다시 죽어야 하니까 올라가기 싫었을 수도 있겠다. Q. 시시포스가 바위를 그만 굴릴 방법은 없을까? - 바위를 자동으로 굴려서 올려주는 장치를 만든다. - 바위가 정상에 고정되도록 산 정상을 바위 크기에 맞추어 파 놓는다.

	행복한 왕자	**Q.** 자기 몸을 떼어주는 방법 외에 왕자가 사람들을 돕는 방법이 있을까? - 가난한 사람들에게는 제비를 통해서 일자리를 소개해줄 수 있다. - 아픈 사람들에게는 제비를 통해서 약초가 있는 곳을 가르쳐줄 수 있다. 그런데 제비한테만 심부름을 시키면 너무 힘드니까 다른 동물들이랑도 친해지는 게 좋을 것 같다. **Q.** 희생은 좋은 것일까? 그 이유는? - 좋은 것이다. 다른 사람이 억지로 시켜서 하는 게 아니라 자발적으로 희생하는 것은 도움을 준 쪽과 받은 쪽이 모두 행복해질 수도 있기 때문이다. - 좋지 않다. 사람은 모두 똑같이 소중한데 누군가를 돕기 위해 다른 누군가가 희생하는 것은 옳지 않기 때문이다.
5~6 학년	소나기	**Q.** 황순원은 소설의 제목을 왜 '소나기'라고 지었을까? - 소년과 소녀가 함께 소나기를 맞아서 그런 것 같다. - 짧은 시간에 많이 쏟아지는 소나기처럼, 소년과 소녀도 짧지만 순수한 사랑을 해서 그런 것 같다. **Q.** 소설의 제목을 '소나기' 말고 다르게 짓는다면? 그 이유는? - '분홍 스웨터'라고 하고 싶다. 소녀가 소년을 만날 때 입었던 옷이고, 소녀가 죽을 때 함께 묻어달라고 했기 때문이다. - '개울가'라고 하고 싶다. 소년과 소녀의 첫 만남 장소이기 때문이다.
	삼국유사 -박혁거세전	**Q.** 박혁거세는 왜 알에서 태어났을까? - 박혁거세는 왕이니까 다른 사람들과 다른 특별한 사람이기 때문에 알에서 태어났다고 한 것 같다. - 박혁거세의 부모가 누군지 모르는데 그냥 부모가 없다고 하는 것보다 알에서 태어났다고 하는 게 더 멋있어 보여서 그런 것 같다. **Q.** 박혁거세가 알 말고 다른 곳에서 태어났다면 어떻게 태어났을까? - 큰 나무에서 열매처럼 열렸을 것 같다. - 맹수들이 아기를 둘러싸고 키우는 모습을 사람들이 발견했을 것 같다.

삼국유사 -연오와 세오	Q. 바위와 해, 달은 무엇을 뜻하는 것일까? - 바위는 사실 일본에서 온 배였을 것 같다. 그 배 선원들이 실수로 부부를 태워 일본으로 가버린 것이다. - 해와 달은 연오와 세오인데, 그 둘처럼 다른 나라로 이민 가버린 신라 사람들도 해와 달이라고 할 수 있을 것 같다. Q. 내가 갑자기 모르는 나라로 가게 되었다면? - 신나게 모험하고 외국 친구도 많이 사귈 것이다. - 그 나라 사람들에게 부탁해서 집으로 갈 방법을 찾아볼 것이다.
철학자가 들려주는 철학 이야기	Q. 소크라테스가 말한 '너 자신을 알라'는 무슨 뜻일까? - 남에게 너무 신경 쓰지 말고 스스로 해야 할 일을 잘하라는 뜻이다. - 내가 어떤 사람인지 잘 알아야 더 잘 살 수 있다는 뜻이다. Q. 인간의 본성은 선한 것일까 악한 것일까? - 선한 것이다. 어린아이들도 누가 시키거나 가르쳐주지 않았는데도 남을 도와주고 싶어하기 때문이다. - 모르겠다. 본성이 태어날 때부터 정해진 것은 아니지만 자라면서 배우고 겪은 것들 때문에 착한 사람이나 나쁜 사람으로 변하는 것 같다.

◇ 나의 해석으로 새로운 이야기 만들기

고전을 읽다 보면 고개를 갸우뚱할 때가 있다. 공주는 늘 왕자를 기다리기만 해야 할까? 늑대도 생존을 위해 돼지가 필요한 것뿐인데 나쁜 동물이라고 단정할 수 있을까?

물론 옛이야기에는 그럴 수밖에 없는 시대적 배경이 있다. 여자가 연약함과 정숙함을 강요당하며 남자에게 보호받아야 했던 시대도, 농장에서 기르던 가축을 자꾸만 훔쳐 먹는 맹수에게 좋지 않은 감정을 느꼈던 시대도, 민주주의라는 개념 자체가 없었던 시대도, 아이가 부모의 소유물이었던 시대도 과거에 분명 존재했다. 이렇듯 다양한 시대의 가치가 고전에 담겨 있는 것은 어찌 보면 당연한 일이라고 할 수 있다.

그러나 이와 별개로, 고전은 시대를 막론하고 닥친 문제를 해결하는 데 도움이 되는 조언을 줄 수 있다. 시대가 아무리 변하더라도 변하지 않는, 변해서는 안 되는 가치들에 대해서 고전은 이야기한다. 힘든 상황에서도 희망을 잃지 않고 묵묵히 자신의 몫을 해내는 인물, 몇 번이고 배신당하고 넘어져도 세상에 대한 믿음과 애정을 꿋꿋하게 지켜온 인물, 어려운 상황에서도 자기보다 약한 존재를 도운 인물을 떠올리며 아이들은 힘들거나 곤란한 상황이 닥쳐도 자신이 읽은 이야기의 교훈을 발판 삼아 지혜롭게 헤쳐 나갈 것이다.

고전이 독서인문 교육에 있어 매우 중요하고 의미 있는 텍스트라는 점은 사실이다. 그러나 고전이 쓰인 시대와 지금 우리가 사는 시대가 다르기에 사회 정서에 어울리지 않거나 의문이 드는 부분 또한 분명히 있다. 그렇다면 고전 읽기의 장점은 취하면서, 독자가 떠올린 비판적 사유를 이야기에 반영할 방법은 없는 것일까?

아이의 상상력과 창의력을 자극하며, 비판적 사고를 이끌어내는 새로운 이야기로의 재구성. 고전을 지금 아이들이 살아가는 시대에 맞게 내용을 각색하고 그 후의 이야기를 그리며 발상의 전환을 꾀한다.

새로운 이야기 만들기 활동은 이전의 질문 만들기 활동과 이어진다. 아이들이 책에 대한 새로운 질문을 만드는 데 어느 정도 익숙해진 다음에는 질문하는 것을 넘어 자신이 생각한 대로 새로운 이야기를 재창작하는 것이다.

방송, 영화, 공연, 책 등 많은 미디어에서는 원작이 되는 고전을 참신한 아이디어로 재구성해 대중들의 호응을 얻고 있다. 이처럼 고전을 성공적으로 리메이크한 사례를 아이들에게 소개해 흥미를 유발한 다음, 그동안 만들었던 질문을 토대로 자신이 알고 있는 이야기를 어떻게 고칠 수 있을지 고민했다. 예를 들어 《옹고집전》을 읽고 떠올린 '진짜 옹고집과 가짜 옹고집이 사이좋게 지낸다면?'이라는 질문을 토대로 두 명의 옹고집이 극적으로 화해한 끝에 함께 살며 협력하는 이야기를 떠올릴 수 있다.

이야기를 새롭게 구성할 대략적인 방향을 설정한 다음에는 이를 표현했다. 표현 형태와 분량은 아이들의 수준 또는 교사가 의도한 수업 방향에 따라 조정할 수 있다. 내용을 생성하고 집필하는 과정에서는 교사의 순회 지도가 중요한데, 글쓰기에 익숙하지 않은 아이들의 경우에는 쓸 내용을 더 수월하게 떠올릴 수 있도록 발문하고, 글 속에 학생들이 떠올린 비판적이고 창의적인 발상이 잘 드러날 수 있도록 피드백 해야 한다.

완성된 이야기를 발표하고 공유할 때는 원래의 이야기와 비교하여 감상했다. 친구가 쓴 글이 원래 이야기와 어떻게 다르고 어떤 부분이 같은지, 어떤 점이 좋았고 어떤 점에서 의문이 남는지 등을 서로 질문해보고 새로운 발상의 기회를 얻도록 했다. 또 친구의 조언을 토대로 이야기를 다시 수정해보도록 했다. 이 과정을 통해 아이들은 단순히 이야기를 재창조하는 것을 넘어 세상을 보는 시각을 새롭게 다듬을 수 있게 되었다.

도서명	이야기 재구성 내용
 《늑대가 들려주는 아기 돼지 삼 형제 이야기》글 존 셰스카 · 그림 레인 스미스, 보림	지푸라기와 나뭇가지로 집을 지은 첫째 돼지와 둘째 돼지는 늑대에게 집을 잃고 셋째 돼지는 벽돌로 튼튼한 집을 지어 형제들과 모두 무사할 수 있었다는 내용의 이야기인 아기 돼지 삼 형제. 그런데 늑대가 아기 돼지들의 집을 부수고 잡아먹은 행동은 꼭 나쁜 것일까? 우리는 이야기를 너무 아기 돼지의 입장에서만 보고 있는 것이 아닐까? 이 책은 늑대의 입장에서 처음의 이야기를 재조명한다. '아기 돼지를 잡아먹은 늑대에게도 어쩔 수 없는 사정이 있었다면?'이라는 가정을 통해 악역은 무조건 나쁜 것이라는 선입견을 부수고, 그동안 우리가 믿어 왔던 선역과 악역이 사실은 겉으로 보이는 모습에 불과하지 않나 돌아볼 기회를 제공하는 책이다. 이 책을 읽고 나서는 콩쥐팥쥐, 백설 공주 등 우리가 많이 알고 있는 다른 이야기를 선택해 악역의 입장에서 이야기를 다시 쓰고 서로 바꾸어 읽어보며 독후 활동을 진행할 수 있다.
 《슈퍼 거북》 글 ·그림 유설화, 책읽는곰  《슈퍼 토끼》 글 ·그림 유설화, 책읽는곰	거북이를 느리다고 얕보다가 달리기 경주에서 결국 패배한 토끼, 그리고 꾸준한 노력으로 승리를 거머쥔 거북이. 그런데 토끼를 이긴 뒤의 거북이는 정말 행복하게 잘 살았을까? 《슈퍼 거북》과 《슈퍼 토끼》는 토끼와 거북이의 경주가 끝난 뒷이야기를 상상하여 이어 쓴 책이다. 꾸준한 노력으로 토끼를 이겨 전설적인 거북이가 된 꾸물이는 주변의 기대에 부응하기 위해 더 빨라지는 방법을 찾는다. 매일매일 연습한 덕에 세상에서 제일 빠른 거북이 되었는데도 꾸물이는 전혀 행복하지 않다. 한편 거북이에게 지고 만 토끼 재빨라는 상심한 나머지 달리기를 그만둔다. 거북이보다 느리게 달려서 사람들에게 비웃을 거리가 되느니 절대 달리지 않겠노라고 결심했건만 뛰고 싶은 본능은 도저히 잠재워지지 않는다. 내가 나로 산다는 것은 무엇일까? 그리고 나다운 것은 무엇일까? 다른 사람의 시선 때문에 진정한 나를 버리고 다른 모습이 되기 위해 노력하면 정말 행복해질 수 있을까? 아이들과 이 책을 읽으며 진짜 나의 모습을 되돌아보고, 있는 그대로의 자기 모습을 긍정하는 자기 탐색의 시간을 가질 수 있다.

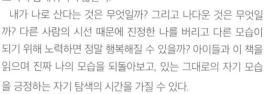

《비단치마》 글·그림
이형진, 느림보

효녀 심청, 어머니를 일찍 여의고 눈먼 아버지 품에서 동냥젖을 얻어먹으며 자랐음에도 효성이 지극하여 기어이 아버지의 눈을 뜨게 할 공양미 삼백 석을 위해 몸을 던진 천사 같은 소녀. 물에 빠져 죽는 와중에도 아버지만을 걱정하는 시대의 효녀. 과연 그런 심청에게는 자기 자신을 위한 그 어떤 욕망도 없었을까?

이 책은 효녀 심청보다 15세 소녀 심청에 집중한 책이다. 심청은 공양미 삼백 석보다는 빛 고운 비단 치마에 혹해서 인당수에 몸을 던지기로 한다. 뛰어들기 직전에는 수없이 망설이며 세상을 떠난 어머니를 그리워하기도 하고 대감댁에서의 안락한 생활을 즐기며 도련님에게 연정을 품기도 한다. 아버지가 나타나 자신의 정체가 탄로 날 위기에 처하자 자신이 진짜 연꽃아씨라고 변명하기도 한다.

욕망은 으레 나쁜 것으로 통한다. 그러나 사람이 어떠한 의지를 갖고 살아가기 위해서는, 자기가 무엇을 추구하고 무엇을 바라는지 들여다보는 시간이 필요하다. 이 책을 읽고 아이들과 좋아하는 것, 싫어하는 것, 자신이 무엇을 원하는지 생각해봄으로써 자신의 욕망을 직면하고 인정할 수 있도록 독후 활동을 구성할 수 있다. 또한, 이야기 속 인물의 마음을 더 심층적으로 들여다보며 등장인물을 보다 입체적인 인물로 재구성할 수 있다.

《장화 벗은 고양이》
글·그림 최민오, 아름
다운 사람들

아버지가 돌아가시고 한순간에 빈털터리가 되어버린 막내아들, 그리고 막내아들에게 유일하게 남겨진 고양이. 고양이는 주인을 위해 부유한 성주를 속여 그의 딸을 주인과 결혼시킨다. 주인은 고양이 덕분에 행복해졌다. 그런데, 속임수로 거머쥔 행복은 영원히 지속될 수 있을까?

이 책은 장화 신은 고양이 이야기의 재미는 그대로 유지하면서도, 도덕적으로 옳지 않은 이야기 속 상황을 교묘하게 비틀어 놓은 이야기이다. 거짓말쟁이는 거짓말쟁이를 만날 수밖에 없고, 속임수로 단시간에 쌓아 올린 행복은 금세 무너지기 마련이다. 모든 것이 원점으로 돌아간 상황에서 고양이와 주인은 속임수로 쉽게 얻을 수 있는 것은 없다는 사실을 받아들이고, 성실하고 꾸준한 삶의 태도를 다짐한다.

사회의 가치가 변하고 있음을 수시로 느낀다. 수단과 방법을 가리지 않더라도 일단 성공만 하면 그만 아니냐고, 결국 사회에서 잘사는 사람들은 다 그런 식으로 성공한 것 아니냐고 생각하는 사람들이 꽤 많다. 안타까운 일이다. 그러나 우리가 해야할 것은 그럼에도 불구하고 정직과 성실함의 가치를 믿으며 우직하게 살아가야 함을 가르치고 배워야 하는 것이다.

이 책을 읽고 아이들과 진정한 행복을 위해 필요한 삶의 태도에 관하여 이야기 나누면 더욱 의미 있는 독서가 될 것이다. 이야기 속에서 지금 이 시대의 도덕이나 가치관에 맞지 않는 부분들을 찾아 바꾸어보는 활동을 통해 학생들의 상상력을 발휘할 기회를 마련할 수도 있다.

《팥죽 호랑이와 일곱 녀석》 글 최은옥·그림 이준선, 국민서관

자기를 잡아먹겠다는 호랑이의 말에 동지 팥죽을 쒀줄 때까지 기다려달라고 말한 할멈. 할멈은 동짓날 울면서 팥죽을 쑨다. 그때 알밤, 송곳, 개똥, 맷돌, 자라, 멍석, 지게가 차례로 와서 할머니의 사정을 듣더니, 팥죽을 얻어먹는 대가로 할멈을 도와주겠다고 한다. 그렇게 일곱 녀석의 꾀로 호랑이를 물리친 할멈. 그런데 호랑이가 자기 잘못을 뉘우칠 새도 없이 죽어버린 것은 좋은 결말이라고 할 수 있을까? 모두가 행복해질 수 있는 결말은 없을까?

이 책은 팥죽 할멈과 호랑이 이야기의 결말 이후를 상상하여 쓴 책이다. 호랑이는 사실 죽지 않고 살아남았고, 일곱 녀석에게 복수를 결심한 호랑이에게 신령님은 팥 한 되를 주며 팥 농사를 지으라고 한다. 호랑이는 팥 농사를 지으며 할멈의 마음을 이해하고, 자신의 잘못을 진심으로 반성한다. 마침내 호랑이는 할멈의 집으로 찾아가 예전의 자신과 똑같이 할멈을 괴롭히고 있는 일곱 녀석을 혼내주고, 할머니는 호랑이와 일곱 녀석을 데리고 다 함께 팥 농사를 짓는다.

잘못에 대한 반성은 남이 강요한다고 해서 되는 것이 아니다. 진정한 반성과 속죄, 그리고 사과는 오직 잘못을 저지른 사람 본인만이 할 수 있다. 그럼 자기 행동이 잘못되었다는 것을 깨닫기 위해 가장 필요한 것은 무엇일까? 바로 역지사지이다. 이 책은 상대방의 입장에서 마음을 헤아리는 공감과 역지사지의 태도가 중요하다는 것을 알려주는 책이다. 이 책을 읽고 친구들과 문제가 생겼을 때 가장 필요한 태도는 무엇일지에 대해 아이들과 이야기 나눌 수 있다. 다른 이야기의 결말 이후를 상상하여 써보는 독후 활동을 진행할 수도 있다.

《세상에서 가장 심술 궂은 아이가 될 수 있 다면》글 로레인 캐 리·그림 미기 블랑코, 사파리

계모와 언니들에게 구박받고 집안일을 도맡아 하면서도 착한 마음씨와 웃음을 잃지 않는 신데렐라. 그런 신데렐라가 요정의 도움을 받아 모든 어려움을 이겨내고 왕자와 결혼하는 이야기. 우리가 흔히 알고 있는 이야기이다. 그런데 만일, '못된 가족 중 유일한 착한 사람'이 신데렐라가 아닌 다른 인물이라면 어떨까?

이 책은 원래의 신데렐라 이야기에는 등장하지 않았던 신데렐라의 셋째 언니 거티가 주인공인 책이다. 거티의 가족들은 착한 거티를 제외하고 모두 심술궂고 게으른 사람들이다. 심지어 동생 신데렐라조차도 말이다. 가족들은 자신들과 다른 성격을 가진 거티를 부끄러워한 나머지 무도회에도 데려가지 않으려 한다. 거티는 가족들과 무도회에 가기 위해 심술궂은 아이가 되기 위한 모험을 떠난다.

원하는 것을 얻기 위해 자신의 진짜 모습을 바꾸어야 할까? 거티는 무도회에 가려면 심술궂어져야 한다는 것을 알면서도 왜 다른 인물들을 계속해서 돕는 것일까? 상황이 달라지거나 나에게 도움이 되지 않더라도 서로 도움을 주고받으며 살아야 하는 이유를 아이들과 함께 이야기해보았다. 기존 등장인물의 성격이나 속성을 바꾸어 봄으로써 새로운 이야기를 만들 수 있다는 것을 알고, 이를 다른 이야기에 적용하며 독후 활동을 진행할 수 있다.

《개구리 왕자 그 뒷이 야기》글 ·그림 존 셰 스카, 보림

황금 공을 가지고 놀다 연못에 빠뜨린 공주에게 공을 꺼내준 개구리. 알고 보니 그 개구리는 마녀의 저주로 개구리가 된 왕자였다. 공주가 자신을 도와준 개구리에게 입을 맞추자 개구리는 다시 왕자의 모습을 되찾고, 둘은 결혼한다. '그래서 둘이는 영원히 행복하게 살았답니다.'

개구리로 살았던 왕자와 결혼한 공주는 서로의 다름을 받아들일 수 있었을까?

이 책은 개구리 왕자 이야기의 결말 이후를 상상하여 쓴 책이다. 결혼해보니 부부는 서로 달라도 너무 달랐다. 공주는 왕자가 아직도 가지고 있는 개구리의 습성을 질색하고, 왕자에게 끊임없이 잔소리를 퍼붓는다. 왕자는 그런 공주의 잔소리에 피곤해하고 다시 개구리로 돌아가는 편이 행복할 것이라고 생각한다. 결국 왕자는 자신을 개구리로 만들어 줄 마녀를 찾아 떠난다. 부부는 다시 행복할 수 있을까?

'영원히 행복하게 살았습니다.' 사실 이 문장은 성립하지 않는다. 우리는 사람이다. 유한하고, 입체적이다. 그런 우리가 가지는 사랑, 우정, 행복 등의 감정이 영원히 흔들림 없이 지속될 리는 없다.

행복했다가도 갑자기 기분이 나빠지고, 어떤 사람이 좋았다가도 때론 미워 보이는 순간을 우리는 항상 겪는다. 이러한 순간순간을 더 잘 들여다보고 포착할 수 있는 사람은 더 입체적이고 재미있는 이야기를 만들어낼 수 있다.

이 책을 읽고 이야기 속 행복한 결말이 그대로 끝이 아니라 또 다른 이야기의 시작점이 될 수 있다는 사실을 알아보고, 결말 이후 새로운 이야기 만들기 활동을 진행할 수 있다.

책 바깥 이야기와 만나기

◇ 생각의 시야 넓히기

논술은 자신의 주장을 논리적으로 표현하는 글쓰기에 해당한다. 논술 교육은 학생들이 일상생활에서 여러 가지 문제에 부딪혔을 때 논리적이고 다양한 사고 활동을 통해 문제를 합리적이고 창의적으로 해결하는 힘을 기르는 데 의미가 있다.

국어 교과뿐만 아니라 교과 통합적으로 적용될 수 있도록 다양한 주제를 선정하여 제시하고, 주제와 관련된 실제 문제 상황을 살펴보며 해결 방법을 생각해보도록 한다. 또 신문 활용 교육을 통해 학생들이 주변에서 일어나는 일에 자연스럽게 관심을 가질 수 있도록 하고 나의 생활과 어떤 관련이 있는지 생각하는 기회를 얻는다. 또 여러 가지 일이 일어나는 사회 현상들이 나와 뗄 수 없는 관계에 있다는 것을 이해하는 계기가 되도록 한다.

책을 읽다 보면 자연스레 떠오르는 흥미로운 질문들이 있다. 교실에서 함께 책을 읽던 중 누군가 "선생님."이라는 부름과 함께 던지는, 조금은 실없지만 궁금하고 새로운 질문들. 나 혼자 생각해보는 것을 넘어 다른 사람들의 대답까지도 들어보고 싶은 질문들. 그래서 실컷 이야기하고 대화를 나눈 끝에 독서에 의미와 깊이를 더해줄 수 있을 것 같은 질문들. 그러한 질문들 모두 독서 토론의 주제가 될 수 있다. 아이들이 책을 읽으며 만들어낸 질문을 토대로 토론 주제를 선정했다. 다음은 책을 읽고 떠올린 질문의 예시이다.

> 　《알사탕》 - 동동이처럼 다른 사람의 생각을 읽는 능력은 사생활 침해일까?
> 　《잘못 뽑은 반장》 - 다수결의 원칙에 따라 정해진 결과는 언제나 바람직할까?
> 　《돼지책》 - 가사노동은 노동으로 인정해야 할까?
> 　《피그말리온과 갈라테이아》 - 내가 가지고 있는 물건이 사람으로 변하면 그 물건에 대한 나의 소유권이 우선일까, 사람이 된 물건의 인권이 우선일까?

　토론 주제를 선정할 때 주의할 점은 이 질문들이 그저 책을 읽다 떠올린, 오로지 책에 대한 질문에만 머물러서는 안 된다는 것이다. 우리는 책을 읽으며 만들어 낸 질문들을 들고 책 밖으로 나와야 한다. 책 속의 논쟁 상황과 책 밖 우리들의 상황을 관련 지을 수 있어야 한다. 가령 《알사탕》을 읽고 현실의 사생활 침해 문제를, 《잘못 뽑은 반장》을 읽고 민주주의의 명암을, 《돼지책》을 읽고 독박 가사 및 가정 내 성차별 문제를, 《그리스·로마 신화》를 읽고 인권 문제를 떠올릴 수 있다면 비로소 독서는 현실의 우리에게 유의미해지는 것이다.

책 속 논쟁 상황은 책에서만 존재하는 것이 아니다. 우리는 토론에 임하기 전에 책에서 시선을 들어 우리 주변의 세계를 둘러볼 필요가 있다. 그래야만 자기만의 의견을 가지고 다른 사람과 문제에 관해 소통할 수 있기 때문이다.

◇ 새로운 신언서판, 디지털 리터러시

책을 통해 책 속의 문제를 실제 세상의 문제로 확장하는 데 성공했다면 이제 그 문제를 조금 더 자세히 파고들 시간이다. 문제에 관해 타당하고 자세한 정보를 수집하고, 수집한 정보의 핵심을 정리해 그것을 토대로 자신의 견해를 명료하게 정리하는 것. 실제 사회 문제와 관련된 기사를 찾아보고, 사례를 탐구하여, 주장에 대한 근거와 상대 의견에 대한 반론을 준비하는 것. 자신과 상대방의 의견이 각자의 이유로 다를 수 있음을 인정하고 견해 차이를 받아들일 준비를 하는 것. 이 과정에서 우리에게 필요한 것이 바로 디지털 리터러시(Digital Literacy), 즉 디지털 문해력이다.

지금 우리 아이들은 전자기기에 둘러싸여 산다고 해도 과언이 아니다. 초등학교에서도 스마트폰이 없는 아이들은 그리 많이 보이지 않는다. 아이들에게 가장 친한 친구는 핸드폰이다. 취미는 게임이나 유튜브 보기이다. 그런데 정작 아이들에게 필요한 정보를 검색해서 정리해보라고 하면 그만큼 잘하지 못한다. 시간이 생각보다 아주 오래 걸릴뿐더러, 어떤 아이들의 경우에는 검색어조차 무엇으로 입력해야 할지 몰라 막막해하는 모습도 보인다. 인터넷에서 떠도는 수많은 정보가 타당하고 진실된 것인지 판단하는 것 또한 어려워한다. 디지털 기기와 떨어질 수 없는 삶을 사는 아이들은 정작 디지털 공간에서 필요한 정보를 검색하고, 선택하고, 이용하는 것에는 익숙지 않다. 디지털 기기를 활용하여 정보를 모으고 활용하는 것, 그것이 현재를 넘어 미래까지 살아갈 우리에게 필요한 디지털 리터러시다.

디지털 리터러시 교육에는 교사의 관심과 정성이 생각보다 참 많이 필요하다. 태블릿을 나눠주고 켜고, 무선 네트워크에 접속하는 데까지만 해도 벌써 수 분의 시간이 걸린다. 여러 명이 동시에 네트워크에 접속한 덕분에 데이터가 로딩 되는 속도는 느려지고, 답답한 아이들은 여기저기에서 "선생님, 이거 안 되는데요." 하며 선생님을 애타게 찾는다. 그럴 때면 괜히 피곤해지기도, 한숨이 푹푹 쉬어지기도, "어쩔 수 없어, 좀 기다려봐."와 같은 곱지 않은 투의 말이 나가기도 한다.

그러나 필요한 정보를 검색하여 활용하는 것은 이제 우리 생활에서 반드시 갖추어야 할 능력이다. 미래에 어엿한 한 명의 사람으로 살아가기 위해서는 무수한 정보의 바다에서 필요한 것만을 짚어낼 수 있어야 한다. 따라서 교사는 인내심을 가지고 아이들을 지도하고, 수집한 정보를 함께 정리하여 아이들이 선택한 입장을 뒷받침할 근거를 마련하도록 돕는 데 정성을 쏟아야 한다.

◇ 서로의 세상 마주보기

비로소 대화의 시간이다. 아이들은 각자 고민한 끝에 찬성 의견과 반대 의견으로 나뉘어 토론의 절차와 규칙을 지키며 서로가 선택한 입장과 그 근거를 공유한다. 같은 의견을 가진 친구의 주장을 자신이 찾은 근거로 보충해줄 수도, 다른 의견을 가진 친구의 주장을 자신이 마련한 근거에 의해 반박할 수도 있다.

여기서 기억해야 할 것은 토론에 정해진 정답은 없으며 이것은 어떠한 싸움이나 대립이 전혀 아니라는 사실이다. 독서 후에 이루어지는 토론은 대립이라기보다 오히려 대화와 소통으로서의 의미가 있다. 책을 읽은 뒤의 생각과 느낌을 공유하는 일에 논리적으로 말해야 한다는 조건이 붙었을 뿐이다. 따라서 이 과정에서 가장 필요한 것은 모두의 주장 중 맞고 틀린 것은 없다는 것을 인정하며 서로의 견해 차이에 대해 열린 태도로 소통하고 상대의 의견을 흥미롭게 수용할 수 있는 포용력이다.

사람마다 가지고 있는 생각과 가치관, 배경지식, 경험 등은 모두 다르다. 그렇기에 같은 입장을 선택하더라도 다른 근거를 내세워 주장할 수도, 주장의 세부적인 부분이 달라지기도 한다. 말하자면 교실에 있는 이십여 명 아이들은 모두 조금씩은 다른 세상에 살고 있다. 책을 읽고 토론하다 보면 서로가 가지고 있는 견해의 차이, 즉 우리가 사는 세상을 직면하고 탐험할 수 있다. 그렇게 서로의 세상을 있는 그대로 마주 볼 수 있게 된다.

2부

생각을
쏟아내는 글쓰기

・글쓰기의 짜릿함・

아이들이 수업 중 듣기 싫어하는 말 중 하나가 '써보자.'일 것이다. 과연 쓰기에 대한 이러한 인식은 아이들에게만 국한된 것일까? 어른들 역시 '써보실래요?'라는 말에 흠칫 놀라는 마음이 드는 것은 마찬가지이다. 아이들이 글쓰기가 어렵다고 느끼는 이유는 대체로 비슷하다.

> 글쓰기 숙제가 싫어요. 국어 시간에 글쓰기가 너무 많아요.
> 글을 처음에 어떻게 시작해야 할지 모르겠어요.
> 다 썼는데 완성된 글이 너무 짧아요.

아이들은 글을 잘 쓰는 방법이 있다는 것을 알지 못한다. 어떻게 써야 할지 모르기 때문에 쓰는 것이 어려워지고, 어렵기 때문에 쓰기 싫어지는 악순환이 반복된다.

내가 이해하고 있는 것을 표현하는 것은 짜릿한 희열을 느끼게 한다. 쓰기 교육은 이 본능을 자극하고 실현하는 가장 기본적인 방법이다. 아이들은 자신의 감정과 생각을 글로 표현하는 경험을 통해 자신을 존중하고 다른 사람을 받아들이는 법을 배운다.

1장 글쓰기 준비하기

바른 글씨 쓰기

초등학교에 입학한 후 가장 먼저 배우는 것은 바른 자세로 앉기, 연필을 바르게 쥐기, 정확한 획순으로 한글 쓰기이다. 요즘에는 스마트 기기의 영향으로 글씨 쓰는 기회가 상대적으로 많이 줄어들었다. 하지만 손은 학습 능력을 습득하는 데 중요한 역할을 하는 대뇌와 가장 밀접한 신체 기관으로, 바르게 글씨를 쓴다는 것은 단순히 '예쁜' 글씨를 쓴다는 것과는 다른 의미가 있다.

다음은 바르게 글씨 쓰기의 좋은 점이다.

• 글쓰기에 대한 자신감을 키운다

글씨체가 바르지 않으면 내가 쓴 글을 다른 사람들이 읽고 이해할 수 없다. 문자 사용의 목적은 기록과 전달이다. 그런데 글씨를 알아보지 못해 그 의미가 훼손되어 제대로 전달되지 않는다면 과연 그 문자는 기록으로서의 가치를 가진 것일까? 또한 바르지 못한 글씨를 여러 번 지적받다 보면 내가 쓴 글이 점점 부끄러워지고 글쓰기가 두려워지는 악순환이 생긴다. 반대로 글씨체가 바르면 나의 글씨가 담긴 기록물을 대하는 태도가 긍정적으로 형성돼 글쓰기에 대한 자신감을 키워주고, 그 자신감은 글쓰기 능력을 기르는 데 아주 큰 양분이 된다.

• 집중력과 기억력을 기른다

손글씨 쓰기는 디지털 기기를 활용해 글을 썼을 때보다 훨씬 다양한 손의 근육을 자극한다. 손 근육의 자극은 언어 능력을 담당하는 전두엽의 자극으로 이어진다. 전두엽은 인간의 이성적인 사고와 판단, 행동과 감정의 조절을 담당한다. 학습적 차원에서도, 충동 조절의 면에서도 전두엽의 역할이 매우 큰 데에 비해 과도한 정보의 입력과 즉각적인 반응이 요구되는 현대 사회에서는 전두엽을 발달시킬 기회가 크게 줄어들고 있다. 손글씨 쓰기는 생활 속에서 쉽게 전두엽을 활성화하는 방법 중 하나이다.

• 바른 자세를 갖게 한다

바른 글씨를 쓰려면 먼저 자세를 바르게 잡아야 한다. 글씨체가 바르지 않은 아이들은 앉아 있는 자세가 바르지 않은 경우가 대부분이다.

• 학습 능력에 긍정적인 영향을 미친다

글씨를 바르게 쓰지 않으면 학습 상황에서 불편한 일이 생긴다. 쓰는 습관이 잘 갖추어져 있지 않으면 시각, 청각을 통해 받아들인 정보를 제대로 정리하지 못해 풀이 과정을 쓰다가 자신이 써놓은 글씨를 알아보지 못해 문제를 틀리는 등의 문제가 발생한다. 글씨를 쓰는 것은 손과 눈의 협응력을 통해 이루어지는 작업이므로 공부한 내용을 오래 기억하고 그것을 조직화, 정교화하기 위해서는 바르게 글씨 쓰기를 습관화하는 것이 바람직하다.

• 시간이 흐르면 교정이 어렵다

글씨 쓰기는 대표적인 소근육 발달 활동으로 한번 익힌 글씨는 쉽게 바뀌지 않는다. 글씨를 쓰면 손가락이 미세 신경을 자극해 균형 감각과 운동 신경을 발달시킨다. 그렇기 때문에 글씨를 잘 쓰는 아이들은 대체로 색칠하기나 가위질, 종이접기 같은 조작 활동 능력도 뛰어나다. 특히 손과 뇌의 협응 능력이 발달하는 초등학교 저학년 시기에 글씨를 바르게 쓰는 습관을 들이지 않으면 학습 습관이 거의 자리 잡은 고학년이 되어서는 교정하기가 더욱 어렵다. 글씨 쓰기 훈련이 제대로 되지 않으면 글씨 쓰는 속도는 현저히 떨어지는데 쓰는 분량은 점점 늘어나 학습에도 지장을 주게 되므로 초등 저학년에 바르게 글씨 쓰는 습관을 들여야 한다. 바른 글씨체는 아이의 자신감과 학습 능력을 키워주고 성인이 된 후에도 따라오는 재능이다.

글씨 쓰기는 일종의 기능이므로 한번 글씨 쓰는 자세가 굳으면 고치기 어려운 특성이 있다. 아무리 내용이 좋은 글이라도 글씨가 바르지 않으면 글을 제대로 읽기가 어렵다. 바르게 앉기, 연필 바로 잡기를 시작으로 필순에 맞게 글씨를 쓰는 능력을 길러야 한다.

① 연필은 집게손가락과 가운뎃손가락 사이에 살짝 끼워 엄지손가락으로 누른다.
② 연필대는 집게손가락의 첫째 마디 즉 연필의 3~4cm 되는 곳에 닿도록 가볍게 쥔다.
③ 연필과 지면의 각도는 60° 정도로 유지하고, 연필대를 너무 세우거나 너무 눕히지 않
　도록 주의한다.
④ 주먹은 달걀 쥐는 듯한 정도의 공간을 유지한다.
⑤ 새끼손가락은 자연스럽게 구부려 종이에 닿게 하고, 가운뎃손가락의 첫 번째 마디로
　연필을 받친다.

글씨를 쓰는 올바른 자세

① 의자는 책상 밑으로 조금 들어가도록 앉는다.
② 책상과 배 사이에 주먹 하나가 들어갈 정도의 간격을 유지하고, 등과 의자 뒷면 사이
　에도 주먹 하나가 들어갈 수 있도록 의자를 놓는다.
③ 허리를 곧게 펴고 고개는 앞으로 조금만 숙인다.
④ 글씨를 쓰는 손의 팔꿈치와 손목의 중간 부분이 책상 앞 모서리에 닿도록 하고, 종이
　가 움직이지 않도록 나머지 한 쪽 손으로 종이를 잡는다.
⑤ 종이는 가슴 오른쪽 앞에 놓고, 연필을 쥔 손이 오른쪽 가운데가 되도록 글씨를 쓴다.
　이때 종이에 몸을 맞추는 것이 아니라 몸에 종이를 맞춰 놓아야 한다.

　글자의 모양을 익혀 바르게 글씨를 쓰기 위해서는 교과서에 제시된 보조선을 적극적으로 활용하고 덮어쓰기나 시필점 찾기 등을 활용하여 자음자와 모음자를 차례대로 써야 한다. 또한 자형과 글자의 간격을 고려하여 글자 쓰는 순서 등을 익혀 음절이나 단어를 차례에 맞게 바르게 쓸 수 있도록 한다.

　공책을 어디에 두고 쓰느냐도 중요하다. 오른손잡이를 기준으로 공책을 몸의 약간 오른편에 놓고 왼손으로 공책이 움직이지 않도록 잘 고정한 다음 글씨를 정성스럽게 써내려가야 한다.

교과서에 제시된 쓰기 자료만 활용한다고 해서 글씨를 잘 쓸 수 있는 것이 아니다. 글씨를 바르게 쓰는 방법을 연습하고, 손의 힘을 기르기 위해 읽기 책의 제재글로 구성된 경필 교재를 이용하여 다양한 글자의 모양을 살펴보고, 칸에 가운데에 오게 글씨 쓰기, 바탕 글자를 보고 따라 쓰기를 실시하였다. 글씨를 바르게 쓰는 것은 마음을 곧게 하는 것과 같다.

글 읽기, 쓰기를 돕는 받아쓰기

받아쓰기는 단순히 문자 습득을 위한 철자 교정에 한정되는 것이 아니라 학생들의 전반적인 어휘 및 언어 습득 능력을 측정할 수 있으며 추후 학습에도 유용하게 활용할 수 있는 도구이다. 또 평소 아이들의 듣기, 읽기, 쓰기의 태도와 습관을 보여준다. 받아쓰기의 본래 목적은 맞춤법을 점검하고 교정하는 데 있는 것이 아니라 아이들의 읽기와 쓰기를 돕는 것이다. 글을 읽을 때 문장을 잘 이해하고 있는지, 띄어쓰기와 낱말의 뜻은 이해하고 있는지 등을 파악해 적절한 도움을 줄 수 있기 때문이다.

교실에서 받아쓰기 시험을 예고하면 몇몇 아이들은 집에서 쓰기 연습을 하고 온다. 시험이 끝나고 나면 열 개 중에 몇 개를 맞았는지 무척이나 궁금해 한다. 한두 개 틀렸는데도 집에 가면 엄마가 틀린 문장을 열 번씩 쓰라고 한다며 얼굴이 하얘지는 아이도 있다.

받아쓰기를 잘하기 위해서는 여러 번 반복해 쓰기보다는 여러 번

소리 내 읽는 것이 더욱 더 효과적이다. 굳이 쓰기 연습을 하지 않아도 여러 번 천천히 소리 내 읽다 보면 철자와 문장의 구조를 자연스럽게 익힐 수 있다. 아이들이 이해하기 힘들어하는 어휘는 부모나 교사가 쉽게 풀어 설명해주면 된다.

다음은 효과적인 받아쓰기를 위한 몇 가지 도움말이다.

- 낱말 받아쓰기와 전체 문장 받아쓰기를 유통성 있게 혼합해 실시한다.
- 처음 받아쓰기를 시작할 때는 '의미 난이도'와 '표기 난이도' 중 일단 '표기 난이도'에 초점을 맞추어 받아쓰기를 진행한다. 읽기 교과서가 모든 학생이 받아쓸 수 있는 것을 전제로 한 것이 아니기 때문이다.
- 한글 해득이 집중적으로 필요한 아이들의 경우 다른 아이들과 함께 받아쓰기를 실시하지 않고 각각의 낱말 단계를 설정하여 받아쓰기를 실시한다.

글쓰기의 힘, 어휘력 기르기

아이들과 수업 하다 보면 의외의 순간에서 막히는 경우가 있다. 눈을 동그랗게 뜨고 난생처음 들어본 것 같은 표정으로 묻는다. "선생님, 이 말 무슨 뜻이에요?"

포노 사피엔스. 스마트 기기가 없이 생활하는 것을 힘들어하는 요즘 세대의 아이들을 지칭하는 용어다. 의미 없는 단답형의 텍스트를 주고받을 때는 정선된 어휘가 필요하지 않다. 아이들이 평가 문항을 어려워하고 틀리는 이유 중 하나도 바로 어휘력이다. 평가 과정에서 막히는 상황은 대부분 문제나 지문 속의 낱말의 뜻을 이해하지 못해 생긴다.

글쓰기의 기본 단위는 낱말이다. '어휘의 한계가 세계의 한계다.'라는 말처럼 인간은 자신이 알고 있는 어휘만큼 이해하고 생각할 수 있다. 하지만 이 어휘력은 일상적인 대화를 많이 한다고 해서 길러지는 것은 아니다. 아이가 엄마와의 끊임없는 대화를 통해 일상생활에 필요한 기본적인 어휘를 습득한다고 해서, 친구들과 매일 즐겁게 대화를 한다고 해서 읽기 능력이 길러지는 것은 아니기 때문이다. 주변 사람들과 주고받는 일상적인 대화는 어느 수준 이상의 어휘 자극을 줄 수 없다.

책 읽기는 어휘력 신장을 위한 가장 정확한 방법이다. 그리고 가장 빠른 방법이다. 책은 수많은 어휘를 담고 있는 보물 창고이다. 어휘력은 단어의 뜻을 정확히 알고 있는 것을 뛰어넘어 그 단어와 비슷하거나 반대되는 단어의 의미까지 추리하고 이해하고 표현할 수 있는 능력이기 때문이다. 다양한 낱말을 이해하고 문맥에 맞게 활용할 수 있는 어휘력은 글을 잘 쓰는 데 필요한 핵심 능력 중 하나이다.

◇ 단어장 만들기

스스로 어휘력을 점검하고 기르기 위해 공책을 한 권 활용해 책을 읽다 모르는 낱말이 나왔을 때 정리하는 습관이 필요하다. 모르는 단

낱말	
짐작한 뜻	
사전 뜻	
짧은 글	

어와 뜻을 단어장에 쓰고, 국어사전으로 뜻을 찾기 전에 글의 앞뒤 맥락을 통해 단어의 뜻을 짐작해본다. 모르는 단어나 문장이 나올 때마다 그림을 살펴보고 이야기의 흐름이나 자신의 경험 속에서 그 의미를 추론하는 과정은 아이들의 독해 능력을 기르는 데 큰 도움이 된다.

◇ 국어사전 찾는 습관 들이기

글 속에서 단어의 의미를 여러 번 추측해보아도 그 뜻을 정확히 알 수 없다면 국어사전을 활용해 정확한 뜻을 찾아보아야 한다. 요즘은 검색창에 단어 하나만 넣으면 그 단어의 뜻을 쉽게 알 수 있다. 사전에는 단어의 뜻뿐만 아니라 그 단어가 생기게 된 배경, 단어와 관련된 관용 표현, 유의어 등이 함께 나와 있어 어휘력 향상에 도움이 된다. 또한 단어가 쓰인 짧은 글도 볼 수 있어 단어가 활용된 여러 맥락을 파악할 수 있어 단어의 의미를 더욱 쉽게 이해할 수 있고 글쓰기에 도움을 얻을 수 있다. 다만 인터넷 국어사전도 그 종류가 매우 다양하므로 종이 사전이 아닌 인터넷 사전을 활용할 때는 국립국어원 표준국어대사전과 같은 검증된 사전을 활용하는 것이 바람직하다.

국립국어연구원에 따르면 표준국어대사전에 실린 주표제어 중 절반 이상이 한자라고 한다. 우리가 쓰는 낱말 대부분이 한자로 이루어져 있기 때문에 한자를 익혀 잘 아는 것은 어휘력을 늘리는 데 도움이 된다. 처음 보는 단어라 할지라도 한자의 뜻을 알고 있다면 단어의 뜻을 쉽게 유추할 수 있다. 이때에는 새로운 한자어를 한 번에 많이 공부하려고 하기보다는 이미 알고 있는 단어 속에서 한자어를 찾아 그 의미를 유추해 그 범위를 확장하는 것이 더욱 더 효과적이다.

생각을 꺼내는 다양한 창의 기법

생각 그물 (마인드맵)

생각 그물은 하나의 주제나 사물에 대해 마음속에 떠오르는 생각이나 이미지를 자유롭게 정리하는 기법으로, 각각 흩어져 있던 정보들을 한눈에 볼 수 있도록 정리할 수 있다. 또한 자유로운 흐름에 따라 사고하면서 핵심 주제에 대해 나열되거나 대립된 사물의 개념을 하나의 의미로 묶어내므로 독창적이고 종합적인 사고 능력 향상에 매우 유용한 방법이다. 아이들은 생각 그물 활동을 통해 유창성과 융통성은 물론 사고의 종합력을 향상할 수 있다.

생각 그물은 공책 정리 시에도 유용하게 사용할 수 있는 기법이다. 특히나 사회, 과학과 같이 개념의 구조화가 필요한 과목에는 생각 그물로 내용을 정리하는 것이 큰 도움이 될 수 있다. 소단원이 끝날 때마다 해당 주제에 대해 배운 핵심 개념을 다발 짓게 하여, 학생들의 머릿속에서 각각의 개념이 분절되지 않고 유기적으로 연결될 수 있게 했다.

◇ 저학년 적용 사례

통합 교과 중 〈꿀벌의 여행〉을 감상하고 그 느낌을 몸으로 표현하는 활동에 생각 그물을 활용했다. 소리를 몸짓으로 표현한다는 것은 생각보다 간단한 일이 아니다. 음악의 주제에 관해 떠오르는 느낌이나 경험을 최대한 많이 떠올려봐야 음악을 들었을 때 더 많은 아이디어를 생성할 수 있다.

도입 단계에서는 봄에 볼 수 있는 풍경을 떠올리며 학습 동기를 유발했다. 오늘 감상할 음악이 '꿀벌의 여행'이라는 것을 알려주고, 꿀벌에 대해 떠오르는 것을 생각 그물에 나타냈다. 이때, 한글 해득이 덜된 아이들은 그림으로 자기 생각을 표현할 수 있도록 안내했다. 이때 중요한 것은 교사가 아이들의 다양한 사고를 자극할 수 있도록 다

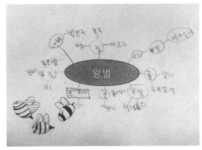

양한 발문과 예시로 유도하는 것이다.

생각 그물을 다 만들고 나서 〈꿀벌의 여행〉 이야기를 듣고 음악을
감상하며 음악 속 꿀벌의 움직임을 상상해 손가락으로 표현했다. 자
신이 생각한 꿀벌의 움직임을 생각하며, 꿀벌이 되어 자유롭게 교실
을 돌아다녔다. 생각을 충분히 떠올린 후 활동을 진행하자 아이들도
표현 활동에 더 즐겁고 적극적으로 임하는 것을 볼 수 있었다. 모둠
에서 역할을 나누어 '꿀벌의 여행' 이야기를 꾸미고 활동을 되돌아보
는 것으로 수업을 마무리했다.

◇ 고학년 적용 사례

학기 초 국어 시간에 '방학이 사라졌다'를 주제로 시 쓰기 활동을 전
개했다. 고학년 아이들은 어느 정도 동시를 많이 접했고 어휘력도 좋
으니 시를 곧잘 써낼 수 있을 것이라는 내 생각은 오산이었다. 행과 연
의 개념조차 낯설어하는 것은 물론이고, 비유적 표현이나 순간에 대한

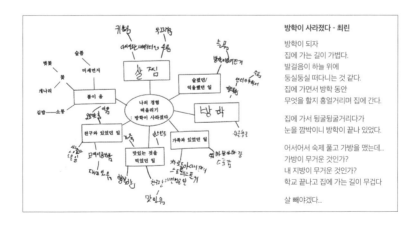

방학이 사라졌다 - 최린

방학이 되자
집에 가는 길이 가볍다.
발걸음이 하늘 위에
둥실둥실 떠다니는 것 같다.
집에 가면서 방학 동안
무엇을 할지 흥얼거리며 집에 간다.

집에 가서 뒹굴뒹굴거리다가
눈을 깜박이니 방학이 끝나 있었다.

어서어서 숙제 풀고 가방을 맸는데...
가방이 무거운 것인가?
내 지방이 무거운 것인가?
학교 끝나고 집에 가는 길이 무겁다

살 빼야겠다...

포착 없이 산문 비슷한 글만 써낸 아이들이 대다수였다.

아이들이 주제와 관련된 자신의 경험, 그리고 인상 깊은 어떠한 순간을 더욱 잘 포착할 수 있도록 생각 그물 기법을 활용했다. 종이 한가운데에 '방학이 사라졌다'라는 주제를 쓰고, 주제에 관해 떠오르는 생각을 다발 지어 쏟아냈다. 그중 시에 쓰고 싶은 아이디어들을 뽑아내어 정리한 다음, 알맞은 언어로 이를 표현했다.

다 쓴 작품은 스스로 고치기, 친구와 함께 고치기, 선생님과 함께 고치기의 세 단계를 거쳤다. 이 과정에서 아이들은 미처 자신이 생각하지 못했던 점을 깨닫기도 하고 도움이 되는 새로운 아이디어를 얻기도 했다. 행과 연의 개념이 익숙하지 않은 아이들은 세 번째 피드백 단계에서 개별적으로 지도했다. 다 고친 작품은 띵커벨 보드에 탑재하여 다른 학생들과 감상하며 생각을 나누었다.

축사고

축사고는 사고 과정을 범주화하여 새로운 사고를 가능하게 하고, 다양한 사고의 형식을 제공하는 수업 기법이다. 사고의 확장을 위해 '만약 ~라면?'이라는 물음을 바탕으로 시간 축, 공간 축, 주제 축, 인물 축 등 '축' 개념을 도입한다.

시간 축, 공간 축, 주제 축, 인물 축의 변화로 중심 주제에 대한 유연한 사고가 가능하고 다양한 방향으로의 사고 확장을 경험할 수 있다.

◇ **저학년 적용 사례**

국어 수업 중 글을 읽고 비슷한 경험을 떠올려 글을 쓰는 활동에 축사고를 활용했다. 아이들이 경험을 떠올려 글을 쓰는 것에서 머무는 것이 아닌, 시간 축, 공간 축, 인물 축을 바꾸어 '만약 ~라면?'으로 생각하게 함으로써 사고의 확장을 경험하는 것이다.

도입 단계에서는 이야기 뽑기 상자 활동으로 생각을 열었다. 상자 안에는 여러 가지 경험에 관해 이야기 할 수 있는 주제 쪽지가 있는데, 모둠별로 뽑기 상자에서 주제를 뽑은 다음 그 주제에 대한 자신의 경험을 이야기하는 활동이다. 이를 통해 글의 내용과 비슷한 자신의 경험을 떠올려 글을 써보자는 학습 목표를 설정했다.

충분한 발문으로 이야기의 내용을 파악하고, 이야기 속 인물의 경험을 살펴보며 인물의 마음을 헤아리고 색으로 표현했다. 이를 바탕으로 글에 나온 주인공처럼 언제 심심했는지, 그때 무슨 생각이 들었는지, 심심할 때 어떻게 했는지 구체적인 질문을 만들어 보며 나의 경험을 자세하게 떠올릴 수 있도록 유도했다.

다 쓴 후에는 축사고 기법을 활용해 이야기를 바꾸었다. 이때 저학년 아이들의 입장에서는 시간 축, 공간 축, 인물 축의 개념이 어렵게 느껴질 수 있으므로 충분한 예와 설명을 들어주도록 했다. 꾸민 이야기를 원래 나의 경험과 비교해보며 수업을 마무리했다.

◇ **고학년 적용 사례**

아이들이 공부하기 싫을 때 자주 하는 말이 있다. "선생님 피구해요.", 그리고 "선생님 영화 봐요."

나는 수업에 영화를 자주 활용하는 편이다. 아이들에게 흥미로우면서도 교육적으로 해롭지 않은 영화를 신중히 골라 활용하면 아이들이 흥미를 유지하면서도 학습 목표에 도달할 수 있는 수업을 구성할 수 있다.

그 무렵 수학 시간에 나는 틈틈이 영화의 짧은 장면들을 스토리텔링으로 소개하며 수업에 활용했다. 그렇게 하면 수학 시간에 대한 학생들의 거부감이 줄어들고 학습 동기를 유지할 수 있기 때문이었다. 영화를 보고 싶어서 수학 시간을 기다리는 아이도 있을 정도였다. 다만 영화를 수업 동기유발 목적으로만 보는지라 아이들에게 단순 흥밋거리 이상의 의미가 없다는 점이 항상 아쉬웠다. 그래서 해당 영화를 다 보고 후속 활동으로 글쓰기를 해보기로 했다.

영화의 내용을 함께 정리한 뒤, 이야기의 배경을 시간 축, 공간 축,

영화 〈세 얼간이〉를 보고

시간 축	이야기의 배경이 아주 옛날이었으면 란초는 우리나라의 장영실처럼 시대를 앞서가는 발명가가 되었을 것 같다.
공간 축	장소가 한국이었으면 등장인물들은 차를 타고 오랫동안 운전하지 않고 KTX를 타고 빠르게 란초를 찾아갈 수 있었을 것이다.
인물 축	바이러스 교수님이 처음부터 좋은 사람이었다면 세 얼간이가 가진 특별함을 알아보고 자기 재능을 펼칠 수 있도록 도와주었을 것이다.
시간, 공간, 인물 중 하나를 내가 원하는 것으로 바꾼다면?	공간을 한국으로 바꾸어 우리나라 최고의 명문대 학생들 사이에서 벌어지는 일을 써보고 싶다.

인물 축으로 나누었다. 시간, 공간, 인물을 자신이 원하는 대로 바꾼다면 어떤 일이 일어날지 상상하여 간단한 문장으로 쓰게 한 다음, 세 가지 내용 중 하나를 선택하여 좀 더 긴 이야기로 풀어 쓰게 했다. 이때 '~했다'로 끝나는 지문뿐 아니라 대사, 의성어, 의태어 등을 자유롭게 쓰도록 안내하여 더 풍성한 글이 될 수 있도록 했다.

완성된 글은 서로 바꾸어 읽고, 발표를 통해 공유하며 감상했다. 이미 있는 이야기를 토대로 나만의 이야기를 새롭게 상상하고 창조하는 것. 아이들은 영화를 통해 소설 창작의 기초를 배웠다.

두 줄 생각

'두 줄 생각'은 창의적 문장 검사의 한 방법으로 자신의 생각을 두 줄로 표현하는 방법이다. 첫 번째 문장은 비유를 사용하고, 두 번째 문장은 그렇게 비유한 까닭을 적는다. 두 줄 생각 기법을 활용함으로써 언어의 유창성과 융통성을 기를 수 있고 유추 능력을 기를 수 있다. 또한 독창적인 생각을 만들어내는 데에도 효과적이다.

이 활동은 문학적 표현을 위한 비유를 연습하는 데 특히 효과적이다. 대상을 직관적으로만 이해하는 것에 익숙했던 아이들은 대상의 특징을 분석하고, 같은 특징을 가진 다른 대상과 관련 짓는 것을 연습한다. 아이들은 자신의 아이디어를 다른 사람과 공유하면서 미처 생각지 못한 것을 깨닫기도, 다른 사람에게 깨달음을 주기도 한다. 나아가 자신을 둘러싼 여러 대상에 대하여 깊이 고찰하는 힘을 기를 수 있다.

◇ 저학년 적용 사례

짧고 간단한 글쓰기 연습부터 시작해야 할 저학년 아이들에게 두 줄 생각은 매우 좋은 쓰기 활동이다. 아이들에게 두 줄 쓰기는 정해진 틀의 빈칸을 채우기만 하면 된다는 점에서, 그리고 기본적으로 두 줄만 쓰면 된다는 점에서 쓰기 부담을 낮출 수 있다. 때에 따라 쓰기 수준이 높은 편인 아이들은 두 줄을 넘어 더 길게 쓸 수 있도록 지도할 수 있다.

두 줄 생각은 매우 다양한 주제에서 활용할 수 있다. 교실에서 함께 책을 읽고 독후 활동을 할 때, 책의 핵심 낱말 또는 등장인물의 이름을 첫 번째 칸에 넣어 글쓰기를 시도할 수 있다. 이 활동을 통해 아이들은 책의 내용을 더 잘 파악할 수 있고 책이 가진 의미를 자신의 언어로 말할 수 있다.

인성교육에서도 두 줄 생각을 활용했다. 우정, 배려, 칭찬, 사과 등 친구들과 사이좋게 지내는데 필요한 가치들에 대한 자기 생각을 써 보도록 했다. 이를 통해 아이들은 추상적이라고 생각했던 가치에 대해 깊이 생각할 수 있고, 이러한 가치에 대해서 스스로 의미를 부여

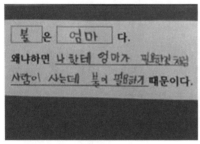

《천하무적 조선소방관》을 읽고

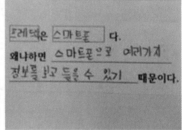

《프레드릭》을 읽고

하고 내면화할 기회를 얻는다.

발달 단계상 저학년은 아직 자기중심성이 강한 시기이다. 아이들은 학교라는 작은 사회를 시작으로 선생님, 친구들 등 새로운 사람들과 관계를 맺으며 사고를 확장한다. 그러면서 자신을 둘러싼 주위 세계의 경계를 허물고 이를 창의적이고 독창적인 자신만의 의미로 다시 쌓는다.

◇ **고학년 적용 사례**

오전 시간, 특히 1교시는 아이들에게도 교사에게도 매우 힘든 시간이다.

두 줄 생각 활동은 아침 워밍업 활동으로 활용하기 매우 적당하다. 아이들과 함께 글을 쓰는 것이 장기적인 프로젝트가 된 이후로 아침 독서 시간이 끝난 직후, 혹은 1교시가 시작할 때 두 줄 생각 활동을 꾸준히 진행했다. 매일 다른 아이들이 돌아가면서 주제를 정하고, 모든 아이가 그에 대한 두 줄 생각을 적었다. 다 쓰면 자신의 두 줄 생각을 교실 앞 학습판에 붙여 다른 친구들과 공유했다. 다음 날 주제는 하교 전 미리 정한다.

활동을 처음 시작하는 시기에는 교사가 아이들의 글을 주

의 깊게 읽어보고 꼼꼼히 지도해야 한다. 깊이 생각하는 것, 또는 자기 생각을 다른 사람들에게 드러내는 것에 거부감을 가지고 있는 아이들의 글은 더욱 시간과 정성을 쏟아 살펴주어야 한다. 비유의 의미를 잘 이해하지 못하는 아이들 또한 많다. '금요일은 금요일이다. 왜냐하면 금요일이기 때문이다.', '금요일은 좋다.' 식의 글이 나오기 일쑤다. 활동 초기에 쓰기 방법과 방향을 잘 안내한다면 곧 매일 아침 아이들의 반짝이는 아이디어로 교실 분위기가 즐거워질 것이다.

이 활동을 통해 교사는 아이들이 어떤 생각과 경험을 가졌는지 파악할 수 있으며, 아이들은 친구들의 생각을 보며 타인의 관점을 이해하고 미처 생각지 못한 깨달음과 즐거움을 얻을 수 있다. 나아가 글쓰기를 어렵고 막막한 것이 아닌, 생각보다 간단하고 재미있는 것으로 여기게 될 것이다.

연꽃 기법

연꽃 기법은 연꽃 모양으로 아이디어를 확장해 나가는 사고기법을 활용한 방법으로 MY 기법, 만다라트 기법이라고도 한다. 이 기법은 아이디어나 문제 해결의 방법을 다양한 측면에서 얻기 위해 하나의 주제에 대한 하위 주제를 설정하고 그 하위 주제와 관련된 다양한 아이디어를 확장해 나간다. 이렇게 구조화된 아이디어는 주제나 문제를 해결하는 데 필요한 해결책을 선정하는 데 도움이 된다.

연꽃 기법은 교과 수업 중 여러 개념이나 주제에 대한 심화·확장뿐만 아니라 학급 경영이나 인성교육 등 교실 활동 전반에서 두루 활용할 수 있다.

1. 3×3칸으로 된 사각형을 중심으로, 주변의 같은 모양의 사각형을 8개 배치해 총 9개를 준비한다.

2. 중앙에 있는 사각형의 가운데에 해결하고자 하는 문제나 중심 주제를 적는다.

3. 주변에 중앙에 쓰인 문제나 주제와 관련된 하위 주제, 다양한 해결책, 용도, 관점 등의 아이디어를 기록한다.

4. 중심 주제에 대한 하위 아이디어가 다시 주변에 있는 사각형의 중심 주제가 된다.

5. 8개의 하위 주제에 대한 새로운 아이디어로 나머지 칸을 채운다.

6. 각각의 하위 주제에 대한 적절한 아이디어를 조합하여 최선의 방법을 이끌어낼 수 있도록 토의하거나 평가한다.

연꽃의 꽃잎들은 가운데를 중심으로 밀집되어 있고, 바깥으로 펼쳐진다. 가운데 네모 칸을 둘러싸고 있는 8개의 칸은 해결책, 독창적인 생각, 주제의 확대 등 핵심 생각과 관련이 있는 것들로 이루어진다.

◇ 저학년 적용 사례
통합 교과의 '나' 단원 도입에서 연꽃 기법을 활용했다. '나'라는 키워드에 대한 아이디어를 생성하고, 이를 묶어 단원에서 학습할 주제를 알아보는 것이다.

'아이엠 그라운드 자기소개하기' 게임으로 수업 동기를 유발했다. 먼저 연꽃 기법이 무엇인지 알아보았는데, 연꽃 기법은 내 생각을 연꽃 모양으로 펼쳐가는 방법으로 생각 그물의 방법과 비슷하고, 하나의 문제에 대한 해결 방법을 생각해내는 데 쓰일 수 있다는 점을 안내했다. 연꽃 기법이 익숙지 않은 아이들을 위해 예시 자료를 제시하여 학생들의 이해를 돕도록 했다. 빈칸이 너무 많으면 부담을 느낄 수 있으므로 중간중간 예시 단어를 제시하기도 했다.

연꽃기법 저학년 적용 사례

한복	파	카레	아빠	엄마	둘째언니	텃밭	선생님	행주
안경	싫어해요	가지	할아버지	가족	큰 언니	바다	00분교	누룽지
머리띠	지네	바퀴벌레	할머니	나	동생	언니오빠	언덕길	카레
부끄러움이 많음	잘 웃음	비밀을 잘 지킴	싫어하는 것	가족	○○분교	꽃	핸드폰	tv
말이 없음	성격	느림	송곳	나	좋아하는 것	사과	좋아해요	컴퓨터
귀찮음	눈물이 많음	잘 들어	꿈	습관	자랑	귤	밥	숙제
과학자	곤충 학자	요리사	물 마시기	글씨를 바르게 씀	일찍 일어나기	핸드폰	책	노래
변호사	꿈	의사	멍 때리기	습관	이불을 안덮음	꽃님이	자랑	글씨
검사	간호사	선생님	웃을 때 박수치기	책 읽기	손톱 물어 뜯기	가족	동네	필통

170

아이들이 연꽃 기법을 잘 이해했으면 '나'에서 배울 내용에는 어떤 것이 있는지 살펴보도록 했다. 교과서의 내용을 개략적으로 살펴보고, '나'에 대해 어떤 주제로 공부하게 될지 중심 주제를 정리했다. 좋아하는 것, 싫어하는 것, 학교, 가족, 성격, 자랑거리, 습관, 꿈 등 여러 하위 주제가 나왔다. 그 하위 주제에 대한 새로운 아이디어를 채워 넣어 자기만의 연꽃을 완성하여 소개했다. 이를 토대로 단원의 학습 내용과 순서를 알아보고 소감을 발표하며 수업을 마무리했다.

◇ 고학년 적용 사례

토의의 절차 중 의견 마련하기 단계에서 연꽃 기법을 활용했다. 우리 학급의 날을 하루 정하고, '학급의 날에 어떤 활동을 할 것인가?'를 주제로 학급 회의를 하는 시간이었다.

아이들은 중앙에 있는 사각형의 가운데에 '학급의 날'을 쓴 다음, 그 주변에 학급의 날 활동에 관해 게임 하기, 체육 하기, 파티하기, 영화 보기 등 다양한 아이디어를 모둠 친구들과 함께 기록했다. 아이디어 생성을 마친 모둠은 그중 가장 적절한 아이디어를 골라내어 모둠 의견으로 채택하고 해당 의견에 대한 근거를 마련했다. 이렇게 마련된 모둠 의견은 토의 주제에 맞는 의견인지, 주장과 근거가 적절한지, 현실적으로 실천 가능한지 등의 기준으로 평가했다.

의견 모으기 단계에서는 모둠 칠판에 각 모둠의 의견과 까닭을 쓰고 발표한 다음, 학급 투표로 가장 적절한 아이디어를 회의 결과로 결정했다. 이렇게 결정된 학급의 날 활동은 '피구 하기'와 '영화 보면서 과자 파티하기'였다. 활동이 결정된 후에는 추가적인 토의를 통해

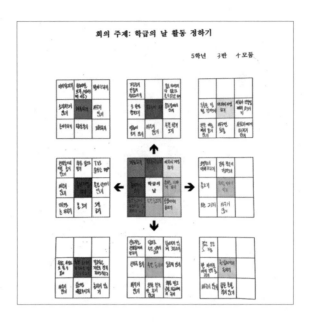

그 시간에 볼 영화와 학급의 날 규칙 정하기까지 마쳤다.

토의 수업에 연꽃 기법을 활용하면 의견 마련하기 단계에서 매우 오랜 시간이 걸리기는 한다. 그러나 아이들은 그만큼 자기 생각을 신중하게 구체화하고 기준에 따라 각 의견을 평가하며 결과적으로 가장 타당하고 신뢰도 있는 의견을 마련할 수 있다. 또한 신중한 고민 끝에 결정된 의견이니만큼, 이를 이행했을 때 아이들의 만족도 또한 더 높다.

SWOT 기법

SWOT 기법은 미국의 경영컨설턴트인 알버트 험프리(Albert Humphrey)에 의해 고안된 마케팅 전략으로 출발해 최근엔 경영학 이

172

1. SO전략(강점-기회 전략): 기회를 활용하기 위해 강점을 사용하는 전략

2. ST전략(강점-위협 전략): 위협을 회피하기 위해 강점을 사용하는 전략

3. WO전략(약점-기회 전략): 약점을 극복함으로써 시장의 기회를 활용하는 전략

4. WT전략(약점-위협 전략): 위협을 회피하고 약점을 최소화하는 전략

외의 분야에서도 두루 활용되고 있다.

SWOT에서 S는 Strength(강점)이다. 문제 상황을 해결하는 데 활용할 수 있는 자신의 강점을 가능한 한 많이 쓴다. W는 Weakness(약점)으로 문제 상황을 해결하는 상황에서 작용할 수 있는 자신의 약점을 기록한다. O는 Opportunity(기회)이다. 문제 해결에 유리하게 작용할 수 있는 주변 상황을 기록하고, T는 Threat(위협)으로 문제 해결에 위협적인 요소들을 기록한다. 이때 각 요인의 조건을 풍부하게 만들기 위해 브레인스토밍 기법을 활용할 수 있다.

SWOT 기법은 문제 해결 상황에서 자신의 강점이나 약점 요인뿐만 아니라 기회 요인과 위협 요인이라는 주변 환경까지 고려할 수 있다는 장점이 있다. 또 분석 과정을 통해 즉각적으로 다양한 해결 방법을 구상할 수 있다.

◇ 저학년 적용 사례

나 자신의 모습을 되돌아보는 활동에 SWOT 기법을 활용했다. 나의 재능과 흥미를 찾고, 이에 근거하여 미래 나의 모습을 상상해보는 진로 활동에는 자기 자신에 대한 객관적인 성찰이 필수적이다. 자신의 모습을 돌아보는 것이 단순 반성에서 끝나지 않도록 나의 강점을 부각하면서도 약점을 보완할 수 있는 전략에 대해 알아보았다. 먼저 나의 평소 모습, 성격, 특징 등 나 자신에 관한 브레인스토밍을 했다. 그것을 토대로 SWOT 학습지에 나의 강점(S), 약점(W), 나에게 유리한 주변 상황(O), 나에게 불리한 주변 상황(O)을 구분하여 기록했다. 그다음 SO 전략, ST 전략, WO 전략, WT 전략으로 나의 강점, 약점, 기회, 위협이 서로 어떤 영향을 미칠 수 있는지 생각해보고 그에 맞는 전략을 세웠다.

SWOT 기법 자체를 접한 경험도 없고, 각 항목이 무엇을 뜻하는지도 헷갈리다 보니 아이들이 아이디어를 쉽게 떠올리지 못할 수 있다. 이에 교사는 각 항목과 전략의 의미를 아이들이 이해할 수 있도록 풍부한 예시와 발문으로 안내해야 한다. 또 활동하는 동안 순회 지도를 통해 활동을 어려워하는 아이들을 위한 개별 지도를 해야 한다.

마지막으로 세운 전략을 통해 내 강점은 부각하면서도 약점은 보완하기 위해서는 앞으로 어떻게 해야 할지 계획을 세우고 발표했다. 이를 통해 내가 가진 강점과 약점에 대해 돌아보고, 더 나은 미래의 내 모습을 그릴 수 있는 토대를 마련했다.

◇ **고학년 적용 사례**

우리나라의 전통문화가 나아가야 할 방향에 대하여 생각해보는 활동에 SWOT 기법을 활용했다. K-팝, K-콘텐츠, K-푸드 등 우리나라 문화는 많은 나라에서 그 경쟁력을 인정받고 있다. 그러나 한편으로는 우리나라 고유의 특색이 가장 강하게 나타나는 전통문화에 대해서는 우리나라 사람들조차도 촌스러운 것, 시대에 뒤처지는 것이라는 인식을 가지기도 한다. 아이들과 함께 어떻게 하면 우리나라 전통문화의 강점은 그대로 살리면서도 약점은 보완할 수 있을지 이야기해보았다.

자신이 생각한 우리나라 전통문화의 강점(S), 약점(W), 기회(O), 위기(T)를 학습지에 기록하고, 모둠 친구들과 돌아가며 발표했다. 미처 생각하지 못한 새로운 아이디어가 나왔을 때는 그것을 자기 학습지에도 기록했다. 이를 통해 아이들은 우리나라 전통문화에 관한 생각

SWOT 기법 고학년 적용 사례

	나의 생각
S(강점)	외국에는 없음. 우리 고유의 문화가 있음. 다른 나라 문화의 발판이 됨. 우리 조상들의 지혜, 생활 모습이 담겨있음.
W(약점)	불편함이 있음. 유행에 뒤처짐. 답답함. 이해하기 어려움. 현대 문화에 비해 촌스러움.
O(기회)	현대 문화와 적절하게 합함. 전통문화를 쉽게 이해할 수 있도록 가르침. 다른 나라에 알릴 수 있도록 행사나 전시회를 함.
T(위협)	지나친 서구화. 청소년들의 인식. 무작정 외국 문화를 비판 없이 받아들임. 현대 문화에 비해 불편한 점이 있음.

을 친구들과 나누며 생각을 확장할 수 있게 되었다.

모둠 발표가 끝나면 모둠 친구들과 협의하여 우리나라 전통문화가 더욱 경쟁력을 갖추기 위하여 어떤 전략을 사용할 수 있는지 생각했다. SO 전략, ST 전략, WO 전략, WT 전략을 각각 생각하고, 모둠별로 발표하여 전통문화가 나아갈 방향에 대한 아이디어를 공유했다. 우리나라 전통문화를 현대에 맞게 재적용하거나 전통문화를 세계적으로 알리기 위해 노력하는 사례들을 제시하며 수업을 마무리했다.

PMI 기법

특정한 대상이나 아이디어를 장점(Plus), 단점(Minus), 흥미로운 점(Interesting)의 측면에서 분석하고 평가하여 더 새롭고 개선된 아이디어를 생성하는 기법이다. 하나의 아이디어에 대해 집중적으로 분석할 때 효과적으로 활용할 수 있다.

◇ 저학년 적용 사례

서로의 오카리나 연주를 듣고 상호 피드백 하는 활동에 PMI 기법을 활용했다. 음악 활동에서 친구와 피드백을 주고받는 활동은 매우 도움이 된다. 친구의 조언을 토대로 내 연주의 장점은 그대로 유지, 발전하면서도 단점을 보완할 수 있고 다른 친구의 연주를 주의 깊게 들으며 내 연주와 비교할 수도 있기 때문이다. 다만 구체적인 평가 관점이나 기준 없이 '친구의 연주를 조언해보세요.'만 하면 아이들은 잘했다, 못했다 등의 상투적인 피드백밖에 제공할 수 없다.

친구의 연주를 듣기 전, 다음과 같은 질문으로 어떤 부분을 주의해서 감상해야 하는지 함께 생각했다.

- 친구의 연주 자세는 어떤가요?
- 운지법은 어떤가요?
- 음정은 어떤가요?
- 박자는 어떤가요?
- 호흡은 어떤가요?
- 전체적인 연주의 느낌은 어떤가요?
- 전과 비교했을 때 발전한 점은 무엇인가요?
- 어떤 점을 조금 더 노력하면 좋을까요?

예시 질문을 살피며 서로의 연주를 듣고, PMI 학습지에 친구의 연주에서 잘된 점(P), 노력할 점(M), 발전한 점이나 흥미로운 점, 궁금한 점(I)을 생각하여 쓰도록 했다. 이를 토대로 상호 피드백을 진행하고 피드백 내용에 주의하며 오카리나를 다시 연습하는 시간을 가졌다.

아이디어	내 생각
P (장점)	고음이 부드럽게 잘 나고 '미미미미 레레' 부분을 박자에 맞게 잘 분다.
M (단점)	첫 '미파미' 부분은 딱딱 끊어서 불고 두 번째 악절은 운지를 잘못해서 버벅거림이 많았다. 파#부분이 어색하다.
I (흥미로운 점)	처음에는 한 마디도 제대로 불지 못했는데 그래도 곡 끝까지 완성해 부는 게 대단하다.

연습이 다 끝난 후 다 같이 재제곡을 연주하며 수업을 마무리했다.

교사의 정확한 피드백도 물론 필요하지만, 때로는 교사보다는 가까이 있는 친구의 관찰과 조언이 더 도움이 되기도 한다. PMI 기법을 사용하면 아이들 사이에 더 의미 있는 피드백이 오갈 수 있을 것이다.

◇ 고학년 적용 사례

PMI 기법을 사회 교과와 연계하면 다양한 방식으로 활용할 수 있다. 흥선대원군의 쇄국 정책과 같은 역사 관련 학습 주제나, 손글씨와 전자필기의 장단점을 서로 비교하는 등 우리 주변에서 일어나는 사회 문제에 대해서도 PMI 기법의 적용이 가능하다.

최근에는 다양한 업계에서 키오스크(무인 단말기)의 도입이 확대되는 현상에 대해 이야기 나누며 PMI 기법을 활용했다. 먼저 키오스크를 이용해본 경험을 충분히 나누고, 그때 느꼈던 좋은 점이나 불편한 점에 대해 이야기했다. 그리고 키오스크에 대해 긍정적인 입장을 가진 뉴스 기사와 부정적인 입장을 가진 뉴스 기사의 중심 내용을 문단별로 파악했다.

기사 내용을 자신의 경험에 비추어 생각할 때, 키오스크의 장점, 단점, 의문점이나 자신이 생각한 해결책을 학습지에 정리했다. '모두가 편리하게 키오스크를 이용하기 위해서는 어떻게 해야 할까?'라는 주제로 모둠 토의를 진행했다.

모두가 돌아가며 이야기를 나누었다. 발표 중에는 서로 질문이나 보충이 적극적으로 이루어지도록 했다. 자신의 발언이 끝난 뒤 질문이나 보충한 내용을 반영하여 학습지를 수정한다. 모두가 발언을 끝

내면 각자의 아이디어 중 적절한 것을 모둠 의견으로 결정하여 글로 정리했다.

문제 상황에 대해 좋은 점, 나쁜 점, 흥미로운 점 등 여러 측면에서 생각할 기회를 충분히 준 뒤 토의를 진행하자 아이들이 토의에 임하는 태도가 이전보다 훨씬 적극적이고 주도적으로 변한 것을 볼 수 있었다. 이 토의를 통해서 아이들은 자신이 편리하다고 생각했던 것이 누군가에게는 불편하게 느껴질 수 있고, 모두가 행복한 세상을 위해서는 많은 고민이 필요하다는 사실을 깨달을 수 있었다.

"세상을 바꾸는 것은 누군가의 불편함입니다. 소수의 누군가 느끼는 작은 불편함, 그 불편함을 알아봐주고, 함께 목소리를 내고, 행동한다면 세상은 모두가 살기 좋게 달라질 수 있습니다."

언젠가의 수업을 정리하며 내가 아이들에게 했던 말이다.

K-W-L 기법

'K-W-L'은 글을 읽기 전에 주제와 관련하여 아이들이 이미 알고 있는 것을 생각해보고 더 알고 싶은 것을 기록하는 전략이다. K(What I Know)는 이미 알고 있는 것, W(Want to know)는 알고 싶은 것, L(Learned)은 알게 된 점을 기록하는데 아이들은 이 과정에서 글에 대한 동기를 유발하고, 알고 있는 것과 알고 싶은 것이 글 속에 나와 있는지를 확인하기 위해 글을 집중해서 읽게 된다. 즉 아이들의 능동적인 읽기 태도를 기를 수 있는 것이다. 또한 글을 읽고 알게 된 점을 가시적으로 정리해 봄으로써 학습한 내용을 스스로 구조화·조직화하며 배경지식을 확장할 수 있다.

◇ 저학년 적용 사례

남북한의 공통점과 차이점을 비교하는 수업에서 해당 기법을 활용했다. 남북한은 분단되었으나 본래는 하나의 나라였다. 미래 세대에서 평화로운 통일을 이루기 위해서는 서로의 문화를 더 잘 이해하고, 우리가 한민족이라는 의식을 가지면서도 각자의 차이를 존중하는 태도가 필요하다.

북한 문화에 대해서 자신이 이미 알고 있는 것(K)과 더 알아보고 싶은 것(W)을 쓰도록 했다. 쓴 내용을 모둠 친구들과 돌아가며 발표하고, 서로의 질문에 대답하며 새롭게 알게 된 점(L)을 채우도록 했다. 모둠 친구들과 문답했을 때도 해결되지 않은 질문은 모둠 활동이 끝난 뒤 전체에게 질문하며 함께 해결해보고 그래도 해결되지 않은 질문일 경우에는 교사가 안내했다.

자신이 채운 KWL 학습지를 바탕으로 모둠 친구들과 함께 남북한의 공통점이 무엇이고 차이점이 무엇인지 구별해보았다. 아이들은 남한과 북한 문화의 차이점은 잘 찾지만, 공통점은 생각보다 찾기 어려워하는 모습을 보였다. 남한과 북한을 서로 다른 나라라고 생각하기 때문이다.

남한과 북한은 차이점도 많지만 공통점 또한 많으며, 우리가 서로를 한 민족이라고 생각하고 존중하며 화합하려는 태도를 보여야만 평화 통일이 가능하다는 것을 이야기하며 수업을 마무리했다.

◇ 고학년 적용 사례

《씨앗을 지키는 사람들》을 함께 읽으며 해당 기법을 활용했다. 이 책은 대규모 다국적 기업에서 농산물의 유전자 정보를 밝혀 특허를 신청할 수 있게 된 세상, 식물이 마음대로 꽃을 피우지 못하고 씨앗을 맺을 수 없게 된 세상에서 생명의 존엄성과 누구나 식량을 누릴 권리를 위해 싸우는 사람들의 이야기이다. 이 이야기는 창작 동화로서도 수작일 뿐만 아니라, 지금의 현실을 살아가는 우리에게도 매우 중요한 시사점을 남긴다.

전쟁으로 인해 우크라이나의 종자 은행이 파괴되었다는 소식을 들었다.

세계에 단 두 곳뿐인 종자 은행 중 한 곳의 파괴. 전쟁과 가뭄, 이상할 정도로 빠르게 진행되고 있는 기후 변화로 인한 전 세계적 식량난의 상황에서 종자 은행마저 파괴되었다는 소식은 전쟁의 잔혹성과는 별개의 시사점을 주었다.

러시아-우크라이나 전쟁에 대해서 알고 있는 것, 알고 싶은 것, 알게 된 것을 조사해 쓰도록 했다. 디지털 기기의 조작에 상당히 익숙한 아이들이니만큼 금방 활동을 끝낼 것이라는 나의 예상과는 다르게 직접 태블릿으로 원하는 정보를 검색하고 정리하는 데까지는 생각보다 많은 시간이 걸렸다. 그동안 교사인 나는 아이들이 활동지를 모두 채울 때까지 인내하고 정보 검색을 어려워하는 아이들을 개별적으로 지도하고, 결과적으로 학생들의 디지털 문해력이 한 단계 성장하도록 돕는 역할을 맡았다.

K	W	L
·러시아와 우크라이나가 전쟁을 했다. ·러시아가 우크라이나를 침략했다. ·우크라이나에 있는 종자 은행이 전쟁으로 파괴되었다. ·전쟁 때문에 많은 사람이 죽었다.	·종자 은행은 정확히 어떤 곳일까? ·종자 은행이 없어지면 어떻게 될까? ·전쟁은 사람들에게 어떤 영향을 미칠까?	·종자 은행이 없어지면 식량난이 찾아왔을 때 대응할 수 있는 방법이 없어진다. ·전쟁이 난 국가의 많은 사람이 죽고 다칠 뿐 아니라 전 ·세계 사람들에게도 경제적, 환경적으로 막대한 피해를 준다.

KWL 활동을 통해 얻은 정보를 이용하여 반전 글쓰기 활동을 진행했다. 전쟁의 잔혹성과 비인간성에 대해 감정적으로 호소하는 것을

넘어서, 미래를 살아갈 세계 시민으로서 그들의 미래를 보다 풍요롭고 안전하게 영위할 수 있기를 촉구하는 글쓰기의 의미가 짙은 활동이었다. 이를 통해 아이들은 전쟁이라는 것이 얼마나 비도덕적인지 뿐만 아니라 미래 세대의 생활에 얼마나 좋지 않은 영향을 끼치는지를 판단하여, 더는 전쟁을 하지 말아야 한다는 결과를 합리적으로 도출할 수 있었다.

사물과의 대화

주변에 있는 사물 중 하나를 골라, 아이들이 직접 사물이 되어 보고 대화를 해보는 기법이다. 이 기법을 통해 아이들은 주변 사물을 자세히 관찰하는 습관을 갖게 되며, 모든 사물을 소중히 여기려는 마음씨를 기를 수 있다. 뿐만 아니라 다른 사물이 되는 상상을 통해 상상력도 기를 수 있다.

---

1. 한 가지 주제가 되는 사물을 정한다.
2. 주제로 정한 사물이 되어 생각하면서 말하고 행동한다.
3. 사물과의 대화 내용을 정리한다.
4. '사물과의 대화'를 해본 느낌을 발표해 본다.

◇ 저학년 적용 사례

이야기를 읽고 사물의 입장에서 생각해보는 활동에 사물과의 대화 기법을 활용했다. 저학년은 무엇보다 기본 학습 습관과 기본 생활 습관을 갖추는 것이 중요하다. 이를 위해서는 자신의 생활공간, 즉 학교와 집의 필요성을 알고, 책상, 의자, 학용품 등 자신이 사용하는 사물을 소중히 생각하고 조심히 다루어야 함을 지도해야 한다.

그림책 《아무도 모를걸!》을 아이들과 함께 읽었다. 유는 호게라는 인형을 매우 좋아해서 어디든 데리고 다니며 예뻐한다. 그러나 호게는 자신의 주인 유가 자기 입장을 생각하지 않고 제멋대로 자신을 다루는 것이 매우 불만이다. 호게는 유의 가족이 외출한 틈을 타 집 곳곳에 화풀이한다. 주인 유와 인형 호게의 관계를 통해 물건 소중히 다루기의 중요성을 생각할 수 있는 책이다.

책을 읽고 자신이 그동안 물건을 어떻게 다루었는지 생각해보도록 했다. 그리고 그때 물건은 어떤 마음이었을지, 자신은 그 물건에 어떤 말을 해주고 싶은지, 앞으로 물건을 어떻게 다루어야 할지 충분히 생각할 수 있도록 발문했다. 책을 읽고 생각한 것을 바탕으로 자기가

사용했던 물건에 진심을 담은 편지를 써보는 활동으로 사물과의 대화 기법을 활용했다.

완성된 편지를 발표해보니 '그동안 물건의 입장에서는 생각해보지 않았는데, 생각해보니 기분 나쁠 것 같다. 미안하다.'라는 내용이 많았다. 이 수업을 통해 아이들은 모든 물건을 함부로 사용하지 말아야 한다는

사실을 깨닫고, 이를 바탕으로 자신의 생활공간을 소중히 여기는 태도를 내면화할 수 있었다.

◇ **고학년 적용 사례**

뉴스를 둘러보다 보면 가끔 이런 소식을 접할 수 있다. 남이 정성껏 만든 눈사람을 일부러 발로 차 부수는 사람들, 귀여움받는 길고양이나 하천에서 살던 오리 가족을 이유 없이 해치는 사람들, 아름답게 꽃피는 것으로 유명했던 나무 밑동을 고의로 잘라 죽이는 사람들. 보통의 사고로는 이해하기 힘든 어처구니없고 황당한 일들이 일어난다.

현실에서는 인정받지 못하는 자신의 처지에 대한 열등감과 분노를 자신보다 나을 것 없어 보이는 존재들에게 쏟아 붓는 사례들. 다른 사람의 감정을 함부로 여기며 무시하는 만족감으로 살아가는 사람들.

신문 기사와 뉴스 동영상을 함께 보며 주제에 관해 이야기 나누었다. 그러고 나서 내 주변의 사물이나 동식물에게 편지를 써 말을 걸어보는 활동을 했다.

"에이, 선생님. 저희 나이가 몇인데 물건에 말을 걸고 편지를 써요."

자신이 클 만큼 컸다고 생각하는 고학년이니만큼 초반에는 반응이 대체로 시큰둥했다. 그러나 함께 여러 사례를 살펴보고 고민하고 이야기한 끝에 나름대로 사물과 교감해보려 시도하는 모습을 볼 수 있었다. 다 쓴 글을 공유하고, 생각을 나눈 끝에 우리가 사는 세상의 어떤 것도 그저 약하다는 이유로, 하찮다는 이유로 함부로 취급되어서는 안 된다는 결론으로 수업이 마무리되었다.

세상을 향한 관심과 소통, 그리고 그 근간이 되는 애정은 인문학에서 가장 중요한 영역이다. 아이들은 이 활동을 통해 세상을 더 다양한 시각으로 보며 상호작용하려는 시도를 할 수 있다.

꽃에게.
꽃아, 안녕. 나는 ○○초등학교에 다니는 김△△라고 해.
꽃아, 고마워.
우리 주변에 피어나 향기도 맡을 수 있게 해주고 보는 사람을 기분 좋게 해주잖아. 그리고 언니랑 오빠 꽃 사전 만드는 데 쓸 수도 있었어.
예전에는 걸어가면서 꽃을 꺾고 밟고 했었는데 이제는 그러지 않아야겠다고 생각했어. 그럼 너도 아플 것 같아.
앞으로도 우리에게 예쁜 모습 많이 보여줘. 그럼 안녕!

종이에게.
종이야, 안녕. 나는 ◇◇이야.
오늘은 '사물과의 대화' 시간에 종이가 되는 체험을 했어.
내가 종이가 되어 아무렇게나 낙서가 되고 구겨진다고 생각하니 기분이 좋지 않았어.
사실 생각해보면 만만한 게 종이였던 것 같아. 공책도 끝까지 쓰지도 않고 버리고, 여기저기 그림 그리고 나서 쓰레기통에 막 던지고……
오늘 종이가 되어 보니 종이를 아껴 써야겠다는 생각이 들었어. 이때까지 우리가 함부로 했던 거 용서해주길 바라.
우리가 공부하는 데 없어서는 안 될 고마운 종이야! 정말 고마워. 안녕!

역 브레인스토밍 기법

역 브레인스토밍은 아이디어가 가질 수 있는 반대 의견이나 약점들을 모두 발견해내고 그 아이디어가 실천되었을 때 발생할 수 있는 문제점을 예상한 후 최선의 해결 방법을 찾는 기법이다. 브레인스토밍처럼 자유분방하게 많은 양의 아이디어를 산출한다는 점에서는 유

사하지만, 생성된 아이디어에 대해 많은 양의 비판까지 생성해내는
데 차이가 있다.

> 1. 해결해야 하는 주제를 명확하게 정한다.
> 2. 주제에 대한 다양한 비판을 생성한다. 그 아이디어에 대한 반
> 대 의견이나 그것이 실현되었을 때 생길 수 있는 문제에 대해 최대
> 한 많이 떠올린다.
> 3. 지금까지 나온 아이디어를 전부 뒤집어 원래 해결하려고 했
> 던 주제에 맞게 바꿔 평가한다.
> 4. 가장 적절한 해결책을 선택하고 실천 계획을 세운다.

◇ 저학년 적용 사례

인성 어울림 교육에 역 브레인스토밍 기법을 활용했다. 저학년은
친구와의 관계를 학습하기 시작하는 시기이니만큼, 친구와 싸우지
않고 사이좋게 지내기 위해서는 어떻게 해야 할지 스스로 생각할 기
회가 필요하다. 따라서 '친구와 싸우지 않기 위해서는 어떻게 해야
할까?'라는 질문에 대한 답을 찾아보는 수업을 구성했다. 수업의 과
정은 다음과 같다.

첫째, 반대 아이디어를 생성했다. 먼저 수업의 주제와 반대되는 질
문, 즉 '친구와 싸우려면 어떻게 해야 할까?'라는 질문에 답했다. 이
활동은 모둠 활동으로 진행했는데, 4절지 종이를 반으로 접어 왼쪽
위에 해당 질문을 쓰고 아래에 최대한 많은 방법을 정리했다. 친구를

때린다, 물건을 빼앗는다, 흉을 본다 등의 다양한 방법이 나왔다.

둘째, 해결책을 생각했다. 이번에는 원래의 질문인 '친구와 싸우지 않으려면 어떻게 해야 할까?'라는 질문에 답변해보았다. 종이에서 비어 있는 오른쪽 상단에 질문을 쓴 뒤 그 밑에 해결책을 써보았다. 해결책을 생각할 때는 왼쪽에 쓰인 아이디어를 참고해 반대되는 의견을 정리했다. 예를 들어 '친구를 때린다.'라는 아이디어는 '친구를 때리지 않고 대화로 해결한다.'라고 바꾸어 쓰고, 투표를 통해 모둠별로 3개의 해결책을 정해 발표했다.

마지막으로 각 해결책에 대해 아이들과 충분히 이야기하며 비슷한 주제 또는 비슷한 내용끼리 분류하여 목록화했다. 이로써 각 모둠이 3개씩 발표했던 해결책은 몇 개의 규칙으로 정리되었다. 해당 방법들에 대한 구체적인 실천계획을 아이들과 약속하며 수업을 마무리했다.

◇ 고학년 적용 사례

법을 준수해야 하는 까닭을 알아보는 수업에서 역 브레인스토밍 기법을 활용했다. 만일 이 세상이 무법 지대가 된다면 어떻게 될지 상상하고, 우리가 왜 법을 지켜야 하는지 생각해봄으로써 법을 준수할 필요성을 스스로 느끼도록 수업을 구상했다. 수업의 과정은 다음과 같다.

첫째, 반대 아이디어를 생성했다. 수업의 주제와 반대되는 질문, 즉 '사람들이 법을 지키지 않으면 어떻게 될까?'라는 질문에 대한 각자의 답을 허니컴보드에 써 칠판에 붙였다. 이때 보드에 쓸 아이디어는 너무 부정적이거나 자극적인 것이 되지 않도록 안내했다.

둘째, 아이디어를 묶어서 정리했다. 가령 '도둑질을 한다.'와 '가게 물건을 그냥 가져간다.'를 '절도'라는 카테고리로 묶고, '마음에 안 드는 사람을 때린다.'와 '욕을 한다.'는 '폭력'이라는 카테고리로 묶었다. 그러자 학생들의 생각은 크게 몇 가지 주제로 나누어짐을 알 수 있었다.

셋째, 아이디어를 생성했다. 원래의 질문인 '법은 왜 지켜야 할까?'에 답변해보았다. 앞서 범주화한 주제별로 하나씩의 아이디어를 떠올렸다. 생성한 아이디어는 공책에 스스로 정리하도록 안내했다. 정리가 끝나면 다 함께 교과서를 보며 법을 준수해야 하는 이유를 알아보았다. 법은 국민의 권리를 보장하고, 범죄를 예방하기 위한 것이므로 나의 권리가 보장되고 내가 범죄에서 안전하기 위해서는 나부터 법을 지켜야 한다는 것을 알아보며 수업을 마무리했다.

쓰기에 재미를 붙이는 북아트

아이들이 책을 많이 읽지 않는 데에는 여러 가지 이유가 있겠지만 독후 활동에 대한 부담감에서 시작되는 경우가 많다. 은연중에 아이들 마음속에는 '책을 다 읽고 나면 독후 활동을 꼭 해야 하는구나.'와 같은 생각이 자리 잡고 있다. 진정한 책 읽기의 즐거움을 맛보지 못하고 감동 또한 받지 못한 아이들에 무조건 생각과 느낌을 토해내라고 하는 것은 힘든 일이겠지만 책을 읽고 자기의 느낌과 감동을 정리하는 독후 활동은 매우 중요하다. 이에 다양한 독서 활동을 통해 아이들이 일상에서 느끼는 즐거움, 책을 통해 알게 된 새로운 기쁨, 가슴 벅차게 차오르는 감동을 자연스럽게 표현할 수 있도록 안내해주어야 한다.

북아트는 프랑스 파리를 중심으로 책과 미술이 합쳐져 새롭게 나타난 예술의 한 형태로 프랑스어로는 '미술가의 책(livre d'artiste)'이라고도 한다. 북아트는 읽는 즐거움, 만지는 즐거움, 보는 즐거움의 3요소를 복합적으로 경험할 수 있다는 장점이 있다.

아이들은 무엇을 하든 일단 재미가 있어야 동화된다. 그런 면에서 북아트는 아이들이 책 읽기에 재미를 가지고 빠져드는 데 도움이 된다. 간단하게 한 줄의 느낌을 적어 보거나 접고, 자르고, 붙이는 과정에서 글쓰기의 공포감과 부담감을 줄이고, 자신의 능력만큼 다양한 작품을 표현해낼 수 있도록 도와주며 성취감을 준다.

다만 어떤 북아트는 만드는 방법이 간단해 자투리 시간을 활용해 부담 없이 할 수 있는데 비해 시간이 오래 걸리고 작업 과정이 복잡해 다른 수업 시간까지 이용해야 완성되는 것도 있다. 완성된 모양이 화려하고 예쁘다고 해서 그것이 책을 잘 읽었다는 것을 증명하진 않는다. 북아트를 만드는 데 그치는 것이 아니라 책의 내용을 깊이 있게 이해하고 읽기 후의 즐거움을 표현하는 하나의 도구로 활용해야 한다.

할핀 책

할핀 책은 고정된 할핀의 위치나 모양에 따라 다르게 보이는 북아트이다. 할핀을 중심으로 부채처럼 모았다가 다시 펼치거나, 고정된

속지와 겉지가 리듬감 있게 바
뀌어 보인다. 고리 책과 비슷한
점을 갖고 있으며 겉지나 속지
의 모양과 크기에 따라 색다른
느낌을 줄 수 있고 다양한 주제
에 활용할 수 있다.

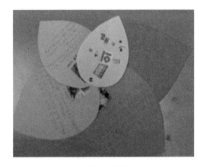

자연의 색이 품은 비밀 - 인상 깊은 동물과
그 동물이 내는 색에 대해 정리한 할핀 책

변화나 자람을 시간의 순서에 따라 표현하기

· 동물의 한살이

· 식물의 한살이

· 달의 변화 알아보기

주제와 관련된 다양한 예 소개하기

· 가족 소개하기

· 식물과 동물의 종류 조사하기

· 명절에 먹는 다양한 음식 종류 조사하기

병풍 책

병풍 책은 종이를 지그재그로 접은 후 글을 쓰거나 그림을 그려
병풍처럼 세울 수 있는 책으로, 북아트를 처음 시작할 때 접하는 가
장 기본적인 8면 접기를 활용한 책과 비슷하다. 병풍 책은 어떤 책의

열두 띠 이야기 - '열두 띠 이야기'를 읽고
각 동물들이 자신을 소개하는 글을 쓴 병풍 책

내용에도 간단하게 활용할 수 있는 쉬운 방법으로, 책의 내용이나 인물의 수에 따라 병풍의 폭 수를 자유롭게 선택할 수 있다. 각각의 병풍에는 서로 병렬적인 내용을 나열할 수도, 전체의 내용을 차례대로 연결해 순차적으로 표현할 수도 있다. 등장인물을 소개하는 병풍 책의 경우, 각 칸에 등장인물의 특징이 잘 드러나도록 얼굴과 모습을 그리고 오려 나타낼 수 있다.

> 인물의 성격이나 사건의 변화에 따라 이야기 정리하기
>
> 책 속 인물 소개하기(성격, 가장 인상 깊은 장면 등)
>
> 우리나라의 문화재 조사하기
>
> 여러 가지 암석 조사하기
>
> 우리나라 역사 속 인물 소개하기

탁상용 달력 책

탁상용 달력 책은 병풍 접기를 응용해 책상 위에 두고 보는 달력 형식으로 만든 책이다. 읽었던 책의 인상 깊은 장면이나 구절을 쉽게

겁쟁이 빌리 - 나의 걱정을 들어주는 걱정 인형을
직접 그려보고, 걱정 인형을 소개하는 글쓰기

표현할 수 있다는 장점이 있다.

〈△△의 걱정 인형〉

○○는 걱정을 들어줍니다.

물건을 잃어버렸을 때, 시험을 못 봤을 때 들어줍니다.

그리고 한 가지 일을 더 합니다. 그것은 바로 웃음을 주는 일입니다.

걱정이 많을 때, 화가 날 때, 슬플 때 웃게 해줍니다.

별 책

별 책은 색지 5장을 사각 접기 한 후, 한 면 한 면을 풀칠해 연결한
별 모양의 책이다. 한 면은 사진이나 그림을 붙이고 나머지 면은 내
용을 정리할 수 있다.

물고기를 지킨 갈매기 할아버지 - 책의 주요 장면과 뒷 이야기를 꾸며 쓴 별 책

아기곰 책

얄미운 사람들에 관한 책 - 얄미운 사람들을 떠올려보고 그 사람들과 어떻게 지내면 좋을지에 대해 생각해 정리한 아기곰 책

아기곰 책은 주어진 아기곰 도안을 활용해 곰의 입 모양이나 양쪽 여백에 자유롭게 글을 써 완성하는 책 모양이다. 두 장의 종이를 겹친 후 도안의 모양대로 자른 후 두 종이를 겹쳐 붙이는 방법으로 저학년 학생들에게도 적합하다.

낙하산 책

여러 장의 종이를 바람개비 모양으로 이어 붙이고 각 장면이나 인물의 행동, 사건의 흐름을 정리한 후 실로 연결해 낙하산 모양의 책으로 완성한다.

나의 행복한 하루 - 여러 가지 생활 장면 중 몇 가 소리가 들리는 동시집 - 인상 깊은 동시를 글과
지를 골라 나의 경험과 연결 지어 꾸민 낙하산 책   그림으로 표현한 휴지심 책

휴지심 책

　휴지심 책은 두루마리 휴지의 휴지심을 이용하여 제목을 입체적으
로 나타내고 내용은 도화지에 그림을 그려 표현하는 시화 활동에 주
로 활용했다. 색 한지나 색종이로 감싼 휴지심에 시의 제목을 쓰고,
시의 느낌을 충분히 살릴 수 있는 장면을 도화지에 그려 잘 붙인 후
전시할 수 있다. 시화뿐만 아니라 이어질 내용 꾸며 그리기, 책 속 인
물에게 편지 쓰기 등 다양한 주제에 활용할 수 있다.

CD 봉투 책

　지금은 많이 활용하지 않는 CD 봉투 케이스를 활용해 책을 만들
수도 있다. CD 봉투 책 속에 다양한 색의 도화지를 주제별로 상황에
맞게 꾸며 끼울 수 있다. 속지에 내용을 담을 때에는 봉투의 둥근 부
분에 내용이 잘 보이도록 가운데에 꾸미는 것이 좋으며, 완성한 봉투

책을 연결해 모둠 책으로 나타낼 수도 있다.

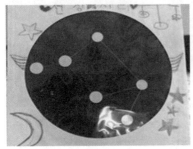 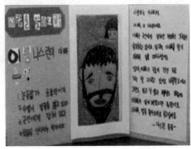

Why 별과 별자리 - 검은색 속지를 활용해 별자리 탄생 신화를 새롭게 꾸민 CD 봉투 책

나스린의 비밀 학교 - 나스린이 아빠를 찾는 장면을 정하여 아빠의 얼굴을 그린 뒤, 나스린이 되어 아빠께 편지를 쓴 액자 팝업 책

액자 팝업 책

액자 팝업 책은 가운데 부분을 액자처럼 만들어 그림을 그리고 양 날개 부분에 다양한 내용을 담을 수 있는 책이다. 액자 부분은 등장인물의 모습을 그리거나 기억에 남는 장면을 그릴 수 있다.

문어발 팝업 책

문어발 팝업 책은 갈라진 모습이 마치 문어발처럼 생긴 책으로, 접힌 선에 가윗밥을 주어 팝업이 생기도록 한 책이다. 문어발 부분을 접어 세우고 팝업을 앞으로 당겨 새로운 그림을 붙여 꾸미고 입체로 세워 전시할 수 있다. 인물에게 편지 쓰기, 인물이 되어 글쓰기, 인물

천둥 케이크 - 천둥 케이크 만드는 방법, 천둥 케이크의 맛 상상하기, 할머니 떠올리기로,
천둥 번개 되어보기를 주제로 한 문어발 팝업 책

소개하기, 책 속 장면과 나의 경험과 관련지어 내 느낌 쓰기 등 다양
한 독후 활동과 연관 지어 활용할 수 있다.

우유팩 책

우유팩 책은 다 마시고 난 후의 우유팩을 재활용해 책으로 꾸미는
방법이다. 우유팩의 두 옆면을 잘라 액자 형식으로 펼친 다음 인물의
모습이나 내용을 쓴 종이를 덧붙여 만들 수 있다. 꾸미는 내용에 따

난 학교 가기 싫어 - 학교 가기 싫었던 나의 경험을 떠올려 만든 우유팩 책

라 아이들이 스스로 우유팩의 크기를 결정할 수 있다는 장점이 있다.

들추기 책

　종이를 덧붙이고, 들추고 떼어 내는 것은 독립적인 북아트로 분류하지는 않는다. 모든 북아트에 두루 사용되는 기법이기 때문이다. 들추기를 할 때는 붙는 부분을 너무 좁게 하면 잘 떨어지므로 펼쳐지는 범위와 붙이는 범위를 잘 생각해야 한다. 종이 두 장을 겹쳐서 원하는 모양이나 내용을 표현한 후 완전히 파내지 않고 한 면을 남겨두고 살짝 열면서 들추어지는 형태나, 표현하고자 하는 부분에 조각을 덧붙여 표현하는 형태가 있다.

프레드릭 - 프레드릭을 읽고 바깥쪽에는 퀴즈를, 안쪽에는 답을 써서 만든 들추기 책

계단 책

　계단 책은 공공기관의 안내 책자에서 흔히 볼 수 있는 형태의 책으로, 뒤쪽으로 갈수록 속지의 면적이 넓어진다는 특징이 있다. 계단 책

은 책을 열어보지 않아도 그 안의 내용을 미리 엿볼 수 있어 큰 주제 아래 작은 주제들을 일목요연하게 정리할 수 있다는 장점이 있다. 드러난 작은 주제들을 통해 알고 싶은 내용을 쉽게 찾아볼 수 있게 한다.

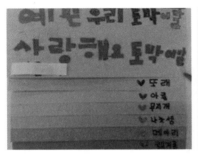

순우리말 동화 – 토박이말을 그림과 함께 정리한 계단 책

유행어보다 재치 있는 우리 100대 속담 – 소개해주고 싶은 속담, 재미있는 속담 등을 골라 만든 대문 책

대문 책

대문 책은 병풍 접기를 기본으로 원 모양의 색지의 위, 아래, 양옆을 접어 대문 모양으로 만든 책이다.

2장

글쓰기와 친해지기

학년 군별 글쓰기 방법

◇ 1~2학년 글쓰기 방법

1~2학년 아이들의 글쓰기 목표는 글쓰기의 기본을 익히는 것이다. 글의 양이나 질을 따지기보다는 생활 속의 다양한 소재를 활용해 자기의 생각을 글로 표현했다는 것 자체에 집중해 격려해야 한다. 이 시기의 쓰기는 글자를 바르게 쓰는 것에서부터 시작한다.

생활 속 주제 일기 쓰기

초등학교 저학년 학생들이 스스로 주제를 선정하여 쓰고 싶은 글을 쓰는 것은 사실상 매우 어려운 일이다. 그러므로 저학년 일기 쓰기를 지도할 때는 글쓰기의 욕구를 충분히 충족시킬 수 있도록 학생들의 호기심과 창의력을 자극할 수 있는 쓸 거리를 제공한다. 생활 중심의 주제를 제공하여 글쓰기에 대한 부담감을 줄이고 일기 쓰기에 대한 재미를 느끼도록 한다. 궁극적으로 글쓰기에 대한 긍정적인 인식을 갖고 자기의 생각을 문장으로 표현할 수 있도록 도와주어야 한다. 이때 주의할 점은 일기는 있었던 일을 일어난 시간 순서대로 나열하는 글이 아닌 자신의 경험이나 생각을 중심으로 쓰는 글이라는 것이다.

이 시기의 아이들은 단순한 감정 용어를 사용한다. '좋았다.' '재밌었다.', '슬펐다.' 등의 감정을 더욱 풍부하게 표현할 수 있도록 감정 용어를 인쇄해 나누어 주는 것도 좋은 방법이 될 수 있다. 또 일기의 형식에 제한을 두지 않되 내용에는 내가 한 일, 본 것과 들은 것, 느낀 점을 골고루 쓸 수 있도록 안내한다. 또 처음부터 매일 쓰기보다는 점차 횟수를 늘려 가는 것이 좋다.

다음은 저학년 일기 쓰기에 활용할 수 있는 예시 주제이다.

주제	
오늘 학교에 오면서 봤던 것들	여름이 되면 하고 싶은 일과 그 이유
아침에 먹은 밥과 반찬	내가 지금 가장 갖고 싶은 물건
병원 진료를 받으며 본 것, 들은 것, 느낀 것	《치킨 마스크》를 읽고 -자랑스러운 나에게 편지쓰기
현장체험학습에서 본 것, 한 것, 느낀 것	이번 주에 내가 잘하고 싶은 것
책 먹는 여우 중간 내용까지 듣고 나서 뒷이야기 상상해서 쓰기/그리기	우리 반 텃밭에 잡초를 뽑고 난 느낌, 우리 반 상추의 맛
내가 두더지 가족이라면 누구를 사윗감으로 삼을까? 그 이유는?	노름마치 국악 공연에서 본 것, 들은 것, 한 것, 느낀 것
선생님이 되어 복도에서 뛰는 친구에게 하고 싶은 말 쓰기	《마당을 나온 암탉》을 보고 -잎싹이나 초록이에게 하고 싶은 말 편지 쓰기

학교에 오면 좋은 점과 그 이유	비 오는 날의 느낌 -빗소리, 걸을 때의 느낌과·기분
학교에 오기 싫었던 날과 그 이유	「이달의 노래」 중 제일 좋아하는 노래와 그 이유
태풍-태풍이 불 때 변하는 것, 조심해야 할 것	정전이 되었을 때의 느낌
박박이, 눈첩첩이, 코흘리개 중 누가 내기에서 이겼을까? 그 이유는?	추석에 있었던 일, 먹었던 음식, 보름달의 모양
처음 자전거를 배워본 느낌	고마운 세종대왕님께 편지 쓰기
파란 하늘을 보고 드는 생각	급식 중 가장 맛있는 음식
우리 반의 자랑 쓰기, 그 이유	날씨가 쌀쌀해지면서 달라진 점
가을 꽃(국화)의 생김새, 향기, 느낌	겨울방학 때 하고 싶은 것
생일을 맞은 학교에게 축하하는 편지 쓰기	내 방을 스스로 청소하고 난 후의 느낌
고마운 우리 몸에게 편지쓰기(생각-이유-설명)	오늘 수학 공부를 통해 알게 된 점
첫눈 오는 날의 느낌 -눈이 내리는 모습, 눈을 밟았을 때의 소리나 느낌 쓰기	소방 훈련을 마치고 -불이 났을 때는 어떻게 해야 할까?
크리스마스에 이루고 싶은 소원	선생님께 편지 쓰기
하루 동안 친구 한 명 관찰하기	새치기 당한 경험과 내 기분
오늘 내 마음의 색깔대로 일기장 색칠하기	우리 집 반려동물에게 편지 쓰기

동시·동요 따라 쓰기

동시와 동요는 재미있는 표현이 많아 아이들의 상상력을 자극한다. 운율이 있어 노래를 부르듯 운율을 살려 소리 내어 읽다 보면 자연스럽게 읽기 연습을 할 수 있다. 또 그 길이가 짧아 글씨 쓰기를 어려워하는 아이들도 부담 없이 활동에 참여할 수 있다.

동시와 동요를 따라 쓰며 서정적으로 정선된 단어와 정돈된 표현을 자연스럽게 익힐 수 있다. 또 그 속에 담긴 세상을 바라보는 순수한 시각은 아이들의 감성 발달에도 긍정적인 영향을 미친다.

동시·동요 따라 쓰기가 어느 정도 익숙해졌다면 감상하고 필사하는 데 그칠 것이 아니라 동시를 직접 짓는 경험을 해보는 것도 좋다. 아이들은 동시 짓는 것을 어려워하고 표현 방법에 미숙함을 보이지만 낱말에서부터 시작하여 하나의 구절, 행을 바꾸어 쓰는 연습을 통해 동시에 흥미를 느끼고 어휘 사용의 범위를 넓혀 폭넓은 사고를 할 수 있도록 유도할 수 있다. 글감에 대한 충분한 발상 및 구상을 통해 하나의 창조적인 활동으로 전개될 수 있도록 한다.

독서록 쓰기

독서록은 초등 글쓰기에 수시로 활용되는 글쓰기 형태 중 하나이다. 독서록은 책을 읽으면서 떠오른 자신의 생각이나 느낌을 표현하는 활동이다. '독후감'이라는 용어 대신 '독서록'이라는 용어를 사용한 까닭은 독서감상문이 꼭 책을 모두 읽은 후에 써야 하는 것으로 오해하기 쉽기 때문이다. 책을 읽을 때 우리는 먼저 책의 제목과 표지를 보며 책의 내용을 예상한다. 책에 대한 흥미를 갖고 책의 내용

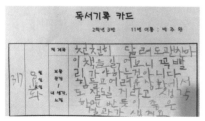

을 상상하는 것은 책을 읽게 된 동기와 연결된다. 이러한 읽기 전 활동도 독서록 쓰기의 일부가 될 수 있다.

이 책을 읽게 된 과정	· 이 책을 왜 고르게 되었나요? · 이 책을 추천해준 사람은 누구인가요? · 이 책을 처음 봤을 때의 느낌은 어땠나요?
저자 알아보기	· 이 책의 저자는 누구인가요? · 저자는 어떤 환경에서 살아 왔나요? · 저자는 어떤 부분에 관심이 많은가요?
책의 내용	· 어떤 내용의 책인가요? · 등장인물은 누구인가요? · 이 책에서 가장 기억에 남는 장면은 무엇인가요? · 이 책에서 가장 기억에 남는 등장인물의 말이나 행동은 무엇인가요?
책을 읽고 난 뒤의 생각이나 느낌	· 새로 알게 된 점은 무엇인가요? · 등장인물과 비슷한 경험을 한 적이 있나요? · 이 책의 어떤 점이 가장 마음에 드나요? · 이 책의 어떤 부분을 다르게 써보고 싶나요?

독서록을 쓰면 책의 내용을 오래 기억할 수 있고 책을 읽으며 느꼈던 점이나 알게 된 점을 기록할 수 있다는 장점이 있다. 하지만 독서록 쓰는 것이 싫어서 책 읽기를 싫어하는 아이들이 꽤 많다. 쓰는 행위가 목적이 되었기 때문이다. 그래서 책을 많이 읽는다고 해서 꼭 글을 잘 쓰는 것은 아니다. 처음 독서록을 쓰는 아이들은 책의 줄거리나 느낌을 모두 쓰게 하는 것보다는 책을 읽은 날짜, 책의 제목, 표지에 보이는 것 등을 간단하게 기록하는 것부터 시작하게 한다. 또 독서록을 쓰는 데 참고할 수 있는 도움말을 몇 가지 제시하는 것이 좋다. 또 전형적인 독서록 양식이 아닌 등장인물에게 편지 쓰기, 동시

쓰기, 노래로 표현하기, 생각 그물 그리기, 책 띠지 만들기 등 다양한 형식을 허용하는 것이 도움이 된다.

◇ 3~4학년 글쓰기 방법

3~4학년 아이들의 글쓰기 목표는 글쓰기의 흥미를 잃지 않고 다양한 글쓰기를 경험하며 쓰기에 대한 성취감과 자신감을 느끼는 것이다. 교사는 각 갈래에 맞는 글쓰기의 예시를 활용하여 쓰기와 관련된 성공 경험을 접할 수 있게 해야 한다.

편지글 쓰기

글자를 처음 익힌 아이들이 가장 많이 쓰는 글은 바로 편지글이다. 삐뚤삐뚤한 글씨로 가족들에게 사랑을 전달하는 편지 쓰기를 가장 좋아한다. 편지는 받는 사람이 정해진 글이므로 비교적 전달하고자 하는 내용이 분명하다. 누군가가 나의 글을 읽어준다는 것은 마음을 설레게 하고 글을 더욱 구체적으로 쓰게 하는 동기 부여가 된다. 마음을 전달하는 글에는 내가 이 마음을 왜 전달하고 싶은지에 대한 이야기가 담겨 있어야 한다. 가족, 친구같이 가까운 대상이 아닌 책 속 주인공이나 좋아하는 연예인, 존경하는 인물 등 누군가에게 편지를 쓰며 나의 내면을 되돌아보며 위로받을 수 있는 경험을 하게 된다.

비교하는 글쓰기

초등학교 국어 교과서의 글쓰기 전개 방식을 살펴보면 크게 정의, 인과, 비교·대조, 분류·분석, 열거 등이 있다. 이러한 전개 방식을 직두 대상을 비교해 봅시다.

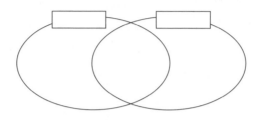

비교한 내용을 정리해 봅시다.

대상		
공통점		
차이점		

정리한 내용을 바탕으로 비교하는 글을 써봅시다.

제목 :

접적으로 배우지 않더라도 교과서에 실린 지문이 대부분 이런 형식을 띠기 때문에 아이들은 무의식적으로 글쓰기의 전개 방식을 익히고 그 특성을 의식할 수 있다.

비교는 둘 이상의 대상의 특성을 서로 견주어 공통점을 찾아 설명하는 방법이다. 비교와 비슷한 개념인 대조는 비교와는 반대로 서로의 차이점을 찾아 설명하는 방법이다. 등장인물의 성격이나 같은 상황에서 인물이 대처하는 방식 등을 비교함으로써 글의 내용을 다양한 각도에서 이해할 수 있다.

체험학습 보고서 쓰기

체험학습 보고서는 체험학습을 다녀온 후 보고, 듣고, 느낀 점을 정리하는 보고서이다. 체험학습 보고서에는 체험 주제, 날짜와 장소, 체험 내용, 느낀 점 등을 기록한다. 체험학습을 하며 찍었던 사진을 붙

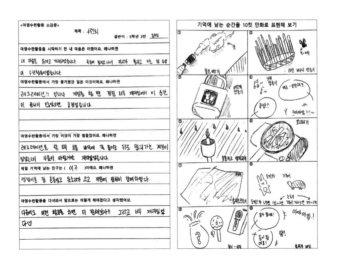

이거나 인상 깊은 장면을 그림으로 그려 더욱 생생한 보고서를 완성할 수 있다.

체험학습 보고서를 잘 쓰기 위해서는 체험학습을 가기 전에 가는 장소를 미리 조사하는 것이다. 위치나 특징, 가보고 싶은 곳이나 체험하고 싶은 순서 등을 미리 생각해보면 더욱 효과적으로 보고서를 작성할 수 있다. 두 번째는 중간중간 정보를 잘 모아놓는 것이다. 방문한 곳의 안내 팸플릿을 모으거나 보고 듣고 체험한 내용과 느낀 점을 간단하게 메모해놓으면 더욱 풍부하고 생생하게 보고서를 쓸 수 있다. 체험하는 보고서 역시 다양한 형식으로 작성할 수 있다.

◇ 5~6학년 글쓰기 방법

5~6학년 아이들은 1학년 때부터 쌓아온 쓰기 경험을 밑바탕으로 목적과 주제에 맞는 글쓰기를 하는 것을 목표로 한다. 이때의 글쓰기는 읽는 사람을 고려한 형태의 글쓰기이며 비판적이고 창의적인 글쓰기이다. 이 시기의 아이들은 쓰기에 대한 좋은 기억이나 나쁜 경험이 이미 어느 정도 형성되어 있기 때문에 무작정 정해진 양식대로 글을 쓰라고 하기보다는 SNS 등을 활용해 짧은 글짓기를 통해 글쓰기 진입 장벽을 낮춰주는 것도 좋다.

설명문 쓰기

설명문은 물건이나 사실 등에 관한 정보를 전달하는 글이다. 설명문을 쓸 때는 내가 설명하고자 하는 것에 대해 잘 알고 있어야 객관적으로 자세하게 쓸 수 있다. 긴 문장으로 장황하게 표현하기보다는 두세 개의 짧은 문장으로 나누어 쓰는 것이 읽고 이해하는데 훨씬 쉽다. 또 설명하고자 하는 주제와 관련된 자료를 다양하게 조사해 활용하는 것이 좋은데, 이때 자료는 되도록 최신의 내용이어야 하며 검증된 자료를 활용해야 한다.

아이들이 쉽게 설명문으로 쓸만한 주제를 소개한다.

- 인물 소개하기 - 우리 가족, 친구, 선생님, 내가 존경하는 위인이나 관심 있는 연예인
- 물건이나 동물 소개하기 - 내가 가장 아끼는 물건, 우리 집 반려동물
- 새로운 지식과 경험을 설명하는 글
- 학교에서 배운 것
- 나의 관심사 - 내가 좋아하는 요리의 요리법, 내가 좋아하는 게임

논설문 쓰기

설명문이 정보를 전달해 다른 사람을 이해시키는 것이 목적인 글이라면 논설문은 다른 사람을 설득해 나의 주장을 이해시키기 위해 쓰는 글이다. 나의 생각이 중심이 된 주관적인 글이라고 생각할 수 있지만, 나의 생각을 펼치는 과정은 타당한 근거를 바탕으로 논리적이어야 하므로 객관적인 표현을 사용해야 한다. 특히 근거의 타당성을 높이기 위해 신뢰도가 높은 자료를 활용해야 하는데, 자신의 주장과 연관성이 있는지, 설명은 구체적인지에 대해 점검하며 글을 써 내려가야 한다.

논설문 쓰는 것을 어려워할 때는 글을 쓰기 전, 주제에 관해 자유

서론	· 글을 쓰게 된 상황이나 문제 주변의 이야기로 시작하기
	· 사회 현상 및 이슈와 관련 짓기
	· 핵심 용어에 대한 설명하기
	· 비유나 인용을 활용하기
본론	· 중심 생각과 근거 제시하기
	· 구체적인 사례와 자료 활용하기
결론	· 다시 한 번 나의 주장 강조하기
	· 글 전체의 주제를 요약하기
	· 해결책과 대안 제시하기

롭게 이야기를 나누어 보는 것도 좋은 방법이다. 다른 사람의 생각을 듣다 보면 문제에 대한 나의 인식을 정리할 수 있기 때문이다.

관찰기록문 쓰기

관찰기록문은 대상을 관찰한 사실을 그대로 정리한 글이다. 흔히 과학 실험을 하고 난 뒤 실험 과정이나 결과를 작성하는 실험일지나 살아 있는 생명을 관찰하고 그 변화를 기록한 관찰 일지 등으로 나눌 수 있다.

실험일지는 실험을 계획하고 준비하는 과정부터 시작해 실험을 통해 얻은 결과와 알게 된 사실까지 정리한다. 관련 주제에 대한 가설을 설정하고 그 가설을 입증하는 과정에 대해 정리하는 글이므로 객관적인 과학적 사실을 기반에 두고 글을 써야 한다. 실험 결과는 실험의 성공 여부와 관계없이 있는 그대로 정리해야 하므로 실험 과정 중에 일어나는 일을 수시로 메모해놓는 것이 좋다.

관찰일지는 대부분 살아 있는 생
명을 관찰하고 기록하는 글이기 때
문에 일지 한 편을 완성하기까지 긴
시간이 걸린다. 관찰한 날짜와 장소
를 기록하고 오감을 통해 관찰한 내
용을 기록한다. 관찰 내용에는 자신
이 직접 관찰한 내용과 새롭게 알게
된 점을 기록하는데 책이나 인터넷
등을 통해 조사한 내용을 함께 기록
할 수 있고, 사진이나 그림을 첨부할 수도 있다. 대상을 자세하게 관
찰하고 기록하는 태도를 통해 창의력과 표현력을 기를 수 있다.

따라 쓰기(필사)

따라 쓰기란 글을 원본 그대로 옮겨 쓰는 것으로 다른 사람이 쓴
문장뿐만 아니라 단어와 문장 부호, 띄어쓰기까지 똑같이 따라 쓰는
것을 말한다. 쓰기의 성공 경험을 가장 잘 이끌어낼 수 있는 것이 바
로 필사이다.

따라 쓰기를 하면 정말 글쓰기 능력이 향상될까?

따라 쓰기를 그림 그리기에 비유한다면 그림 기법을 익히기 위해
명화를 따라 그려보는 것과 비슷하다고 할 수 있다. 뛰어난 문학 작
품을 따라 쓰다 보면 글쓴이가 사용한 어휘나 문체뿐만 아니라 글의

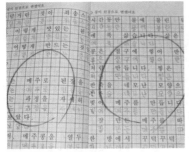 

전체적인 짜임에 대해 자연스럽게 익힐 수 있다. 또 글쓰기를 간접 체험하게 됨으로써 글에 담긴 글쓴이의 경험, 글을 쓰는 순서나 방법 또한 간접적으로 체험할 수 있다. 이 과정에서 아이들은 글을 쓰는 행위에 익숙해져 글쓰기에 대한 부담을 줄일 수 있다.

저학년의 경우, 교과서에 제시된 쓰기 과제의 보조선을 적극적으로 활용하고, 덮어쓰기, 시필점 찾기 등을 활용하여 자음자와 모음자를 차례대로 쓰고 음절이나 단어를 차례에 맞게 쓸 수 있는 능력을 기른다. 또한 자형과 글자의 간격을 고려하여 글자 쓰는 순서 등을 익혀 글씨를 바르게 쓰게 한다.

중학년의 경우, 책의 전체 내용을 쓰는 것도 물론 도움이 되겠지만 마음에 드는 글귀나 책의 어느 한 장만 필사해도 좋다. 책 한 권을 읽으면 다섯 줄 내외로 좋은 문장을 따라 써보는 것도 좋다

고학년의 경우, 스스로 필사하고 싶은 책을 골라 써보는 것도 좋은 경험이 된다. 이전 학년에서 읽었던 책도 좋다. 상대적으로 얇은 책을 골라 처음부터 끝까지 따라 써보고 간단하게 자신의 생각을 덧붙이는 것이다.

일주일에 두 번 아이들이 아침 독서 시간에 스스로 고른 책 필사를 했다. 교사들에게 아침 시간은 매우 바쁘다. 메신저를 켜고 일일 계획을 확인한 후 급히 처리해야 할 일은 있는지, 각 부서 별 제출해야 할 건 없는지 살피다 보면 20분은 훌쩍 지나간다. 하지만 모두 알다시피, 아침 20분 동안 함께 필사 활동에 참여한다고 해서 큰일이 나지는 않는다. 그래서 나는 일주일에 두 번, 아이들이 필사하는 시간에 빈 책상을 하나 당겨 앉아 아이들과 함께《명심보감》과《어린 왕자》를 따라 썼다.

감정 일기 쓰기

하루 한 장 감정 일기는 학급 친구들과 함께 쓰는 일기이다. 하루에 한 명씩 돌아가며 있었던 일을 감정 용어를 사용해 기록한다. 감정에 대한 어휘를 얼마나 많이 알고 있느냐에 따라 표현의 정도가 달라지

므로 일기장 맨 앞장에 감정 용어 예시를 넣어주는 것도 좋은 방법이 된다. 날씨를 표현할 때도 '맑음', '흐림'처럼 단순하게 기상 상태를 쓰는 것이 아닌 '겉옷을 입으면 덥고 벗으면 추운 날씨'나 '달걀 깨뜨리면 익을 것 같은 날씨'처럼 날씨 상태를 풀어 써보는 것도 좋다. 날씨를 창의적으로 표현해 본 경험이 없어서 처음엔 다소 낯설게 느껴질 것이다. 일기를 다 쓰고 나면 친구들이 느낀 일상에 공감과 지지의 댓글을 달아본다.

하루 생활 공책 쓰기

책을 활용한 다양한 활동을 실천하면서 아이들이 점점 학교생활에 자신감을 가지는 모습을 볼 수 있었다. 아이들에게 확실한 실천 동기를 부여하고, 계획을 세워 실천할 수 있도록 하루 생활 공책을 쓰기 시작했다. 스스로 목표를 세워보고, 성취 정도를 스스로 점검하며 자신을 조절하고 관리하는 능력을 기를 수 있다.

하루 생활 맨 앞부분에는 작성 방법을 안내했다.

매일 아침 전날 썼던 목표에 대한 성취 정도와 일기, 과제 실천 여부를 표시하고, 그날 해야 할 두세 가지 목표를 스스로 선정했는데, 이를 돕기 위해 학년별 발달 수준을 고려한 학습·생활·운동 등 주제별 예시문을 안내했다. 또 무리한 계획을 세우기보다는 실천 가능한 것을 구체적으로 기록하고 성취하는 것이 중요하다는 것을 알려주고, 하루 생활 공책을 가정으로 보내 응원의 답글, 격려의 답글을 받아보기도 했다.

저학년용 하루 생활 공책 예시 (독서기록장과 함께)

날짜	아침 독서 책 제목			오늘 내 기분을 그림으로 그려보세요.
지난 다짐을 실천했어요		○	×	
새로 알게 되었어요 + 이런 생각이 떠올랐어요 + 궁금한 것이 생겼어요				
오늘 내가 실천할 일이에요				

고학년용 하루 생활 공책 예시

하루 공책 쓰는 법

♫ 매일 잊지 않고 써요.
♫ 매일 반복되는 사소한 일에도 감사한 마음을 가져요.
♫ 빈 세모(△)는 등교 후에, 가득 찬 세모(▲)는 하교 전에 쓰도록 해요.

20   년   월   일   요일

△지금, 이 순간 감사한 일 세 가지는 무엇인가요?

　1. 아침을 먹고 학교에 올 수 있어서 감사하다.
　2. 학교에 올 때 사고가 나지 않고 무사히 잘 와서 감사하다.
　3. 일기예보를 보고 미리 우산을 챙겨와서 감사하다.

△내가 오늘 반드시 해야 할 세 가지 일은 무엇인가요?

　1. 학교 안 쓰레기 한 개 줍기
　2. 학교 후 바로 배움공책부터 쓰기
　3. 도서관에서 빌린 책 반납하기

▲오늘 일어난 일 중 내 마음을 가장 움직인 일은 무엇인가요? (감정 용어)

　1인 1역을 하는데 ○○이가 중간에 사라져서 화품이 났다. 그래도 참고 다 하고 나니 뿌듯했다.

▲내 칭찬 한마디♡

　1인 1역을 하면서 화가 많이 났는데 ○○이한테 화를 내지 않았다. 내일은 꼭 같이 하자고 잘
　말한 것 같아서 칭찬한다.

♪ 매일 잊지 않고 써요.

♪ 매일 반복되는 사소한 일에도 감사한 마음을 가져요.

♪ 빈 세모(△)는 등교 후에, 가득 찬 세모(▲)는 하교 전에 쓰도록 해요.

　　학년 수준에 맞는 하루 생활 공책 양식을 사용하는 것도 좋은 방법이다. 저학년 아이들에게는 쓰기 자체가 부담될 수 있으므로 간단한 독서록 양식과 혼합해 활용할 수 있다.

학급 신문 만들기

　　나에게 있어 학급신문은 나만의 학급 운영 '무기'다. 매달 말일을 어기지 않고 학급신문을 내는 것은 절대 어길 수 없는 나 자신과의 약속이고, 그래도 이것만큼은 해냈다 하는 최소한의 양심이다.

　　윤태규 선생님은《빛깔이 있는 학급문집 만들기》에서 다달이 내는 학급문집의 좋은 점은 교실의 변화나 발전이 끊어지지 않고 이어 나타나고, 글이나 생각들이 발전되어 가는 모습을 다달이 볼 수 있다는 점이라고 했다.

　　자기를 표현하는 데 가장 쉽고 널리 쓰이는 수단은 말과 글이다. 글쓰기는 말하기와 아울러서 하는 중요한 표현 교육으로, 긍정적인 표현만이 '좋은 표현'이 아님을 이해하고 표현의 자유를 가지고 쓰기

216

쉬운 글, 아이들의 삶과 세계를 존중하는 글, 자기 자신의 글을 쓰게 하는 것을 늘 염두에 두어야 한다.

어디서부터 손을 봐야 할지 난감하기만 했던 글들은 점점 내가 손보지 않아도 제법 읽어줄 만한 글이 되었다가, 이제는 '오, 이거 **이가 쓴 거 맞아?'하고 글쓴이의 이름을 다시 보게 할 정도가 되었다. 아이들은 매달 말일, 학교의 선생님들께 신문을 배달하는 시간을 아주 좋아한다. 그리고 이번 달도 무사히 해냈다는 안도감과 성취감을 맛본다.

학급 신문 발행을 통해 글쓰기의 단계를 익히고 자신의 감정을 글로 표현하는 능력과 문장력이 눈에 띄게 신장되었다. 글의 길이, 사용된 단어의 개수, 수준뿐만 아니라 문장의 구조, 문단의 구성 등 기본 글쓰기 수준이 향상되었다. 맞춤법을 어려워하던 학생들도 반복되는 글쓰기로 자연스럽게 띄어쓰기와 한글 맞춤법을 익힐 수 있었고, 자신의 글이 신문에 실리는 경험을 함으로써 학교생활에 대한 참여도와 흥미가 높아졌다.

다음은 학급 신문 「비타민」의 표지 사진(2019년)과 신문에 실린 글의 목록(2020년)이다.

선생님, 안녕하세요. 저는 6학년 3반 이○○입니다.

저희의 첫 학급 신문 『비타민』이 발행되었습니다.

저희의 마음과 노력이 담긴 신문을 소개해드리고 싶어 글을 쓰게 되었습니다.

아직은 많이 부족하지만 앞으로 나아질 저희의 모습을 기대해주세요. 그리고 많이 칭찬해주세요.

고맙습니다. 항상 건강하세요.

2019년 3월 29일 이○○ 올림.

비타민 편집장님

매달 비타민을 애독하고 있습니다.

아이들과 좋은 글 써주셔서 감사합니다.

소정의 구독료를 보내드리니,

앞으로도 좋은 글 부탁드립니다.

·3학년 3반 ○○○선생님

·3학년 선생님께 아이들 간식(사탕)을 선물 받았다. 아이들의 성취감이 더욱 높아졌다.

월	글 목록	월	글 목록
3월	·너를 만나면 더 멋지게 살고 싶어진다 ·6학년이 되어 ·비유하는 표현을 활용하여 시 쓰기 ·나의 최애 영화·책 소개하기	4월	·김종록의 《금척(金尺)》 중에서 ·삼학도 공원에 다녀와서 ·미얀마 국민들에게 보내는 글 ·과학의 날 체험을 마치고
5월	·법정의 《무소유》 중에서 ·학년 운동회를 마치고 ·주장하는 글쓰기 ·다문화 인식 개선 글쓰기 ·속담 4컷 만화	6월	·마리사 피어 《나는 오늘도 나를 응원한다》 중에서 ·내가 우리 반 선생님이 된다면 ·영화 《월-E》 감상문 ·올바른 우리말 사용을 위한 글쓰기
7·8월	·이종선 《따뜻한 카리스마》 중에서 ·책 속 인물이 추구하는 가치 ·여름방학을 보내고 ·인물이 추구하는 삶과 나의 삶 비교하기	9월	·손미나 《내가 가는 길이 꽃길이다》 중에서 ·영화 《The sound of music》 감상문 ·인물에게 편지 쓰기 ·내가 해적 선장이 된다면

10월	·레오 톨스토이 《세 가지 질문》 중에서 ·영화 《코다》 감상문 ·세계 여러 나라 소개하기 ·잘만00-나의 장점 소개하기	11월	·손미나 《내가 가는 길이 꽃길이다》 중에서 ·통일 한국의 모습 글쓰기 ·내가 읽은 책을 소개합니다 ·잘만00-단점을 장점으로 바꿔 표현하기
12·1월	·손미나 《내가 가는 길이 꽃길이다》 중에서 ·아이들에게 보내는 가족들의 편지 ·6학년을 마무리하며 ·우리 선생님은요		

학습장 쓰기

학습장 정리를 해본 경험이 부족해 수업 시간에 학습장을 활용한다는 것을 낯설어했다. 처음 두세 달은 필기법을 익히기 위해 교사가 배운 내용을 정리해서 학급 소통망에 올려주고 그대로 쓰게 했다. 하루에 공책 한쪽을 채우는 것도 힘들어했다.

하지만 지금은 수업 시간에 스스로 메모한 내용과 교과서를 활용해 배운 내용을 정리하며 복습 공책을 쓰는 실력이 눈에 띄게 향상되었다. 또 매일 똑같은 과제를 반복해서 해결함으로써 성실함, 자기 관리 능력이 신장되었으며 수업 내용을 핵심 단어를 중심으로 구조화하여 정리하는 능력을 기를 수 있었다.

하루 생활 공책과 복습 공책 쓰기를 통해 자기가 할 수 있는 일을 스스로 골라 하루 목표를 세울 수 있었고 한 일에는 표시를 하면서 성취감을 느낄 수 있었다. 또한 학교생활을 시작하면서 반복적, 규칙적으로 해야 할 일을 익히고 실천함으로써 기본 생활 습관 및 자기 관리 능력이 향상되었다.

제목 영역	
·날짜, 단원, 학습문제 기록	
단서 영역	**필기 영역**
·필기한 내용을 중심으로 빠르고 쉽게 알아볼 수 있는 주요 개념을 기록	·선생님 말씀이나 판서 내용 등 수업 중 배운 내용 필기 ·알아보기 쉽도록 그림이나 표 등을 활용한 자신만의 방식으로 필기
요약 영역	
·필기 내용을 3~4줄로 요약하거나 이미지화하여 정리	

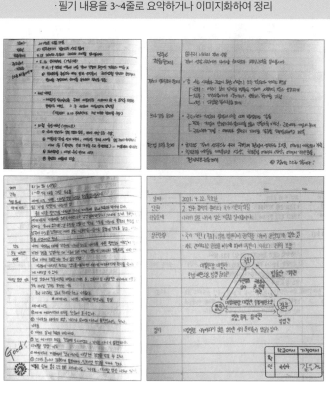

3장

글쓴이로 우뚝 서기

쓰기 본능을 일깨우는 발상 훈련

◇ 은유 거울 기법

《그림책 한 권의 힘》의 저자인 이현아 선생님은 '은유 거울'기법을 활용해 각자 자기만의 고유한 느낌과 성정을 사물에 빗댄 함축적인 시각 이미지로 표현했다. 창작 수업에서 가장 중요한 것은 자신의 내면을 들여다보는 일이므로 '나'를 하나의 사물에 빗대어 소개해보는 활동을 통해 학생들은 스스로에 관한 탐구를 본격적으로 시작하게 되었다. 또 자신을 투영한 하나의 이미지를 토대로 고유한 글감을 찾아 창작의 실마리를 발견하는 계기가 되었다.

그림책 속의 다양한 은유와 상징을 살펴보고, 내가 밥이라면, 내가 동물이라면, 내가 그리스·로마 신화 속 신이라면 등의 다양한 비유로 자기표현과 이해의 과정을 거쳐 감상과 창작의 순환을 경험했다.

또 이야기 지표 기법의 하나인 '재저작 대화(re-authoring conversation)'

를 주제로 활용해 부족하고 실패한 것이 잘못된 것으로 여겨진 관점에서 벗어나 나의 단점을 있는 그대로 수용하고, 또 다른 측면에서 단점을 바라볼 수 있는 기회를 가질 수 있는 창작 활동을 전개했다.

6학년 아이들과 함께 '나는 밥'을 주제로 은유 거울 기법을 적용해 보았다. 처음 해보는 은유 거울 기법이라 어색하고 낯설었지만 곧 빠져드는 모습이 사뭇 진지했다. 아이들이 표현하는 각자의 모습은 아이들의 수만큼이나 다양했고 달랐다. 서툴지만 용기를 내 자기를 표현해내는 모습이 안쓰럽기도 기특하기도 하다.

표현이 익숙해진 후에는 내가 생각하는 우리 반의 이미지와 나의 이미지를 은유 거울 기법으로 표현했다. 교실 속 그림책 활용 수업에 한 명도 소외되는 아이들이 없기를 바라며 진지하게 나를 표현하는 일이 창피하지 않고, 속마음을 드러내도 무시당하지 않은 교실 분위기를 조성하는 데에 힘썼다.

전문적학습공동체 『책크인』·그림책 '쏟아진다' 일부

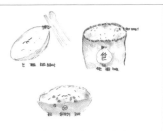

난 계량을 잘못한 밥입니다.
시작은 그럴 듯하지만
끝은 실수투성이입니다.

밥통에 있는 밥
계속 가만히 누가 관심을 가져줄
때까지 기다린다.

과일 바구니 육일
각자 자신만의 개성을 가지고 있다.

이빨 육일
언제나 같이 있고, 같이 협동하는 우리는!
이빨 육일

나는 키작은 기린
동물원에서 키가 제일 작지만
키가 어서 자라기를 기다리고 있지.
누가 뭐래도 제일 높은 가지 끝
나뭇잎을 따고 싶은 마음이 크지

나는 고양이
나는 조용한걸 무척 좋아하지.
내 시간을 방해한다면 발톱을 세울 수
있다냥 조심하라냥
혼자서 노는 시간을 가장 좋아한다냥

◇ 여섯 조각 이야기

'여섯 조각 이야기(6 pieces story making)'는 이스라엘의 심리학자인 물리 라하드와 영국의 연극치료사 알리다 저시가 소개한 기법으로, 아이들은 주인공, 주인공이 하고 싶은 것, 해야 할 일, 주인공을 방해하는 것, 주인공을 돕는 것, 주인공이 도움을 받아 문제를 해결하는 과정, 결말을 순서대로 문장과 그림으로 담아냄으로써 한 편의 이야기를 완성한다.

이야기가 인간의 삶을 반영하는 하나의 도구라고 볼 때, 아이들은 자기도 알지 못하는 사이에 내면에 숨겨진 감정을 자연스럽게 여섯 조각 이야기 속에 담아낸다. 주인공이 하고 싶은 일을 이뤄가며 방해에 부딪히고 그것을 극복해나가는 과정에는 아이들이 하고 싶은 것, 어려움을 겪고 있는 것, 문제 상황에서 그것을 대처하고 해결하는 방식이 은연중에 담겨 있다.

틀에 얽매이거나 다른 사람의 개입 없이 여섯 가지의 요소를 그림이나 간단한 이야기로 충분히 표현하며 나의 세계관을 펼치며 새로운 세계로의 모험을 시작한다는 것은 완전한 형태의 이야기 한 편을 만들어내는 것 이상의 가치가 있다.

또 책을 읽는 과정에서 드는 생각이나 궁금한 점 등 친구들과 자유롭게 이야기하고, 책의 각 페이지에 어울리는 내용의 이야기를 접착식 메모지에 써 붙이도록 했다. 또 직접 작가가 되어 그림책을 창작해보는 활동을 전개했다.

활동 단계	활동 내용
주인공	·이야기의 주인공 ·주인공이 사는 장소, 주인공이 처한 상황을 자세하게 그리고 설명하기 ·주인공은 사람뿐만 아니라 사물이나 동물, 식물, 곤충, 자연, 무생물일 수 있음 ·주인공 설정이 어려운 경우, 은유 거울 기법을 활용하여 나를 비춰 표현했던 사물 등을 주인공으로 활용
주인공이 하고 싶은 것 해야 할 일	·주인공이 해야 할 일 ·자신이 이루고 싶은 일 또는 누군가를 도와주는 일
주인공을 방해하는 것	·주인공이 하고 싶은 일을 하지 못하게 방해하는 존재 ·사람 또는 상황, 주인공이 가진 성격, 강력한 외부의 힘일 수 있음 ·주인공을 누가, 어떻게, 왜 방해하는지 쓰기
주인공을 도와주는 것	·주인공이 하고 싶은 일을 해낼 수 있도록 도와주는 존재 ·아무에게도 도움을 받지 못할 수도 있음
주인공이 도움을 받아 문제를 해결하는 과정	·주인공이 하고 싶은 일을 해낼 수 있는지, 해낼 수 없는지에 대해 결정하고 서술 ·주인공을 돕는 존재와 힘을 합쳐서 해낼 수도, 주인공을 방해하는 존재를 응징할 수도 있음
결말	·이야기가 어떻게 끝났는지 결말 그리기 ·목표 달성에 성공했는지, 행복한 결말인지

쓰기에 날개를 달아주는 표현 훈련

은유 거울 기법과 여섯 조각 이야기 만들기 훈련을 통해 생각을 끄집어내는 경험을 충분히 했다면 정선된 언어와 그림으로 정리될 수 있도록 표현 훈련을 시작해야 한다.

학기 초 학교생활을 시작하며 반드시 준비해야 하는 준비물 중 하나가 바로 '글벗 공책'이다. 작은 수첩이나 공책 등 내가 가장 마음에 드는 쓰기 도구를 선택한다. 줄 간격이 좁아 쓰기에 불편하면 공책을 반으로 잘라서 써도 좋고 줄이 없는 연습장 형식의 공책을 활용해도 좋다. 개학 전에 적당한 수첩을 골라 미리 준비해 두는 것도 좋은 방법이다. 학생 수보다 열 권 정도 여유를 두고 준비해 아이들 이름을 미리 인쇄해 붙여 놓으면 아이들은 금방 글벗 공책에 애착을 갖게 된다. 아이들은 교실에 들어온 첫날부터 글벗 공책에 끄적인다. 처음 교실에 들어왔을 때의 기분, 선생님의 첫인상, 새 학년을 맞이하는 각오 등 가벼운 주제로 글쓰기를 시작한다. 첫날부터 교실 속 글쓰기를 시작한다는 것은 상징적인 의미도 있다. 일 년 동안은 교실에서 글쓰기를 밥 먹듯이 해야 한다는 것을 당연하게 받아들일 수 있도록.

그림책을 만들기 위한 표현 훈련도 비슷하다. 그림책의 전체 방향을 정하는 눈을 키웠다면 본격적으로 스토리보드를 그려야 한다. 스토리보드는 애니메이션이나 영화를 제작할 때, 보는 사람이 내용을

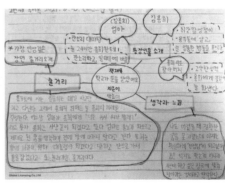

잘 이해할 수 있도록 주요 장면들을 완성본에 가깝게 그림이나 사진으로 정리해놓은 것을 말한다.

글 고대영 작가, 그림 김영진 작가의 생활 그림책 《집 안 치우기》, 《거짓말》, 《먹는 이야기》 등에는 스토리보드가 인쇄돼 있다. 앞 면지와 뒤 면지를 살펴보면 밑그림을 비롯해 여러 번 스케치를 수정하는 흔적도 고스란히 담겨 있다. 책을 뚝딱 만들어내는 것으로만 생각했던 아이들은 작가들도 우리처럼 고민과 시행착오의 과정을 거친다는 것에 작은 위로를 느낀다.

다음은 표현 훈련을 할 때의 몇 가지 유의점이다.

글이나 그림이 아닌 아이를 들여다본다.

교실 속에서 아이들과 함께 글을 쓰는 이유는 당연히 쓰기 능력을 기르기 위해서이다. 하지만 여기서 간과해서는 안 될 것이 있다. 쓰기 능력을 왜 기르려고 하는지다. 교실 속 글쓰기를 통해 우리는 아이들의 마음 건강을 살펴야 한다. 아이들은 말하지 않아도 자신의 마음을 알아주기를 기대한다. 관계가 쌓이고, 공책을 보여주는 선생님에게 나를 투명하게 내비쳐도 되겠다는 확신이 들 때 아이들의 마음이 공책에 고스란히 담기게 된다.

아이들이 공책에 표현하고 싶은 말은 저마다 다 다르다. 또 글 속에 자기의 속마음을 다 드러내지 않기도 한다. 언뜻 보기에 평범한 일상이나 눈으로 관찰한 내용을 담아 마음이 담겨 있지 않은 것처럼 보일 수 있지만 그렇지 않다. 아이들의 시선이 머무르고 관심이 내려앉았기 때문에 그것이 글로 표현되는 것이다. 우리는 아이들이 표현한 작품을 작품으로만 볼 게 아니라 그 속에 담긴 아이 자체를 봐야 한다.

틀린 글자는 애써 교정하지 않는다.

아이들과 글을 쓸 때 주의할 점 중의 하나는 바로 맞춤법 교정이다. 틀린 글자를 바로잡아주고 싶은 마음은 당연하다. 글자를 틀리게 썼다고 교정을 받는 아이는 '틀리면 어쩌지.'하는 마음에 표현에 주저함이 생긴다. 읽고 의미를 이해하는 데 크게 영향을 주지 않는다면 맞춤법 교정은 일단 넣어두자. 색깔 펜으로 공책에 교정 하는 순간 아이의 마음에도 똑같은 자국이 남을 수 있다는 것을 기억하자.

못 한 작품은 없다.

낙서하듯 툭툭 꺼내놓던 단어는 문장이 된다. 의식의 흐름대로 쏟아지던 문장은 글이 된다. 그림도 마찬가지이다. 그리다 만 연필 자국이 덮이고 덮여 완성된 그림이 된다. 누구나 그런 과정을 거쳐 하나의 작품을 완성한다. 아이들의 작품을 모은다는 것은 그 아이가 쏟아낸 생각과 쏟아 부은 시간을 존중한다는 뜻이다. 아이가 꺼내놓는 모든 표현을 가치 있게 여겨주고 칭찬을 아끼지 않는다면 분명 쓰기의 순수한 즐거움을 느낄 수 있을 것이다.

솔직하게 표현한 작품에 판단을 넣지 않는다.

아이들이 감정을 종이에 털어놓다 보면 간혹 부정적이거나 도덕적으로 옳지 않은 감정이나 행동이 드러나는 경우도 있다. 이것은 솔직하게 내 마음을 드러낼 수 있는 허용된 공간이라는 믿음에서 나오는 것이다. "너 그때 왜 그랬어?", "그런 생각은 좋지 않아. 다음엔 그러지 마."라는 판단과 지도는 역시, 잘 걷고 있는 아이들의 뒷덜미를 잡고 제자리에 끌어 앉히는 것과 같다. 글이든 그림이든 아이들이 마음을 풀어낼 곳이 있다는 것에 감사하게 생각하며 끌어안아 품어주어야 한다. 덧붙여 아이들의 허락 없이는 함부로 작품을 다른 사람들에게 공개하지 않아야 한다. 더러 교사가 보는 것을 꺼리는 아이들도 있다. 모두가 함께 보면 좋을 만한 작품이더라도 아이들에게 허락을 먼저 구하는 것이 좋다.

쓰기가 어려운 아이들

아이들에게 글쓰기를 지도할 때마다 떠오르는 의문점이 있다. 또래에 비해 쓰기 능력이나 흥미가 현저히 떨어지는 아이들의 글쓰기는 어떻게 지도할 것인가?

물론 교사는 1년간 아이들의 쓰기 능력을 길러주기 위해 부단히 노력할 것이나, 교사가 끌어올릴 수 있는 아이들의 역량에는 한계가 있다. 게다가 한글을 해득하지 못한 아이의 경우 글쓰기 이전에 한글 지도부터 해야 하니 개별 지도를 하더라도 정해진 시간 안에 글 한 편을 완성하기는 어렵다. 이렇듯 쓰기가 어려운 아이들은 개별 학생의 수준을 정확히 파악한 뒤, 수준에 따라 다음과 같이 지도한다.

먼저 한글 미해득의 경우 해당 주제에 대해 말로 구술하게 한다.

"~에 대한 네 생각은 어때?"

"그렇구나, 그렇게 생각한 이유는 무엇 때문이니?"

등의 발문으로 아이가 해당 주제에 대해 깊이 생각하도록 유도하고, 아이가 한 말을 교사가 받아 적어 원고에 싣는다.

한글을 읽고 쓸 수 있는 아이들의 경우 먼저 해당 주제에 대해 말로 구술하게 한 뒤, 방금 전 자신이 말했던 것을 받아 적도록 한다. 예를 들어

"친구에 대해 어떻게 생각하니?"

"친구는 좋아요."

"왜 그렇게 생각했어?"

"친구는 저랑 놀아주니까요."

"그래, 친구는 너랑 놀아주기 때문에 좋은 거구나. 그럼 그렇게 써 볼래?"

식으로 생각한 것을 스스로 말하게 하고, 이를 정리하여 옮겨 적도록 안내한다.

어느 정도 작문에 익숙해진 아이들의 경우 짧은 글쓰기부터 시작하도록 독려할 수 있다. 한 줄, 또는 두 줄 쓰기부터 혼자 쓰기 시작해 점점 분량을 늘리는 것이다. 그렇게 완성된 글에서 맞춤법이나 띄어쓰기, 비문 등은 교사와 글쓴이가 충분히 소통하며 함께 수정하도록 한다.

교실 속 책 만들기

쓰기의 보람을 가장 크게 느낄 수 있는 순간은 언제인가? 바로 공들여 쓴 글이 어떠한 형태의 결과물로 글쓴이의 손에 들어오게 되었을 때이다. 교사는 아이들이 써낸 글을 책으로 펴냄으로써 아이들에게 쓰기의 보람과 행복을 맛보여줄 수 있다. 종이 원고 형태의 나의 산출물이 정돈되고, 완성된 가공의 형태의 책으로 변환되는 경험은 잊지 못할 성취감과 긍정적인 자아효능감을 느끼게 할 것이다.

책을 제작하는 것은 학기 초부터 아이들과 충분히 협의하여 장기 프로젝트로 진행하는 것이 좋다.

◇ 무슨 내용을 어떤 순서로 쓸까?

글감 정하기

어떤 책을 쓸 것인가? 이 질문에 대한 답을 새 학기에 가장 먼저 정해놓아야 한다. 아이들과 만들고 싶은 책의 형태를 분명히 정해놓아야 이에 맞춘 쓰기 지도가 가능하기 때문이다. 아이들의 입장에서도 "우리 책을 만들어 보자."라는 말보다는 "우리 12월에 그림책을 한 권 만들어 보자."라는 말이 더 구체적으로 다가오므로 쓰기 동기를 높일 수 있으며, 결과적으로 그 목표 하나를 향해 1년이라는 시간 동안 글쓰기에 열중할 수 있게 된다. 학급에서 다 같이 집필할 수 있는 책의 형태로는 학급문집, 동화책, 동시집, 그림책 등이 있다. 각 책의 장단점을 비교하여 학급과 가장 잘 맞는 책의 형태를 정해야 한다.

학급문집

학급문집은 가장 대표적이고 전통적인 학급 책의 형태라고 할 수 있다. 그만큼 프로젝트를 운영할 때 참고할 수 있는 사례가 많으며, 활용할 만한 자료 또한 많이 나와 있으므로 책 만들기 프로젝트를 처음 시도하는 교사의 경우 학급문집으로 시작해보기를 추천한다. 학급문집은 원고를 모아 편집하기도 간단한 편이며, 학급의 개성과 추억을 가장 생생하게 담을 수 있다는 장점이 있다. 그러나 여러 주제에 대한 글을 싣다보니 내용의 일관성이 보장되기 어렵고, 분량이나 쪽수의 조절이 쉽지 않아 자칫 낱권의 책을 엮어놓기만 한 것 같은 다소 분절된 느낌을 줄 수 있다.

동화책

동화책은 아이들이 쓴 이야기로 펴낸 책이다. 저학년의 경우 그림책, 고학년의 경우 어린이소설책 등으로 학년군 또는 쓰기 수준에 따라 형태를 달리할 수 있다. 아이들이 개별적으로 자기가 쓰고 싶은 이야기를 써서 동화집으로 만들 수도, 학급 전체가 힘을 합쳐 한 편의 이야기를 써낼 수도 있다. 아이들은 쓰고 싶은 내용을 정하고 이를 언어로 풀어나가는 과정에서 자신의 경험을 돌아보며 삶의 의미를 발견하고, 이를 친구들과 공유하면서 서로를 이해하고 서로에 대한 공감대를 형성한다. 교사는 집필 과정에서 아이들이 이야기의 구조에 따라 글을 썼는지 점검하고, 긴 글을 쓰기 어려워하는 학생들을 개별적으로 지도하고, 아이들이 핵심만 전달하는 것이 아닌 대사와 지문을 풍성하게 활용한 문체로 글을 쓸 수 있도록 꾸준히 안내한다.

동시집

동시집은 학생들이 쓴 시를 모아 펴낸 책이다. 아이들은 자신의 경험이나 생각을 시라는 낯선 형태의 언어로 나타냄으로써 주제에 대한 새로운 접근법을 발견할 수 있고, 특유의 참신하고 창의적인 언어 표현을 발전시킬 기회를 가질 수도 있다. 시집의 경우 아이들이 직접 자기 페이지에 들어갈 시화를 그리도록 지도한다면, 시각 매체와 결합하여 주제를 더 효과적으로 표현하면서도 우리 학급의 모습을 총체적으로 담을 수 있는 특별한 시집을 만들 수 있다. 비유적 표현을 어려워하는 아이들이 생각보다 많으므로, 시집다운 시집을 펴내기 위해서는 아이들이 비유를 여러 번에 걸쳐 충분히 연습할 수 있도록 지도한다.

그림책

그림책은 글과 그림이 어우러진 책이다. 특정 키워드나 주제에 대한 각자의 이야기를 그릴 수도, 학급 전체가 하나의 내용을 정해 각자 할당된 분량을 그릴 수도 있다. 그림책에 들어갈 그림을 그릴 때는 단번에 그리도록 하기보다 그림에 들어갈 대상과 구도를 정해 스케치해 보는 연습을 여러 번 거친 뒤에 그리는 편이 더 완성도 있는 책을 만들 수 있다. 글과 그림이 함께 어우러져 내용을 나타내므로 아이들은 쓰기 부담을 덜 느끼면서도, 주제에 대해 깊이 생각하고 표현할 기회를 가질 수 있다. 다만 교사는 그림에 자신이 없는 아이들을 개별적으로 지도하고, 아이들이 단순히 예쁜 그림이나 잘 그린 그림이 아닌 주제를 잘 담고 있는 그림을 그릴 수 있도록 안내한다.

전체적인 표현 방식을 정했다면 원고의 주제를 정한다. 글의 주제는 학교, 우정과 같이 학생에게 친숙하면서도 아이들의 생활이나 생각이 잘 드러나는 것이면 좋다. 아이들이 평소 고민하고 생각하는 친숙한 주제는 쓸 거리가 더욱 풍부하기 때문이다. 원고 주제를 제시하는 방법으로는 크게 교사 제시와 학생 제시, 두 가지가 있다.

교사 제시는 말 그대로 교사가 주제를 정하여 아이들에게 제시하는 것이다. 글쓰기 활동을 교육과정과 연계하거나 교사가 구상한 방향대로 학급을 이끌어가고자 할 때 활용하기 좋은 방법이다. 다만 교사 제시의 방법일 경우 아이들의 쓰기 동기를 신중하게 고려한다. 교육적인 의미에만 치중하면 아이들의 쓰기 의욕이나 흥미가 낮아질 수도 있기 때문이다. 이 경우 원고 주제를 정하는 과정에서 아이들의 의견도 적극적으로 수렴하는 것이 필요하다.

학생 제시는 아이들이 글 쓸 주제를 직접 정하는 것이다. 학급 회의를 통해 주제를 정하거나, 자원하는 아이의 추천을 받아 주제를 정하는 것이 이에 해당한다. 자신들이 직접 제시한 주제를 활용할 경우 아이들의 쓰기 동기와 흥미는 높아지고 더 적극적으로 쓰기에 임하는 경향이 있다. 그러나 아이들이 주제를 정할 때는 교육적 효과나 전반적인 쓰기 수준 등을 간과하는 경우가 있으므로 교사는 아이들이 좋은 아이디어를 낼 수 있도록 풍부하게 발문하고 이야기 나누어야 한다.

우리 반 아이들은 한 가지 주제로 각자 한 쪽씩 그림을 그려 24쪽의 그림책을 만들기로 결정했다. 1학기에는 여러 그림책을 읽으며 그림책의 형태와 다양한 표현 방법에 대해 익힌 뒤 2학기부터 본격적으로 생각 꺼내기 훈련을 시작했다.

개성 있는 생각을 표현한 자료들이 점점 쌓이자, 어떤 주제를 책으로 만들 것인지에 대한 고민이 필요해졌다. 그래서 아이들의 작품을 모두 모아 교실 한편에 전시해두고, 다른 친구들의 작품도 꼼꼼하게 살펴보며 내가 가장 책으로 출판하고 싶은 주제를 골라 투표를 실시했다. 스스로를 동물과 비교해보고, 서로의 특징을 연관 지은 「나는 ○○」이 선정되었다.

말로 먼저 표현하기

아이들은 글보다 말이 먼저 나간다. 글을 쓰라는 말만 들으면 갑자기 온몸이 젤리라도 된 듯 흐느적거리는 아이들부터 연필을 잡고 꼼짝도 하지 않는 아이들까지, 쉬는 시간만 되면 자기 친구들과 이야기하느라 시간 가는 줄도 모르는 것처럼 말이다. 아이들 안에는 수많은 문장이 있다. 바로 그 문장을 글자로 꺼내놓는 연습을 하는 것이 글쓰기의 기초가 된다.

주제를 글로 표현하는 것이 어렵다면, 쓰지 않고 말로만 중얼거려보게 한다. 그 주제에 관해서라면 아무 말이나 해도 괜찮다고, 생각나는 걸 전부 말해보라고 하면 아이들은 잠시 머뭇거리다가도 결국 입을 뗀다. 그게 어떤 말이든, 말로 계속해서 표현하다 보면 결국 글에 쓸만한 아이디어를 스스로 생성할 수 있게 된다.

중얼거리기만 하던 아이들의 머리 위로 느낌표가 탁 떠올랐을 때. 그때 비로소 아이들은 쓸 준비가 된 것이다. 어느 정도 글로 표현하는 것이 익숙해진 아이들은 주제와 관련된 생각들을 떠오르는 그대로 옮겨 적는 사고 구술법을 활용해도 좋다.

본격적인 글쓰기

좋은 글은 단숨에 완성되지 않는다. 마찬가지로, 좋은 원고 또한 단숨에 만들어지지 않는다. 교사는 인내심을 가지고 아이들의 글이 한층 성장할 수 있도록 이끌어주어야 한다. 아이들의 글쓰기를 지도할 때는 다음의 세 가지를 명심해야 한다.

첫째, 글은 꾸준히 쓸수록 좋아진다. 글쓰기 능력은 노력하고 다듬는 만큼 성장하고, 생각을 멈추고 연필을 놓는 순간부터 녹슬기 시작한다. 되도록 매일매일, 아주 짧은 글이라도 최대한 자주 써야 한다. 글쓰기가 국어 시간에만 하는 어렵고 복잡한 것이 아닌, 생활 속에 당연하게 자리 잡은 습관이 되어야 아이들에게 글쓰기는 두렵지 않은 것이 된다.

둘째, 글은 쓰는 이의 경험이 풍부할수록 좋아진다. 최대한 다양한 경험을 쌓아야 한다. 아이들과 함께 최대한 많은 활동을 해보고 이야깃거리, 생각 거리를 많이 쌓은 다음 그것에 대해 글을 써본다면, 전처럼 쓸 말이 없어서 글을 못 쓰겠다는 말은 하지 않을 것이다.

셋째, 글은 깊게 생각할수록 좋아진다. 경험은 재료이고 생각은 경험을 가공하는 과정과 같다. 같은 문제도 여러 번에 걸쳐 거듭 생각하다 보면, 전에는 생각지 못했던 참신한 아이디어를 발견하거나 기존 아이디어의 오류를 발견할 수 있게 된다. 또한, 철학적인 사유를 거듭하며 내면의 그릇을 넓혀 가면 글 속에 더욱 깊은 생각을 담을

236

수 있게 된다. 아이들이 1학기 초에 쓴 글과 연말에 쓴 글은 깊이가 완전히 다르다. 아이들의 생각이 알을 깨고 나올 수 있도록 줄탁동시 (啐啄同時) 해야 한다.

글 고치기

글을 다 쓰고 난 후에는 글을 매끄럽게 읽을 수 있도록 글 고치기를 해야 한다. 물론 글 고치기는 글을 쓰는 중간에도 이루어진다. 아이들은 한 번 쓰면 글을 고치고 싶지 않아 한다. 그렇기 때문에 처음 글을 쓸 때부터 신중하게 글을 쓰고 자신이 쓴 글을 직접 소리 내 읽어보며 글을 고칠 수 있도록 도와주어야 한다.

글을 고치는 동안 다음과 같은 자기 점검표를 활용할 수 있다.

구분	확인할 내용	별점
낱말	글의 내용과 어울리는 적절한 낱말을 썼는가?	☆☆☆☆☆
	같은 낱말을 지나치게 반복하여 사용하지는 않았는가?	☆☆☆☆☆
	뜻을 잘 모르고 사용한 낱말은 없는가?	☆☆☆☆☆
	불필요한 비속어나 외래어를 사용하지 않았는가?	☆☆☆☆☆
문장	띄어쓰기나 맞춤법이 틀린 곳은 없는가?	☆☆☆☆☆
	접속어를 너무 많이 쓰지 않았는가?	☆☆☆☆☆
	필요한 문장 성분이 빠지지 않았는가?	☆☆☆☆☆
	문장의 길이가 너무 길거나 짧지 않은가?	☆☆☆☆☆
문단	문단의 순서가 글의 흐름과 잘 어울리는가?	☆☆☆☆☆
	문단의 내용이 일관되었는가?	☆☆☆☆☆
	불필요한 문장이 들어가지는 않았는가?	☆☆☆☆☆
	문단의 중심 내용이 잘 드러나는가?	☆☆☆☆☆

담문	글의 주제가 일관되었는가?	☆☆☆☆☆
	글의 핵심 메시지가 잘 나타나는가?	☆☆☆☆☆
	글의 내용이 흐름에 맞게 전개되는가?	☆☆☆☆☆
	글 전체 내용이 매끄럽게 연결되는가?	☆☆☆☆☆

◇ 책 제작하기

계획 세우기

학급 책 만들기는 1년을 두고 진행되는 장기적인 프로젝트이니만큼 계획이 필수다. 학기가 시작되기 전에 연간 계획을 세워 예산을 확보하고 계획에 따라 글쓰기와 원고 모으기를 해야 한다. 다음은 학급 책 제작을 위한 연간 계획 세우기에 참고할 수 있는 대략적인 월별 과제이다.

시기	해야 할 일	시기	해야 할 일
2월	·예산 계획 세우기 ·독서인문 교육 계획 세우기 ·어떤 책을 만들 것인지 정하기	8월	·방학 중 프로젝트 중간 점검 및 보완 ·원고 중간 점검 및 편집
3월	·학생 수준 점검하기 ·학생, 보호자에게 책 만들기 프로젝트 알리기 ·1학기 독서인문 교육 시작	9월	·2학기 독서인문 교육 시작 ·책 읽기, 글쓰기 습관 재정비 ·학생 수준 재점검
4월	·책 읽기 습관들이기 ·짧은 글쓰기 습관들이기 ·독서인문 교육 및 글쓰기	10월	·독서인문 교육 및 글쓰기 ·책 출간 비용 점검하기
5월	·독서인문 교육 및 글쓰기 ·글의 분량 늘리기 ·고쳐쓰기 습관들이기 ·독서인문 교육 및 글쓰기	11월	·원고 최종 수합 완료 ·내지 편집 및 표지 제작 ·인쇄소 선정 ·인쇄 옵션 결정

6월	·독서인문 교육 및 글쓰기 ·다양한 장르의 글 도전하기 ·독서인문 교육 및 글쓰기	12월	·샘플북 인쇄 및 검수 ·최종 주문 ·출판 기념회 계획 및 준비하기 ·학급 출판 기념회
7월	·독서인문 교육 및 글쓰기 ·방학 과제로 글쓰기 제시		

원고 모으기

우리 반 아이들의 글이 담긴 책을 펴내기로 결정했다면, 그 책은 반 아이들 모두의 것이 되어야 한다. 즉, 한 사람도 빠짐없이 책에 담길 정성 어린 원고를 써내야 한다. 물론 교사가 아무리 열의 있게 지도를 해도 쓰기에 흥미를 갖지 못하는 아이들 또한 분명히 있다. 그러나 학급 책 만들기는 단순한 쓰기 활동을 넘어 반 전체가 함께하는 프로젝트라는 점을 인식하고, 학급의 일원으로서 분명한 책임감을 느끼고 참여하도록 아이들을 독려해야 한다.

때문에 교사는 끈질겨야 한다. 학생 명렬표에 원고 제출 여부를 표시해 두고 몇 번이고 작가님, 원고 좀 내주십사 하고 아이들을 달래고 어르고, 졸라야 한다. 경우에 따라 방과 후에 아이들과 개별적으로 쓰기 활동을 보충하는 것도 하나의 방법이 될 수 있다.

아이들이 제출한 원고는 즉시 스캔하거나 타이핑해두는 것이 좋다. 여의치 않다면 사진이라도 찍어 두는 것이 좋다. 기억은 불확실하고, 사람이란 일이 많다 보면 어디에 무엇을 두었는지 떠올리기 어려우며 이 경우 아이들이 정성껏 쓴 원고를 분실하는 경우도 왕왕 발생하기 때문이다. 용이한 편집을 위해, 그리고 공들여 원고를 써낸 아이들을 실망시키지 않기 위해 교사는 원고를 받자마자 어디에든 백업

할 수 있는 형태로 남겨두어야 한다.

그림책이 아닌 글 책의 경우 아이들이 수기로 쓴 원고를 종이의 형태로 받으면 교사가 이를 일일이 타이핑해야 하고, 간혹 글씨 쓰기가 미흡한 아이들의 경우 원고의 내용을 알아보기 어려울 수 있다. 이 경우 온라인 클래스의 과제 제출 게시판을 활용하거나, 아이들이 각자 자기 번호가 표기된 칸에 글을 쓸 수 있는 온라인 보드에 글을 쓰도록 하는 것도 좋은 방법이다. 특히 온라인 보드를 활용할 경우 아이들이 서로의 글을 감상하고, 이에 대한 피드백을 공유할 수 있다는 점이 큰 장점이다. 하지만 앞에서 언급한 것처럼 자신의 글이 공개되기를 원하지 않는 아이들도 있으므로 원고 제출 방법 또한 아이들과 충분히 상의해 결정하는 것이 좋다.

원고 편집하기

책에 들어갈 원고를 무사히 모아 보관했다면, 남은 것은 이제 교사의 몫이다. 원고를 편집하는 것은 원고를 수집하는 것 이상으로 초인적인 인내심과 노력이 필요한 일이다. 특히나 학급 구성원 전체가 오랜 기간에 걸쳐 쓴 원고를 편집해야 할 경우에는 더더욱. 그러나 책의 완성도를 결정하는 것 또한 편집이기에, 교사는 어떨 때는 작가의 시선에서, 어떨 때는 편집자의 시선에서 원고를 편집해야 한다. 원고 편집의 절차는 다음과 같다.

목차 정하기

책의 편집 방향을 정하기 위해서는 가장 먼저 목차가 정해져야 한다. 목차를 정하는 방식은 그동안 모아 온 원고의 성격에 따른다. 월간 프로젝트 형식으로 1년간 꾸준히 원고를 모아 온 학급이라면 월별로 목차를 정할 수도 있고, 하나의 주제를 정해 글을 쓰는 것이 익숙한 학급이라면 썼던 글의 주제로 목차를 정할 수도 있다. 책의 처음과 끝에 교사가 프롤로그와 에필로그를 끼워 넣거나, 학급문집의 경우 챕터 중간중간에 글이 아닌 다른 방식으로 학급의 시간을 추억할 수 있는 또 다른 콘텐츠를 삽입하는 것 또한 의미 있는 책을 펴낼 수 있는 방법이다.

교정, 교열하기

가장 인내심이 필요한 과정이다.

아이들의 문장은 완성되지 못했기에 아름답다. 필요한 문장 성분에는 구멍이 나 있고, 이 말과 저 말이 충돌하기도 하며, 투박하기 그지없지만, 한편으론 누구보다도 특별하고 통통 튀는 생각을 담은 것이 아이들의 글이다. 교사는 그 글의 매력을 살리면서도 읽는 이가 불편하지 않을 정도로 아이들의 글을 교정, 교열해야 한다. 누가 봐도

교정 전	교정 후
네가방학때 맛있는빵을구했는데 냉장고를열어보니 네빵이사라졌다 빵이사라진거갖치방학또사라진거갖따	내가 방학 때 맛있는 빵을 구했는데 냉장고를 열어보니 내 빵이 사라져 있었다 빵이 사라진 것처럼 방학도 사라진 것 같다

오타인 것은 고쳐 주고, 문단 또는 행연의 구분이 지나치게 덜 되어 있는 글은 아이들과 충분히 의견을 나눈 후 수정한다. 그러나 아이들이 가진 핵심적인 아이디어를 고치려 하거나, 표현을 아예 다른 것으로 대체하는 행동은 삼가는 것이 좋다.

판형 정하기

원고의 교정, 교열을 마치면 이제 본격적으로 문서의 형태를 편집할 차례다. 원고 편집을 위해서는 우선 책의 판형부터 정해야 한다. 책을 디자인하려면 책의 사이즈, 즉 판형이 가장 먼저 정해져야 하기 때문이다. 우리 학급의 성격과 모인 원고의 분량 등을 고려하여 책의 판형을 정하는데, 판형을 무엇으로 할지는 실물 책을 직접 보며 결정하는 것이 가장 좋은 방법이다. 통상적인 판형에 책을 맞출 필요는 없다. 책의 모양을 정사각형으로 만들거나, 미니북이나 빅북을 만들

판형/명칭	크기(mm)
A4/국배판	210*297
A5/국판	148*210
A6/문고판	105*148
B5/46배판	182*257
B6/46판	128*182
신국판	152*225
크라운판	176*248

거나, 같은 판형이라도 가로와 세로를 바꾸어 가로가 더 긴 책을 만들 수도 있기 때문이다. 다음은 주로 사용되는 책 판형의 예시이다.

내지 편집하기

이제 원고의 레이아웃을 본격적으로 편집할 차례다. 책의 표지와 내지는 서로 다른 파일로 작업한다.

내지 편집의 경우 우선 편집 용지와 용지 방향을 미리 선택한 판형 대로 맞추고, 제본 방향은 맞쪽으로 한다. 책이 펼쳐지는 모양을 고려해 용지 안쪽에는 제본 여백을 더 넉넉히 두는 것이 좋다. 글자 모양과 문단 모양을 가독성이 좋게 수정하고 통일하며, 페이지마다 쪽 번호를 넣고 챕터를 구분한다. 속표지와 목차, 판권지를 적절한 곳에 삽입하는 것도 잊지 않는다.

이때 중요한 것은, 책에서 홀수 페이지는 오른쪽에, 짝수 페이지는 왼쪽에 온다는 사실이다. 따라서 책의 페이지는 반드시 짝수로 끝나야 한다. 내지 편집이 끝났다면, 문서의 확장자를 pdf로 변환한다.

표지 제작하기

책의 표지는 무료 이미지를 활용하여 디자인할 수도 있고, 교사나 아이들이 직접 그릴 수도 있다.

우리 반은 연말이 되면 표지 그림 공모전을 개최한다. 책의 주제가 한눈에 나타나면서도 우리 반의 개성과 특징이 가장 잘 담겨 있는 표지를 그린 학생을 뽑아 보상을 지급하고, 해당 그림을 학급의 책 표지로 활용하는 방법이다. 그림에 자신이 없는 학생의 경우 AI가 자동으로 유사한 그림을 그리는 오토드로우를 활용할 수도 있다.

표지에 삽입되는 제목은 상업용 무료 폰트를 활용한다면 더 완성도 있게 디자인할 수 있다. 책 표지를 포함하여 인쇄되는 모든 이미지 파일은 색상 모드를 반드시 RGB(웹용)가 아닌 CMYK(인쇄용)로 변환하여 저장해야 함을 잊지 말자.

아래의 사진은 위에서 선정된 《나는 ○○》의 표지 제작 과정이다. 아이들의 개성이 담긴 각각의 작품을 어떻게 돋보이게 할 수 있을까를 고민하던 차에 아이들이 '그럼 선생님은 어떤 동물이에요?'라고 물었던 것이 떠올랐다.

"어떤 동물일 것 같아?"

"상아니까 상어요.", "선생님 화낼 때 사자 같아요.", "카멜레온이요!"

장담하건대 내가 어떤 동물인지를 생각하느라 아이들보다 몇 배는 더 고민했던 것 같다. 결국 늑대의 탈을 쓴 양이라는 다소 진부한 동물로 비유를 마치고 표지 그림을 그리기 시작했다. 제목은 양인데 그림은 왜 늑대인지에 대한 의문을 가지고 책을 뒤집어보면, 사실 선생

244

님은 늑대의 탈을 쓸 수밖에 없었던 양이라는 속뜻이 담겨 있는 뒤표지 그림도 그렸다.

위의 절차는 책을 만드는 과정의 예시일 뿐, 언제든 필요에 따라 생략되거나 추가될 수 있다. 일련의 과정이 부담된다면 인쇄소에 추가금을 내고 내지 편집과 표지 제작을 의뢰하는 방법 또한 활용할 수 있다.

제작하기

표지 파일과 내지 파일이 갖춰졌다면 이제 책 제작에 돌입해야 한다. 힘내자, 여기까지만 거치면 길고도 지난했던 책 만들기의 과정은 비로소 끝난다. 마지막 고비를 넘겨 완성된 책을 받았을 때의 보람과 기쁨은 그 무엇에도 비견할 바 없을 것이다.

책 제작의 과정은 다음과 같은데, 책 인쇄에 드는 비용이 부족하거나 실물 책을 제작하고 나누는 것이 번거롭다면 pdf나 epub 파일 편집 프로그램을 이용해 전자책을 발간해도 좋다.

인쇄소 정하기

인쇄소 선정에 있어 가장 중요한 것이 열린 소통이다. 책을 제작하는 과정에

> **교실 속 책 만들기를 도와주는 누리집 모음**
>
> ❖ **종이책으로 출판하기**
> ·부크크 https://www.bookk.co.kr
> ·작가의 탄생 https://www.zaktan.com
> ·북모아 http://bookmoa.com
> ·밥북 http://www.bobbook.co.kr
> ·자작자작 https://www.jajakjajak.com
> ·북팟 https://www.bookpod.co.kr
> ·북토리 https://booktory.com
>
> ❖ **전자책으로 출판하기**
> ·쿨북스 https://www.coolschool.co.kr
> ·유페이퍼 https://www.upaper.net

서 인쇄소와 많이 상의하면 할수록 책의 질은 높아진다. 직접 방문해서 상의하는 것을 선호한다면 지역에 있는 인쇄소를, 비대면 상담 혹은 자동으로 견적을 내는 시스템을 선호한다면 해당 서비스를 제공하는 인쇄 사이트를 찾아보면 된다. 학급문집, 그림책 등 책의 유형에 따라 해당 책의 제작 경험이 많은 인쇄소를 선정하면 많은 도움을 받을 수 있다.

인쇄 옵션 선택하기

인쇄소를 정했다면 인쇄소와 연락하여 인쇄 옵션을 조율해야 한다. 흑백으로 할 것인지 칼라로 할 것인지, 표지와 내지의 종이 재질은 무엇으로 할 것인지, 몇 부를 인쇄할 것인지 등에 따라 책의 질과 단가는 달라진다. 당연한 말이겠지만 좋은 재질의 종이를 사용하거나 칼라로 인쇄하는 등, 책의 질이 좋아지면 좋아질수록 인쇄 단가는 올라간다. 학급에서 만드는 책은 대부분 빠듯한 예산으로 제작하게 되는데, 예산 내에서 충당할 수 있으면서도 책의 질은 최대한으로 보장하기 위해서는 어떻게 해야 할지 교사는 충분히 고민해보아야 한다.

샘플북 제작 및 검수하기

책을 학급 학생 수에 맞추어 여러 부 인쇄하게 되면, 수량만큼 인쇄하기 전 샘플북 1부를 먼저 주문하여 검수하는 것이 필수적이다. 샘플을 확인하지 않고 대량 주문했다가 책 전체가 파본이 되면 해당 학급 전체가 감당해야 할 금전적, 시간적 손해가 만만찮기 때문이다.

교사는 샘플북을 꼼꼼히 읽어보며 인쇄가 잘 되었는지, 인쇄 옵션에서 더 바꿀 점은 없는지, 글씨나 그림이 깨진 곳은 없는지, 미처 수정하지 못한 오탈자가 없는지 등을 마지막으로 확인한다. 검수 과정에서 문제가 발견되면 즉시 원고 파일을 수정하거나 인쇄소에 문의하여 해결한다.

인쇄하기

샘플북에 문제가 없는 것을 확인하고 나면 본격적인 인쇄에 들어간다. 인쇄 옵션을 다시금 조율하고, 희망 부수만큼 인쇄소에 주문을 넣으면 책 제작이 완료된다. 축하한다, 긴 프로젝트의 끝이 이제야 보인다. 인쇄가 끝나 도착한 책 중에서도 파본이나 불량이 없는지 확인하고 나면 이제 완성된 책을 모두와 나누는 일만이 남았다.

교실 속 책 소개하고 나누기

학급 출판 기념회? 작가들의 모임!

생활통지표를 나누어주는 날을 떠올려보자. 평소에 글자라면 읽기도 싫어하는 아이들도 자신의 한 학기, 또는 1년 생활이 고스란히 들어간 종이 몇 장은 그렇게 열심히 읽는다. "선생님이 이번에 행동 특성 열심히 썼다." 한 마디면 아이들은 눈을 더욱 부릅뜬다. 질문이 막 쏟아져 나온다. "제가 진짜 이래요?", "이건 무슨 뜻이에요?"

아이들은 글이 자기 자신과 밀접하게 관련되어 있다고 생각할 때 읽기 동기가 높아진다. 학급 구성원 전체가 합심해서 만든 책은 어찌 보면 생활통지표 이상으로 아이들의 생활과 생각이 생생하게 들어가 있는 책이다. 그러므로 학급 출판물에 대한 아이들의 독서 동기는 이미 충분하다고 볼 수 있다.

역시나 책이 담긴 상자를 옮겨 둘 때부터 아이들의 호기심 어린 시선이 거기에 쏟아졌다. 미리 보지 말라고 해도 몰래 상자를 들춰보고선 '나는 표지 봤다!'하며 자랑하는 아이들도 생겼다. 마침내 책을 받자마자 아이들은 기다렸다는 듯이 단숨에 펼쳐 읽었다. 아침 독서 시간도 매일매일 이런 모습이었다면 얼마나 좋았을까, 그동안의 고생한 과정이 보상받는 뿌듯함과 함께 동시에 치밀어 오르는 아쉬운 잔소리를 겨우 삼켰다.

학급 출판물에 담긴 책은 그 한 해 동안의 학생 자신의 생활이다. 그리고 소중한 시간을 함께 보냈던 친구들의 생활이다. 단순히 책을 나누어주고 읽는 것에서 그치지 않고 여기서 이야기를 충분히 나누면 더욱 유의미한 독서와 쓰기의 경험이 될 수 있을 것 같았기 때문에, 아예 몇 시간을 할애해서 학급 출판 기념회를 실시했다.

전날 책을 나누어 주며 기념회를 예고했다. 집에 가져가서 책 속에 어떤 내용이 담겨 있는지 읽고 이해할 수 있을 정도로 충분한 독서의 시간을 주는 것이다. 기념회 당일에는 교실을 깔끔하게 정리하고 교사의 축사로 시작했다. 이때 축사는 담임이 해도 되지만 동료 교사나, 혹은 교장 선생님, 교감 선생님께 부탁하는 것 또한 아이들에게는 특별한 경험이 될 수 있을 것이다.

축사가 끝난 뒤에는 '작가와의 만남'을 시작했다. 그 교실에 있는 모두가 책을 쓴 작가이자 독자라는 것을 강조한 다음, 모두가 돌아가며 자기 글의 집필 의도나, 집필 과정에서 들었던 생각 등을 설명하게 했다. 그리고 자기 글이 들어간 책이 나오게 된 소감 또한 잊지 않도록 안내했다. 한 명의 발표가 끝날 때마다 그 친구의 글에 궁금한 점이나 인상 깊은 점이 있었던 아이들은 손을 들어 자유롭게 질문하고 답변하게 했다.

교직원에게 소개하기

공언의 효과에 대해서 많이 들어보았을 것이다.

공언. 자신이 어떤 일을 하겠다고 다른 사람들 앞에서 약속하듯 다짐했을 때, 그 사람은 해당 목표를 위해 더욱 열심히 달려갈 수 있게 된다. 학급 책을 제작하는 데도 이 공언의 효과를 어느 정도 빌리는 것이 필요하다. 사실 원고를 쓰기 전 학생들에게 독서 및 글쓰기 지도를 하는 것에서부터 책을 제작하기까지 교사는 생각보다 훨씬 많은 정성과 노력을 기울여야 하기 때문이다.

학기 초부터 우리 학급에서는 독서인문 지도를 하고 있다고, 아이들이 쓴 글을 모아서 책을 만들 것이라고 동료 교사 및 관리자들에게 공언했다. 중간에 귀찮거나 힘들어져도 포기하지 않도록 스스로 한 약속이었고, 그 공언을 들은 사람들 모두가 그 약속의 증인이었다.

동료 교사들과 열린 소통은 프로젝트를 진행하는 데에도 많은 도움이 되었다. 어렵거나 모르는 점이 있으면 동료 교사들과 상의하고, 선배 교사들에게 조언을 구했다. 책을 편집하고 제작하는 중간중간에도 1차 독자로서 피드백을 제공한 것 또한 학교의 선생님들이었다.

책을 인쇄할 때 학급 인원수보다 몇 부를 더 여유 있게 제작했다. 그중 일부를 학교에 기증하여 학교 아이들도 읽고, 동료 교사들에게도 우리 학급의 수업 사례를 공유할 수 있도록 했다. 비록 완벽하지 못하고 서툰 면도 많이 보였던 프로젝트였지만, 우리 학급의 프로젝트에 대해 더 많은 선생님들과 함께 이야기 나누고 고민한다면 해가 갈수록 발전하는 독서인문 교육을 할 수 있지 않을까 싶은 마음 때문이었다.

교사로서 스스로와의 약속을 지키도록 힘쓴 것은 담임인 나뿐만이 아니었다. 그 과정을 완주하도록 정서적으로 지지하고 길잡이를 도와준 동료들 또한 우리 학급 책의 숨은 공로자들이었다. 한 아이를 키우기 위해 온 마을이 필요하듯이, 한 교사를 키우기 위해서도 온 학교가 필요하다. 교사로서 한 학급을 이끌기 위해서는 혼자 골몰하는 것보다는 많은 선생님과 함께 고민해야 한다는 것을 깨닫는 시간이었다.

보호자들에게 소개하기

학기 초에 보호자들에게 학급 책 만들기에 대해서 미리 안내했다. 올해 우리 학급에서는 글을 많이 쓸 것이고, 그 글을 모아 책을 제작할 것이라고. 그러니 아이들이 글을 열심히 쓸 수 있도록 많이 격려하고 칭찬해 달라고 말이다.

아이들에게는 자신과 가까운 사람, 특히 보호자의 반응은 매우 중요한 쓰기 동기가 된다. 보호자가 아이의 글쓰기에 대해 칭찬과 격려의 태도를 보이는지, 무관심한 태도를 보이는지에 따라 아이의 글쓰기 태도도 달라진다. 보호자의 입장에서도 아이가 쓴 글이 실린 책은 호기심의 대상일 수밖에 없다. 어느 보호자든 아이의 학교생활이 궁금하고, 아이가 쓴 글들은 그 학교생활을 고스란히 보여주는 것이니 말이다.

책을 나누어 줄 때 아이들에게는 가족들에게 이 글을 쓰면서 들었던 느낌이나 집필 의도를 설명하도록 안내하였고, 보호자에게는 아이와 함께 책을 읽어보고 나서 느낀 점이나 좋았던 점을 함께 이야기하도록 안내했다. 또한, 자기 아이의 글뿐 아니라 다른 아이의 글 또한 주의 깊게 읽어볼 것을 안내했다.

학급 속 책 독후활동하기
책 광고하기

우리 반 책을 다른 사람에게 홍보할 수 있는 광고를 만들게 했다. 이 활동으로 아이들은 자신이 집필한 책의 장점을 발견하고, 다른 사람에게 이를 읽도록 권유함으로써 자기 글에 대한 긍정적 자아효능감을 가질 수 있다.

책의 내용을 담은 그림 또는 표지 그림과 홍보 문구를 적절히 배치함으로써 책 광고 만들기 활동을 진행했다. 책 광고 포스터의 예시를 여럿 보여주고, 우리 책을 시각적인 매체로 홍보할 수 있다는 것을 안내하며 활동을 시작했다. 이때 강조할 점은, 우리는 단순히 책에 대한 그림을 그리는 것이 아니라 다른 사람들이 이 책을 읽고 싶게 만드는 홍보물을 제작하고 있다는 점이다. 그림과 함께 이 책의 장점을 잘 살린 홍보 문구도 함께 생각하도록 지도함으로써 아이들은 책의 장점을 더 잘 발견할 수 있게 된다. 홍보 포스터는 그림으로 그려도 되고, 미리캔버스 등의 디자인 플랫폼을 활용해도 좋다. 완성된 포스터는 학급과 학년 복도 등에 붙여 전시하였다.

띠지 만들기 활동도 진행하였다. 책을 처음 샀을 때 책을 두르고 있는 띠지처럼, 우리 반 책에도 나만의 띠지를 만들어 두르는 것이다. 종이를 길게 자른 다음, 그 위를 책에서 가장 인상 깊은 문구나 내가 직접 쓴 홍보 문구, 또는 책에 대한 그림으로 자유롭게 꾸미도록 했다. 인쇄용지나 도화지뿐 아니라 색지, 색종이, OHP 필름 등의 다양한 재료를 활용하면 세상에서 하나밖에 없는 띠지가 완성된다. 완성된 띠지를 서로 감상하며 띠지 만들기 활동을 마무리하였다.

바꾸어 쓰기

바꾸어 쓰기는 짝과 서로 이야기를 바꾸어 씀으로써 교류하는 활동이다. 기존의 이야기를 재창작함으로써 아이들은 친구의 이야기를 더 자세히 살펴보고 그에 대해 생각할 수 있으며, 이야기의 내용과 구조를 분석하는 사고를 할 수 있게 된다. 또 친구가 바꾸어 쓴 자신의 이야기를 읽으며 자기 글에 대한 새로운 아이디어와 피드백 또한 얻을 수 있다.

바꾸어 쓰기를 할 때 반드시 안내해야 할 점은, 이것은 우리 학급의 책을 보다 즐겁고 깊게 읽기 위해 하는 활동이지 친구를 지적하기 위해 하는 활동이 아니라는 것이다. 친구가 쓴 글의 단점을 찾아내 고치는 것이 아닌, 친구의 글을 읽고 새롭게 얻어낸 자신의 아이디어를 보여주는 활동임을 강조해야 한다. 바꾸어 쓰기의 유형은 다음과 같다.

같은 내용으로 쓰기

내용은 같게 하되, 자신의 문체로 새롭게 써보는 활동이다. 원래의 글과 겹치는 문장 없이 전부 자신의 말로 다시 창조해야 한다. 다 쓴 뒤에는 짝과 함께 원래의 글과 바꾸어 쓴 글을 번갈아 읽으며 글의 느낌이 어떻게 달라졌는지 생각한다. 이 활동을 통해 아이들은 문체라는 것이 무엇이고 자신의 문체에는 어떠한 특징이 있는지 생각할 수 있게 된다.

뒷이야기 이어 쓰기

원래 글의 후일담, 즉 결말 이후의 이야기를 이어 쓰는 활동이다. 결말 이후에 주인공에게는 어떤 일이 일어났을지, 세상은 어떻게 변화할지 생각하며 뒷이야기를 창작하고 원래의 이야기와 이어 읽는다. 이야기의 끝이 이야기 속 세상의 종말은 아니다. 이야기가 끝나도 이야기 속의 세상은 계속해서 존재하고, 주인공 또한 결말 이후에도 계속해서 삶을 이어갈 것이다. 아이들은 이 활동을 통해 이야기에 쓰여 있지 않은 내용을 상상할 수 있고, 이야기를 이어 쓰기 위해 이야기 속 세계와 주인공의 특징을 면밀히 분석할 수 있다.

결말 바꾸어 쓰기

이야기의 결말을 바꾸어 쓰는 활동이다. 그 결말이 아닌 다른 결말로 이야기가 끝난다면 어떻게 끝날지 생각해보고, 이야기의 한 지점에서부터 내용을 비틀어서 결말을 바꾸어 본다. 다 쓴 뒤에는 원래의 이야기와 비교하며 어디서부터 내용을 바꾸었는지, 결말은 어떻게 달라졌는지 서로 설명하도록 한다. 이 활동을 통해 아이들은 주어진 결말을 수동적으로 받아들이기만 하는 것이 아닌 비판적으로 재창조하는 능동적인 독자로서 기능하게 된다.

첫 문장만 같게 하여 새로운 글쓰기

이야기의 도입부만 같게 하고, 나머지는 전부 새롭게 창조하는 활동이다. 대개 첫 문장은 이야기의 등장인물이나 배경, 또는 이야기의 전체 분위기에 대한 단서를 주는 역할을 한다. 첫 문장만 같게 하여 이야기를 창조하면 그 약간의 단서 외에 다른 것은 전부 완전히 달라진다. 다 쓴 뒤에는 완성된 글을 서로 읽으며 어떻게 이런 이야기를 생각하게 되었는지 서로 설명하도록 한다. 이 활동을 통해 아이들은 단서가 되는 한 문장으로 나머지 이야기를 추리하고 구성할 수 있는 상상력을 발휘할 수 있게 된다.

주인공 데려오기

친구가 쓴 이야기와 자기가 쓴 이야기를 접목하는 활동이다. 친구의 이야기 속 주인공을 자기 이야기 속 세상으로 데려올 수도 있고, 자기 이야기 속 주인공을 친구의 이야기 속 세상으로 데려올 수도 있다. 두 주인공을 만나게 할 수도 있다. 두 세계의 교류, 그리고 두 주인공의 교류를 통해 아이들은 간접적으로 친구와 생각을 나누고 깊이 소통할 기회를 얻게 된다.

릴레이 칭찬회

아무리 쓰기 자체에 의미를 둔 필자라도 쓴 글을 읽는 독자가 없으면 지치게 된다. 창작자는 피드백을 먹고 살기 때문이다. 자기 글을 읽은 사람들의 칭찬의 말 한마디, 잘 읽었다는 말 한마디가 글쓴이에게는 매우 중요한 양분이 된다. 그래서 아이들이 작가로서 다른 학생, 즉 독자의 긍정적 피드백을 받을 기회를 마련해주어야 한다고 생각했다.

릴레이 칭찬회의 방식은 이렇다. 교사가 먼저 한 학생을 무작위로 지목하여 그 학생이 작가로서 어떤 점이 뛰어났는지, 혹은 그 학생의 글 중 어떤 것이 인상 깊었는지 칭찬한다. 지목된 학생은 다른 학생을 지목하여 그 학생을 칭찬한다. 이런 식으로 중복해서 지목되는 사람 없이 칭찬을 전달하다 보면 그 반의 모두가 작가로서 칭찬받게 된다.

릴레이 칭찬회가 끝나면 방금 칭찬했던 내용으로 서로에게 상장을 만들어 수여했다. 기억은 금방 휘발된다. 작가로서의 자존감을 높일 수 있을 정도로 기분 좋은 칭찬을 받았더라도, 그것을 어떤 형태로든 남겨두지 않으면 그 기억은 언젠가 잊힌다. 그래서 칭찬의 내용을 상장의 형태로 남겨두는 것이다. 앞으로 자기 글에 자신이 없어질 때마다, 그래서 글을 쓰는 것이 다시금 두려워질 때마다 그 상장을 꺼내 보며 이겨내자고 말하며 칭찬회를 마쳤다.

독후 활동까지 끝나면 각자 준비해 온 다과를 먹으며 자유롭게 책에 관해 이야기 나눌 수 있도록 했다. 책을 쓰고 읽고, 그에 대한 생각을 나누는 것이 생각보다 즐겁고 달콤한 일이라는 것을 이번 기회로 조금이나마 알게 되었으면 했다.

솔직히 책을 만드는 과정은 고생이 많다. 때론 고통스럽기도 하다. 학생들과 책을 만들어 보겠다는 다짐 하나 했다가는 1년 내내 감당해야 할 일거리도, 고민거리도 만만찮다. 그럼에도 많은 교사들이 학급 책 만들기를 멈추지 않는 이유는, 고생을 한 만큼 그 과정에서 느낄 수 있는 기쁨과 보람 또한 크기 때문이다.

안 그런 척하면서도 아이들은 책이 언제쯤 나오는지 궁금해 하고, 이번 글이 원고에 들어간다는 말을 들으면 글 쓰는 자세부터 달라지며, 자신이 원고를 집필하는 작가라는 생각에 뿌듯해하기도 한다. 글을 쓰자고 하면 싫은 티를 팍팍 내고 교사가 몇 번이나 원고를 내라고 재촉해도 안 내고 버티던 아이들도 "너 진짜 책에 네 이름만 없어도 괜찮아?" 물어보면 그렇지 않다고 대답한다. 그 글 쓰는 걸 싫어하는 아이들이 조금이라도 써서 원고를 낸다.

작가가 되는 경험. 자기 글이 책에 실리는 경험. 그 경험이 아이들에게 미치는 영향은 막대하다. 어떤 아이들에게는 연필 잡는 것이 조금이라도 덜 무서워질 기회가 되기도 하고, 어떤 아이들에게는 평생 필자로 거듭나고 진짜 작가의 꿈을 갖게 되는 동기가 되기도 한다. 내 아이들에게 그런 마법 같은 경험을 선물해주려면 그 고생인들 다시 못하겠나. 아이들의 원고를 모아 책 만드는 일은 중독성이 꽤나 강한 일이다.

어쩌면 책을 만드는 일 이전에 학생들과 함께 책을 읽고, 이야기 나누고, 글을 쓰고. 누가 시키지도 않았는데도 사서 고생을 한 이유도 그것일지도 모른다. 하루하루 느리게 자라는 아이들을 보는 것, 평생 독자로 평생 필자로, 평생 사유하는 사람으로 거듭나는 아이들과 함께하는 것. 그것은 교사에게는 무엇과도 바꿀 수 없는 행복이니 말이다.

나를 이해하고 세상과 마주하기

초등 독서인문 역량으로 함께 자라는 교실

　늦봄에 바질을 파종해서 길렀다. 나는 식물 키우기에 자신이 없는 사람이다. 아는 건 없는 주제에 걱정만 너무 많았기 때문이다. 잎이 조금이라도 시들해 보이면 물을 흠뻑 들이 부었고, 잎이 아주 살짝 노래지거나 벌레 한 마리가 식물 위를 기어 다니기라도 하면 그날부터 안절부절못하고 매일매일 화분을 들여다보았다. 어디서 주워들은 '식물에 좋은 행동'을 닥치는 대로 해보다가, 그 행동들이 오히려 해가 되어 죽어버린 화분들만 몇 개인지 모른다.

　이번에도 나는 바질이 싹을 틔울 때부터 노심초사했다. 언제부턴가 몇 마리씩 생기는 저 벌레가 잎을 다 갉아 먹진 않을까, 노랗게 시들어버린 저 잎 하나처럼 식물이 다 시들어 죽어버리진 않을까. 아무리 식물이라도 그렇지 불편한 점이 있으면 뭐가 마음에 안 드는지 말이라도 해줬으면 좋겠다고 생각했다. 이것마저 죽어버리면 이제 식물은 그만 키워야겠다고도 생각했다.

　그러다 정신을 차리니 한여름이었다. 금방이라도 내 손에서 죽어버릴 것 같았던 작은 싹은 어느새 큰 화분으로 자리를 옮겼고, 곁순을 냈고, 무럭무럭 자라 마침내 가지치기까지 해야 할 정도가 되었다. 가지를 쳐내며 수확한 바질 잎의 알싸한 향내를 맡으며 생각했다. '과정에서 조금의 흠이 보이더라도, 결국은 포기하지 않고 끝까지 해봐야 결과를 아는 거구나.'

한 해의 절반, 벌써 여름방학이다. 맨땅에 헤딩처럼 저지르듯 시작한 독서인문 교육은 생각처럼 술술 풀리지 않고, 아이들은 어엿한 사춘기에 접어들고, 앞은 막막하고 아이들을 대하는 태도는 조금씩 안일해지던 시기. 바질을 씹는데 불현듯 아이들 생각이 났다. 결과가 어찌 되든 끝까지 가봐야겠다고 생각했다.

나는 독서인문 교육에 말 그대로 첫걸음을 뗀, 걱정과 열정이 훨씬 앞서가는 교사다. 요새 아이들 말로 버벅거리고 뚝딱거리며 하루를 따복따복 채워나간다. 지난 몇 번의 프로젝트가 완벽하다고 말할 수는 없다. 진행하는 내내 몇 번의 자잘한 삐걱거림이 있었다. 우리 반 애들을 많이 들볶았다. 걱정도 많이 되었다. 혹시 내가 하는 일이 부질없는 것은 아니었을까, 읽고 쓰는 것 말고도 아이들에게 더 즐겁고 의미 있는 다른 방법이 있지 않을까, 그리고, 이 아이들은 올해 나를 만나서 행복할까 고민 가득한 수많은 밤도 있었다.

내가 맞는 길을 가고 있는 것인지 누군가 말이라도 해줬으면 좋겠다고 생각했다. 올해의 결과가 좋지 않으면 이제 이런 프로젝트 그만해야겠다고도 생각했다. 서툰 손길로 식물을 키우며 마음 졸였듯이, 딱 그렇게.

그러다 계절이 몇 번인가 지나간 것을 느꼈을 때, 나는 그제야 알아챌 수 있었다. 작은 새싹이 움터서 나도 모르는 사이에 무럭무럭 자라 있듯, 아이들은 어느새 내가 지나온 발자국을 열심히도 따라오고 있었다. 글을 쓰자고 하면 반사적으로 한숨부터 쉬던 아이들이 어느새 "오늘 글쓰기 주제 뭐예요?"하고 질문하고 있어서. 아침 독서 시간이 되면 자리에 좀 앉으라고 들들 볶아야 마지못해 앉아만 있던 아이들이 "야, 책 읽자."라고 말하며 알아서 책을 펼치고 있어서. 졸졸 흐르는 시냇물 같던 아이들 생각의 깊이가 이제는 내가 가끔 놀랄 정도로 깊어져 있어서.

제법 읽고 쓰는 것에 적응된 교실의 공기는 학기 초와는 사뭇 다르다. 설렘과 익숙함은 자연스레 자리를 바꾸었지만, 긴장과 나른함은 하루에도 몇 번씩 아이들의 얼굴을 스친다. 그런 순간에도 아이들은 '나'를 이해하고 세상과 마주하기 위해 부지런히 껍질을 벗는다. 저마다의 다른 시간과 다른 모습으로 포돗이 보여주는 마음들이, 고소한 신호들이 온 교실에 가득하다.

읽고 쓴다는 것은 사람을 변화시키는 힘을 가지고 있었다.

홀쩍 큰 것은 아이들뿐이 아니었다. 나 또한 마찬가지였다. 많은 청년들이 그렇듯 나 또한 마냥 낙천적인 사람은 아니다. 내가 가르치는 아이들에게는 이 세상이 무척이나 아름답고 사랑스러운 곳이라고 알려주어야 하는데, 함께 세상을 향기롭게 만드는 사람이 되자고 약속해야 하는데 내가 보는 세상은 그렇지 않은 것 같아서. 두 가지 마음이 속에서 싸우고 있는 사람이다.

이제는 마냥 분노하기보다, 아이들과 그 주제에 대해 충분히 이야기하며 해결책을 생각해보려 노력한다. '이 일에 대해서 아이들도 알 필요가 있겠구나, 이 주제는 조만간 쓰기 주제로 활용해보자. 그러자면 교사인 내가 이 주제를 가장 객관적으로 잘 알아두어야겠다', 그런 생각을 하면서. 앞으로 자랄 우리 아이들이 이 세상을 더 나은 곳으로 만들었으면 했고, 그러기 위해서는 지금 내가 아이들을 현명하고도 다정한 사람으로 길러내야 했다. 나는 비로소 내가 할 수 있는 일을 찾은 것이다.

나는 결국 아이들에게 일방적으로 세상을 가르치기보다 함께 이야기해야 하는 사람이다. 이 세상이 어떤 곳인지, 그곳에서 살아가는 우리가 어떤 일을 해야 하는지는 내가 아닌 아이들 스스로가 판단해 정할 일이다. 그 판단할 수 있는 힘을 기르게 돕는 일이 내가 해야 할 일이다. 내가 해야 하는 이 일을 아이들과 눈빛을 마주하고 깔깔거리는 음성을 들으며 함께 읽고, 함께 쓰며 함께 만들어 갈 수 있다는 것이 참 감사하다.

도종환 시인의 〈스승의 기도〉는 언제나 가슴을 뛰게 한다. 단 한 가지 다른 것이 있다면, 아이들이 있음으로 용기와 희망을 잃지 않는 것은 아이들뿐만이 아니라는 것이다. 일 년 내내 아이들로 인해 용기와 웃음과 희망과 삶의 이유를 찾은 것은 바로 나였다.

힘차게 날갯짓을 하는 방법까지 가르칠 수 있는 능력을 갖추지 못했다. 세상을 올곧게 보는 눈을 갖게 할 수 있는 능력을 갖추지 못했다. 그러나 아이들도 나도 함께 자랐다. 느리게, 그러나 멈추지 않고. 아주 조금씩 크더라도 그렇게 평생을 쉼 없이 자라기를, 그래서 결국

한여름 그늘진 쉼터를 내려줄 수 있는 아름드리나무가 될 수 있기를.

그리고 사랑하기를. 내가 아이들을 사랑하듯 아이들이 스스로를 사랑할 수 있기를. 아이들이 그들 주위 사람들을 사랑할 수 있기를. 내가 온 마음으로 아이들을 사랑하는 것으로 그것이 가능하다면 얼마나 좋을까.

학급문집 원고 중 내가 아이들에게 쓴 편지글의 일부를 소개하며 글을 맺는다.

결국 나는 너희에게 이 말을 해주고 싶었던 거야.
많이 읽고 많이 쓰고 많이 생각하고
그래서 많이 행복해져야 한다고.

부록

1.

교실에서 읽기
좋은 도서 목록

『그림책이 주는 편안』 활용 도서 목록

그림책으로 만나는 나

주제	도서명	지은이	출판사
나를 수용하고 자신감 회복하기	안돼!	마르타 알테스	북극곰
	내가 잘하는 건 뭘까	글 구스노키 시게노리 그림 이시이 기요타카	북뱅크
	나는요,	김희경	여유당
	물고기는 물고기야!	레오 리오니	시공주니어
	또르의 첫인사	토리고에 마리	베틀북
	앵무새 해럴드	코트니 딕마스	봄봄
	치킨 마스크	우쓰기 미호	책읽는곰
	내가 올챙이야?	다시마 세이조	계수나무
	사랑스러운 까마귀	글 베아트리스 퐁타넬 그림 앙트완 기요뻬	국민서관
	고슴도치 엑스	노인경	문학동네어린이
	날아라 현수야	한성옥	웅진주니어
건강하게 감정을 다스리고 전달하기	소피가 화나면, 정말 정말 화나면	몰리 뱅	책읽는곰
	화가 나서 그랬어!	레베카 패터슨	현암
	나는 하고 싶지 않아!	유수민	담푸스
	미움	조원희	만만한 책방
	씩씩해요	전미화	사계절
	천천히 걷다 보면	게일 실버	불광출판사
	화가 났어요	게일 실버	불광출판사

그림책으로 이해하는 우리

주제	도서명	지은이	출판사
다름을 이해하고 존중하기	다다다 다른 별 학교	윤진현	천개의 바람
	학교 가기 싫은 선생님	글 박보람 그림 한승무	노란상상
	까만 크레파스	나카야 미와	웅진닷컴
	어른들 안에는 아이가 산대	헨리 블랙쇼	길벗스쿨
	토마토 나라에 온 선인장	김수경	달그림
관계 맺기와 공감하기	짝꿍	박정섭	위즈덤하우스
	가만히 들어주었어	코리 도어펠드	북뱅크
	물끄러미	덩컨 버디	키즈엠
	나랑 같이 놀자	마리 홀 에츠	시공주니어
	뒷집 준범이	이혜란	보림
	내가 보여?	박지희	웅진주니어
	그랬구나	글 김금향 그림 정진호	그랬구나

그림책으로 바라보는 세상

주제	도서명	지은이	출판사
언어유희에 '맛'을 끼얹다	모모모모모	밤코	향출판사
	고구마구마	사이다	반달
	아빠한테 물어보렴	글 다비드 칼리 그림 노에미 볼라	책빛
	팥빙수의 전설	이지은	웅진주니어
	단어수집가	피터 H. 레이놀즈	문학동네
	왜 띄어 써야 돼?	박규빈	길벗어린이
	이파라파냐무냐무	이지은	사계절
문화 다양성과 인권 문제	거짓말 같은 이야기	강경수	시공주니어
	위를 봐요	정진호	은나팔
	알사탕	백희나	책읽는곰
	내 탓이 아니야	글 레이프 크리스티안손 그림 딕 스텐베리	고래이야기
	아무도 지나가지 마!	이자벨 미뇨스 마르틴스	그림책공작소
	내가 라면을 먹을 때	하세가와 요시후미	고래이야기
	길 아저씨 손 아저씨	글 권정생 그림 김용철	국민서관
	장벽: 세상에서 가장 긴 벽	잔카를로 마크리	내인생의 책
	따로 따로 행복하게	배빗 콜	보림

학년군별 고전 도서 추천 목록

1~2학년 고전 읽기 추천 도서 목록

책 제목	지은이	출판사
아낌없이 주는 나무	쉘 실버스타인	시공주니어
책 먹는 여우	프란치스카 비어만	주니어 김영사
심술쟁이 내 동생 싸게 팔아요!	다니엘르 시마르	어린이 작가정신
낭송 사자소학	김고은, 이수민	북드라망
오세암	정채봉	샘터
이솝 이야기	이솝	어린이 작가정신
옹고집전	이민희, 경혜원	휴머니스트
화요일의 두꺼비	러셀 에릭슨	사계절
김용택 선생님이 들려주는 전래동화 50	김용택 편저	은하수
틀려도 괜찮아	마키타 신지	토토북
엄마 마중	겨레아동문학연구회 편저	보리
샬롯의 거미줄	엘윈 브룩스 화이트	시공주니어
마법의 설탕 두 조각	미하엘 엔데	소년한길
안데르센 동화	안데르센	그린북
걸리버 여행기	조나단 스위프트	미래엔아이세움
꿀벌 마야의 모험	발데마르 본젤스	비룡소
플랜더스의 개	위다	비룡소
어린이 아라비안나이트	김수연	홍진 P&M

3~4학년 고전 읽기 추천 도서 목록

책 제목	지은이	출판사
명심보감	추적 엮음	홍익출판사
갈매기의 꿈	리처드 바크	현문미디어
행복한 왕자	오스카 와일드 윈저 조 이니스	아이위즈
소학	주희, 유청지 엮음	홍익출판사
탈무드	이동민 역	인디북
오즈의 마법사	L.프랭크 바움	인디고(글담)
꿈을 찍는 사진관	강소천	상서각
빨간 머리 앤	루시 모드 몽고메리	인디고(글담)
장발장	빅토르 위고	효리원
박지원 단편집	이영호	계림(계림북스)
내 이름은 삐삐 롱스타킹	아스트리드 린드그렌	시공주니어
어린이 동몽선습	김영이	한국독서지도회
처음으로 만나는 그리스 로마 신화	김민수	녹색지팡이
어린이 사자소학	엄기원 엮음	한국독서지도회
꽃들에게 희망을	트리나 폴러스	시공주니어
박씨전	손연자	대교출판
홍길동전	김진섭	깊은책속옹달샘
로빈슨 크루소	대니엘 디포	대교출판

5~6학년 고전 읽기 추천 도서 목록

책 제목	지은이	출판사
채근담	홍자성	홍익출판사
논어	공자	홍익출판사
청소년을 위한 백범일지	김구	나남
나의 라임 오렌지 나무	J.M.바스콘셀로스	동녘
열하일기	이명애	파란자전거
삼국유사	이정범	영림카디널
별	알퐁스 도데	인디북
80일간의 세계 일주	쥘 베른	시공주니어
비밀의 화원	프랜시스 호지슨 버넷	시공주니어
어린왕자	생텍쥐페리	인디고(글담)
소나기	황순원	맑은소리
안네의 일기	한상남 편저	지경사
나무를 심은 사람	장 지오노	두레
톰 소여의 모험	마크 트웨인	시공주니어
목민심서	이성률	파란자전거
구운몽	진경환	휴머니스트
제인 에어	샬롯 브론테	시공주니어
난중일기	이순신	파란자전거

학년 공통 활용 전집 목록

전집명	출판사
생각통통 명작문학	헤르만헤세
온고지신 우리고전문학	톨스토이
처음으로 만나는 그리스 로마 신화	녹색지팡이
세계 어린이 문학 고전 비룡소 클래식	비룡소
옹기종기 교과서 세계전래동화	톨스토이
재미있다! 우리 고전	창작과 비평사
네버랜드 클래식	시공주니어
철학자가 들려주는 철학 이야기	자음과 모음

책 비틀어 읽기 활용 도서 목록

책 제목	지은이	출판사
늑대가 들려주는 아기 돼지 삼 형제 이야기	글 존 셰스카 그림 레인 스미스	보림
슈퍼 거북	유설화	책읽는곰
슈퍼 토끼	유설화	책읽는곰
비단치마	이형진	느림보
장화 벗은 고양이	글 글공작소 그림 최민오	아름다운사람들
팥죽 호랑이와 일곱 녀석	글 최은옥 그림 이준선	국민서관
세상에서 가장 심술궂은 아이가 될 수 있다면	글 로레인 캐리 그림 미기 블랑코	사파리
개구리 왕자 그 뒷이야기	존 셰스카	보림

2.

책 읽는 교실
들여다보기
(수업안)

점 (글·그림 피터H. 레이놀즈, 문학동네)

학년 및 교과	1학년 2학기 국어
단원 및 차시	6. 고운 말을 해요 (4/10)
성취기준	[2국01-06] 바르고 고운 말을 사용하여 말하는 태도를 지닌다.
학습주제	칭찬하는 말의 중요성 알기

■ **동기 유발하기**

ㅊㅊ은 고래도 춤추게 한다.

• (초성 퀴즈) 고래를 춤추게 하는 것은 무엇일까요?
  ▷ 칭찬입니다.
• 여러분은 학교나 가정에서 칭찬받은 경험이 있나요?
  ▷ 집에서 엄마가 청소하실 때 도와드려서 칭찬받았어요.
  ▷ 사물함 정리 정돈을 잘해서 선생님께 칭찬받았어요.
• 오늘은 점 하나를 그려서 선생님께 칭찬받은 아이에 관한 이야기를 함께 읽고 칭찬하는 말이 왜 중요한지 알아봅시다.

■ **공부할 문제 정하기**

그림책《점》을 읽고 칭찬하는 말의 중요성을 알아봅시다.

■ **앞부분 듣고 이야기 나누기**

• 그림책《점》의 앞부분 이야기를 들려주겠습니다. 등장인물, 성격, 말과 행동 등을 살펴보며 들어봅시다.
• 등장인물은 누구누구인가요?
  ▷ 베티와 선생님입니다.
• 주인공 베티는 어떤 아이인가요?

▷ 반항심이 많고, 그림 그리기 활동에 자신감이 없는 아이입니다.
- 미술 선생님은 어떤 분이신가요?
  ▷ 마음이 따뜻해요.
  ▷ 아무것도 못 하는 아이에게 화내거나 다그치지 않아요.
- 아무것도 못 그리고 있는 베티에게 선생님은 어떤 말씀을 하셨나요?
  ▷ 어떤 것이라도 좋으니 한번 시작해보렴. 네가 하고 싶은 대로 해봐.
- 선생님은 베티가 연필로 내리찍어 그린 점 그림을 보고 어떤 말씀을 하셨을까요?
  ▷ 멋지구나!
  ▷ 다음에는 두 개 그려봐.

■ 뒷부분 듣고 이야기 나누기
- 이번에는 그림책《점》의 뒷부분을 읽어줄게요. 베티의 마음이나 행동에 어떤 변화들이 생기는지 살펴보며 이야기를 들어봅시다.
- 선생님은 베티가 그린 점 그림을 어떻게 했나요?
  ▷ 선생님 책상 위 액자에 걸어주셨어요.
- 그 액자를 보고 베티는 어떤 생각을 했나요?
  ▷ 더 잘 그릴 수 있다고 생각했어요.
- 이후에 베티의 행동은 어떻게 바뀌었나요?
  ▷ 다양한 점 그림을 그리고 여러 사람의 칭찬을 받으면서 자신감을 가지고 더 그릴 수 있게 되었어요.
- 베티가 그림 그리는 것을 좋아하게 된 이유는 무엇일까요?
  ▷ 선생님이 잘할 수 있다고 격려해주시고 칭찬해주신 덕분이에요.

■ 점 그림을 그린 후 칭찬하는 말하기
- 종이 액자 틀에 여러분만의 점 그림을 그려봅시다.
- 친구들의 점 그림을 돌아다니면서 감상하고 칭찬하는 말을 적고 발표해봅시다.
  ▷ 강민서 작가의 그림을 보니 점 색깔이 화려하고 큼직해서 멋집니다.

- 친구의 칭찬을 들으니 어떤 생각이 드나요?
  ▷ 기분이 좋아집니다.
  ▷ 자신감이 생깁니다.

■ **정리하기**
- 그림책《점》의 주인공 베티의 경우와 내가 칭찬받아 본 일을 떠올려보세요. 칭찬하는 말은 왜 중요할까요?
  ▷ 칭찬하는 말을 들으면 기분이 좋아지고 자신감을 느끼게 돼요.
  ▷ 칭찬하는 말은 어떤 일을 더 잘할 수 있게 해줘요.
  ▷ 칭찬하는 사람과의 사이도 좋아져요.
- 앞으로 칭찬하는 말을 생활화하며 적절하게 사용하면 좋겠습니다.

피터 레이놀즈의 대표적인 그림책인 《점》은 그림을 잘 그리지 못한다고 생각하는 베티가 미술 시간에 겪은 일을 담고 있다. 그림을 그려보라는 선생님의 말씀에 베티는 그릴 것이 떠오르지 않아 인상을 쓰고 종이를 노려보다 결국 연필을 스케치북에 내리꽂고 만다.

"자! 이제 여기 네 이름을 쓰렴."

선생님의 한마디로 베티의 생각과 행동이 바뀌게 되는 장면에서 아이들은 칭찬과 지지가 주는 힘을 직관적으로 느낄 수 있다. 그리고 겨우 점 하나 찍은 것으로 칭찬받은 것도 모자라 멋지게 전시회까지 연 베티의 모습을 보며 은연중에 '나도 저렇게 칭찬받고 싶다.'라는 바람을 몽글몽글 품게 된다.

어쩌면 아이들 하나하나의 개성과 욕구를 섬세하게 알아채고 받아들여야 하는 부모나 교사에게 많은 생각 거리를 던져주는 책일지도 모르겠다.

곰 가족과 시끌벅적 괴물들 (글 차보금·그림 노성빈, 여원미디어)

학년 및 교과	2학년 1학기 수학
단원 및 차시	5. 분류하기 (4/8)
성취기준	[2수05-01] 교실 및 생활 주변에 있는 사물들을 정해진 기준 또는 자신이 정한 기준으로 분류하여 개수를 세어보고, 기준에 따른 결과를 말할 수 있다.
학습주제	기준에 맞게 분류하여 찾아보기

◼ 그림책 살펴보기

- 책의 표지를 보며 어떤 내용인지 생각해볼까요?
- 곰 가족에게 어떤 일이 생겼는지 생각하며 그림책《곰 가족과 시끌벅적 괴물들》의 앞부분 이야기를 들어볼까요?
- 곰 가족에게 어떤 일이 생겼나요?
  ▷ 곰 가족이 길을 잃었어요.
  ▷ 성안의 음식을 먹어서 괴물들이 화가 났어요.
  ▷ 알아맞히기 놀이를 해서 괴물들을 이겨야 해요.
- 이다음에는 무슨 내용이 이어질까요?

◼ 공부할 문제 정하기

기준에 맞게 분류해보고 성의 주인을 찾아봅시다.

◼ 놀이하기

- 짝과 함께 알아맞히기 놀이를 해봅시다. 그림 카드에는 어떤 모양이 있나요?
  ▷ 알록달록 괴물 모양입니다.
- 친구가 선택한 그림 카드를 찾기 위해 어떤 질문을 해야 할까요?

▷ 괴물의 색깔을 물어봅니다.

▷ 괴물의 생김새를 물어봅니다.

1. 책상 위에 그림 카드를 모두 펼쳐놓는다.
2. 가위바위보를 하여 이긴 사람은 그림 카드 중 하나를 선택하여 기억한다.
3. 진 사람은 그림 카드를 찾아낼 수 있는 질문을 하고, 이긴 사람은 '예' 또는 '아니오'로만 대답을 한다. (예-머리에 뿔이 있나요?)
4. 답을 들은 후, 기준에 따라 그림 카드를 분류하고 답에 속하지 않은 조각들은 한쪽으로 치워 놓는다.
5. 활동을 반복하며 친구가 선택한 그림 카드를 찾아낸다.

■ 이야기 속 분류 기준 찾아보기

• 이야기를 끝까지 듣고, 성의 주인을 함께 찾아봅시다.

▷ 이 성의 주인은 머리에 뿔이 있나요?

▷ 이 성의 주인은 얼굴에 수염이 있나요?

▷ 성의 주인은 이 괴물이에요.

■ 생각 정리하기

• 아기곰은 괴물을 어떤 기준으로 분류했나요?

▷ 뿔과 수염입니다.

▷ 몸의 색깔과 신발 모양입니다.

• 다음 시간에는 기준에 맞게 분류하고 그 수를 세어보겠습니다.

이 단원은 분류의 개념을 이해하고 분류에 필요한 분명한 기준은 무엇인지 이해하는 단원으로, 《곰 가족과 시끌벅적 괴물들》그림책을 활용해 수업을 전개했다. 이야기의 앞부분을 듣고 곰 가족에게 어떤 일이 생길지 예상해 본 뒤 곰 가족이 처한 상황을 해결하기 위해서는 기준에 맞게 분류하는 활동이 필요하다는 것을 파악한다.

스무 개의 괴물 그림 카드를 자세히 관찰하고 마음속으로 그림 카드 하나씩을 선택한다. 친구가 선택한 그림 카드를 찾기 위해서는 어떤 분류 기준을 질문해야 하는지 생각해보고, 다섯 번의 질문을 통해 친구가 선택한 그림 카드를 찾아내는 놀이 활동을 한다.

이야기를 끝까지 들으면서 괴물들이 스무고개로 제시하는 분류 기준대로 그림 카드를 분류하며 성의 주인을 찾아보고, 그림 카드를 분류한 다양한 기준을 다시 한 번 확인한다.

어떡하지 (글·그림 앤서니 브라운, 웅진주니어)

학년 및 교과	2학년 1학기 국어
단원 및 차시	8. 마음을 짐작해요 (5/10)
성취기준	[2국02-04] 글을 읽고 인물의 처지와 마음을 짐작한다.
학습주제	인물의 마음을 짐작하며 글 읽기

■ 읽기 전 활동하기

- 책의 표지를 살펴볼까요? 주인공의 얼굴은 어때 보이나요?
  ▷ 무표정입니다.
  ▷ 얼굴이 파란색이에요.
  ▷ 겁을 먹은 것 같아요.
- 주인공은 무엇을 하고 있나요?
  ▷ 건물 앞에 서 있어요.
- 책의 제목은 무엇일까요?
  ▷ '걱정'일 것 같아요.
  ▷ '길을 잃었다'일 것 같아요.
- 책의 제목은《어떡하지?》입니다. 이 책은 어떤 내용일까요?
  ▷ 주인공이 곤란한 상황에 빠질 것 같습니다.
  ▷ 고민이 있어서 '어떡하지?'라고 생각하는 내용일 것 같습니다.
- 그림 속 인물의 표정을 따라해 봅시다. 어떤 마음이 드나요?
  ▷ 기분이 우울해져요.
  ▷ 걱정이 생기는 것 같은 기분이에요.

■ 공부할 문제 정하기

인물의 마음을 짐작하며 글을 읽어봅시다.

■ **글의 내용 파악하기**

• 인물의 말과 표정, 행동으로 마음을 짐작하며 그림책 《어떡하지》를 읽어 봅시다.

• 책 속에서 글쓴이에게 무슨 일이 일어났나요?

▷ 파티에 초대 받았는데 초대장을 잃어버렸습니다.

▷ 조는 계속 걱정을 하고 엄마는 괜찮을 거라고 하셨어요.

▷ 조는 파티에서 재미있게 놀았어요.

• 조의 마음을 알 수 있는 부분은 어디인가요? 글에서 말과 행동, 마음을 나타내는 말을 자유롭게 찾아봅시다.

▷ 조가 계속 엄마에게 "~하면 어떡하죠?"라고 물어봤어요.

▷ 조가 "그걸 엄마가 어떻게 알아요?"라고 말했어요.

▷ 조가 "엄마! 정말 재미있었어요!"라고 말했어요.

■ **나의 경험과 관련짓기**

• 여러분도 '어떡하지'라고 고민했던 경험이 있나요?

▷ 입학식 날 학교에 갈 때 걱정됐어요.

▷ 준비물이 있는 걸 잊어버렸을 때 '어떡하지'라고 생각했어요.

■ **인물의 마음 짐작하기**

• 인물의 마음을 짐작하는 방법에는 어떤 것이 있나요?

▷ 인물의 상황을 생각하면 마음을 짐작할 수 있어요.

▷ 인물이 한 말이나 표정을 살펴보면 인물의 마음을 짐작할 수 있어요.

▷ 비슷한 상황을 겪었던 경험을 떠올리면 마음을 짐작할 수 있습니다.

• 조는 모든 상황에서 항상 똑같은 마음을 느꼈나요?

▷ 아니요.

▷ 상황에 따라 달라질 것 같습니다.

• 그렇습니다. 인물의 상황에 따라 느끼는 마음도 달라질 수 있습니다.

• 조 또는 '어떡하지'라고 고민하는 다른 친구들에게 어떤 말을 하면 좋을까요?

그림책 《어떡하지》는 친구의 생일파티에 초대받은 조의 이야기이다. 표지에 그려진 조의 얼굴색과 표정을 살펴보며 인물에게 일어난 일과 마음을 예상해본다. 조는 처음으로 큰 파티에 초대 받았지만 초대장을 잃어버려서 친구의 집 주소를 알 수가 없다. 친구의 집을 찾아가는 내내 파티에 모르는 친구들이 있다면, 사람이 엄청 많고 무시무시한 놀이를 한다면 등 끊임없는 걱정을 하고 엄마는 조를 안심시키기 위해 그런 일은 일어나지 않을 거라고 대답한다. 조가 친구의 집을 찾으며 들여다본 집의 모습은 모두 황당하다 못해 기이해 조의 두려움과 걱정을 더욱 키운다.

아이들도 새로운 무언가에 도전할 때 비슷한 감정을 느껴 시도하는 것조차 망설이기도 한다. 하지만 한 번 경험하고 나면 걱정하던 일은 일어나지 않았음을 금세 깨닫고 안도감을 얼굴에 띤다. 상황에 따라 달라지는 조의 마음을 나의 경험과 연관 지어 짐작해보고 격려와 응원의 말을 전하며 마무리했다.

아낌없이 주는 나무 (글·그림 쉘 실버스타인, 시공주니어)

학년 및 교과	3학년 1학기 도덕	
단원 및 차시	3. 사랑이 가득한 우리 집 (1/4)	
성취기준	[4도02-01] 가족을 사랑하고 감사해야 하는 이유를 찾아보고, 가족 간에 지켜야 할 도리와 해야 할 일을 약속으로 정해 실천한다.	
학습주제	가족의 소중함 알기	

■ 책 살펴보기

• 오늘은 함께 그림책을 읽어보겠습니다. 책의 표지를 살펴볼까요?

• 책 표지에는 무엇이 그려져 있나요?

▷ 소년과 나무가 그려져 있습니다.

• 책의 제목은 무엇인가요?

▷《아낌없이 주는 나무》입니다.

• 이 책은 어떤 내용일까요?

▷ 나무가 소년에게 아낌없이 베푸는 내용일 것 같습니다.

▷ 소년이 나무에게 무언가를 달라고 부탁할 것 같습니다.

• 여러분에게는 이 나무처럼 아낌없이 무언가를 주는 사람이 있나요?

▷ 저희 할머니입니다.

▷ 부모님입니다.

■ 학습 문제 정하기

> 가족의 소중함을 알아봅시다.

■ 함께 읽는 교실

• 그림책《아낌없이 주는 나무》를 읽어보겠습니다. 나무와 소년의 관계를 생각하며 읽어봅시다.

- 책에서 어떤 일이 일어났나요?
  ▷ 소년이 자라서 노인이 되었습니다.
  ▷ 나무는 평생 동안 소년에게 아낌없이 모든 것을 주었습니다.
- 만일 나무가 없었다면 소년은 어떻게 되었을까요?
  ▷ 나무가 있을 때보다 힘들게 살았을 것 같습니다.
  ▷ 어려운 일이 생겨도 기댈 곳이 없었을 것 같습니다.
  ▷ 도움이 필요해도 다른 곳에 부탁할 수 없었을 것입니다.
- 만일 우리 가족이 없다면 나는 어떻게 되었을까요?
  ▷ 이렇게 건강하게 자라지 못했을 것 같습니다.
  ▷ 제대로 밥을 먹거나 잠을 잘 수 없었을 것 같습니다.
  ▷ 아무리 힘들어도 말할 곳이 없었을 것 같습니다.

▣ 우리 가족은 어떤 나무일까?
- 만약 우리 가족이 나무라면, 우리 가족은 어떤 모습일까요? 그림으로 그려봅시다.
- 그림 밑에 두 줄 쓰기를 해봅시다. "우리 가족은 ○○나무다. 왜냐하면 ~ 이기 때문이다."라고 쓰면 됩니다. 다 쓴 사람들은 발표해 봅시다.
  ▷ 우리 가족은 그늘이 큰 나무다. 내가 힘들 때 쉬게 해주기 때문이다.
  ▷ 우리 가족은 과일나무다. 배고플 때 먹을 것을 주기 때문이다.
  ▷ 우리 가족은 등 굽은 나무다. 할머니가 등이 굽었기 때문이다.

▣ 사랑과 감사의 말 한마디
- 아낌없이 주는 나무처럼, 우리 가족들도 나를 위해 아낌없이 사랑을 주곤 합니다. 그런 가족에게 나는 어떤 마음이 드나요?
  ▷ 고마운 마음이 듭니다.
  ▷ 저도 가족을 똑같이 사랑해줘야 할 것 같습니다.
- 그럼 그 사랑과 감사의 마음을 어떻게 표현할 수 있을까요?
  ▷ 집안일을 함께합니다.
  ▷ 편지나 말로 전합니다.

나무와 소년이 있다. 나무는 소년에게 자기가 가진 무엇이든 주는 것을 아끼지 않는다. 소년이 나무에게 너무나도 소중했던 탓이다. 소년은 나무에게 도움을 청하고 의지하는 것을 망설이지 않는다. 마침내 소년은 노인이 되어 그루터기만 남은 나무 위에 앉아 휴식을 취한다. 나무는 소년에게 모든 것을 줄 수 있어 행복하다.

이야기 속 나무와 소년은 단순한 우정의 관계라기엔 애매하다. 소년을 향한 나무의 헌신은 단순한 친구 사이를 넘은, 그보다 아가페적인 희생. 즉 자식을 향한 부모의 사랑에 가깝다. 가족을 사랑하고 가족에게 감사해야 하는 이유를 생각하는 수업에 이 책을 활용한 것은 그 때문이다.

아이들은 책을 읽으며 나무에게 보살핌을 받는 소년을 가족에게 보살핌 받는 자기 자신과 동일시하게 된다. 책에 나온 나무처럼, 자신을 사랑해주는 가족들을 나무로 비유해봄으로써 가족과 자신의 관계를 고찰하고, 가족을 향한 사랑과 감사의 감정을 표현할 수 있었다.

지각대장 존 (글·그림 존 버닝햄, 비룡소)

학년 및 교과	3학년 2학기 국어
단원 및 차시	6. 마음을 담아 글을 써요 (6/10)
성취기준	[4국03-04] 읽는 이를 고려하며 자신의 마음을 표현하는 글을 쓴다.
학습주제	이야기 속 인물의 마음을 헤아리며 글 읽기

지각대장 존

▣ 동기 유발하기
- 지금부터 '몸으로 말해요' 놀이를 하겠습니다. 앞에 나온 친구에게 제가 보여준 감정 낱말이 무엇인지 알아맞혀 봅시다.
  - ▷ 슬픔: (울상을 지으면서 우는 시늉을 한다)
  - ▷ 기쁨: (활짝 웃으면서 방방 뛴다)
- 여러분은 어떻게 정답을 맞추었나요?
  - ▷ 앞에 나온 친구의 표정이나 몸짓을 보고 생각했어요.
  - ▷ 저는 어떨 때 저런 표정이나 몸짓을 하는지 떠올려보았어요.
- 다른 사람의 마음은 어떻게 헤아릴 수 있을까요?
  - ▷ 그 사람의 표정을 관찰해요.
  - ▷ 그 사람의 말과 행동을 통해 판단해요.
  - ▷ 제가 겪은 비슷한 경험을 떠올려요.
- 오늘은 책을 함께 읽으면서 이야기 속 인물의 마음을 살펴봅시다.

▣ 학습 문제 정하기

이야기 속 인물의 마음을 헤아리며 글을 읽어봅시다.

▣ 함께 읽는 교실
- 오늘은 《지각대장 존》이라는 그림책을 함께 읽겠습니다. 표지에 어떤 인물이 있나요?

▷ 아이와 선생님이 있습니다.
• 《지각대장 존》은 어떤 내용일까요?
　▷ 존이라는 아이가 지각하는 내용일 것 같아요.
　▷ 선생님이 존을 혼낼 것 같아요.
• 이야기 속 인물의 마음이 어떨지 생각하며 《지각대장 존》을 읽어봅시다.
• 존에게 어떤 일이 일어났나요?
　▷ 존이 학교에 가려고 할 때마다 이상한 일들이 일어나서 어쩔 수 없이
　　지각했어요.
　▷ 선생님은 존의 말을 믿어주지 않고 혼내기만 해요.
　▷ 선생님은 나중에 존의 말이 진짜라는 것을 직접 확인하고 오히려 혼이
　　났어요.
• 선생님이 믿어주지 않았을 때 존의 마음은 어땠을까요?
　▷ 사실대로 말했는데 선생님이 거짓말쟁이 취급해서 억울할 것 같아요.
　▷ 언젠가 선생님이 직접 당해봤으면 하는 마음도 들었을 것 같아요.
• 선생님의 입장에서는 존이 지각한 이유를 듣고 어떤 마음이 들었을까요?
　▷ 말도 안 되는 이야기라고 생각해서 어이가 없었을 것 같아요.
　▷ 존이 선생님을 무시한다고 생각해서 화가 났을 것 같아요.
　• 여러분은 지각해본 적이 있나요? 그때 어떤 마음이 들었나요?
　▷ 빨리 가야 하는데 맘대로 되지 않아서 초조했어요.
　▷ 선생님한테 혼날까봐 무서워서 학교에 안 가고 싶었어요.
• 존과 선생님의 마음이 각각 어땠을지 책에 정리해 봅시다.

▣ 인물의 마음을 헤아리는 방법
• 인물의 마음을 잘 헤아리기 위해서는 어떻게 하는 것이 좋을까요?
　▷ 인물의 상황, 말과 행동 등을 주의 깊게 살펴봐요.
　▷ 내가 겪은 비슷한 경험과 그때 어떤 마음이 들었는지 떠올려요.
　▷ 내가 등장인물이라면 어떤 마음이 들지 상상해요.

• 지금부터 존과 선생님 중 한 명이 되어 그 인물의 입장에서 이야기를 다시 쓰고 발표해 봅시다.

▷ 존: 나한테만 매일 아침 이상한 일이 일어나는 것도 억울한데 선생님은 내 말을 하나도 안 믿어줘서 억울하다. 선생님은 이걸 직접 봐야 믿으실 것 같다. 솔직히 선생님이 한번 당해보셨으면 좋겠다. 통쾌할 것 같다.

▷ 선생님: 존은 매일 지각하면서 반성하기는커녕 누가 봐도 거짓말일 게 뻔한 핑계만 댄다. 이쯤 되면 나를 무시하는 건가? 화가 난다. 오늘도 혼을 좀 내야겠는데……. 아니 저게 뭐야, 존이 말한 게 사실이었잖아? 미안해 존, 이것 좀 그만하게 해줘!

■ 정리 및 차시 예고
• 오늘은 어떤 내용을 배웠나요?

▷ 이야기 속 인물의 마음을 헤아려보았어요.

▷ 내가 등장인물이 되어 이야기를 다시 써보았어요.
• 다음 시간에는 읽을 사람을 생각하며 마음을 전하는 글을 써보겠습니다.

이 책은 아이들의 잘못된 행동에 대해 교훈이 아닌 더 큰 이해와 관심이 필요하다는 내용이 담긴 책이다. 존은 날마다 학교로 가는 길에 예상치 못한 일을 겪게 되어 지각하게 된다. 선생님은 그런 존의 말을 믿지 않고 윽박지르기만 한다. 이를 통해 질타나 체벌보다는 따뜻한 이해와 관심이 아이들의 성장에 도움이 된다는 메시지를 전하고 있다.

이야기 속 인물의 마음을 파악하기 위해 가장 필요한 태도는 공감의 태도이다. 아이들은 책을 읽으며 주인공에게 벌어진 일과 유사한 자신의 경험을 떠올리고, 인물의 마음이 어떨지 자연스럽게 헤아린다. 그중에서도 지각은 많은 아이들이 경험했을 법한 주제이다. 지각했을 때 느꼈던 감정을 떠올리며 인물의 마음을 헤아리도록 안내하기 위해 이 책을 선택하였다.

이야기를 함께 읽으며 학교에 지각한 경험을 떠올려보고, 선생님이 존의 말을 믿어주지 않았을 때 존의 기분이 어떨지 존의 입장에서 생각해보았다. 또한 선생님의 입장에서도 존의 말이 어떻게 들렸을지, 어떤 마음이 들었을지 생각해보았다. 이를 통해 이야기 속 인물의 마음을 헤아리는 방법을 자연스럽게 정리하고, 등장인물 중 한 명의 입장에 이입하여 이야기를 다시 정리해보았다.

까마귀 소년 (글·그림 야시마 타로, 비룡소)

학년 및 교과	4학년 1학기 도덕
단원 및 차시	3. 아름다운 사람이 되는 길 (2/4)
성취기준	[4도04-02] 참된 아름다움을 올바르게 이해하고 느껴 생활 속에서 이를 실천한다.
학습주제	아름다운 사람이 되기 위한 방법 찾기

■ **동기 유발하기**
- 우리는 지난 시간에 무엇에 대해 배웠나요?
  ▷ 아름다움에 대해 알아보았습니다.
- 아름다운 사람이란 어떤 사람일까요? 얼굴이 예쁜 사람만 아름다운 사람일까요?
  ▷ 아니요.
  ▷ 아름다운 사람이란 외면적, 내면적, 도덕적 삶이 골고루 아름다운 사람입니다.
- 여러분은 여러분이 아름다운 사람이라고 생각하나요?
  ▷ 네.
  ▷ 아니요.
- 오늘은 책을 함께 읽으면서 나와 친구의 아름다움을 발견하고, 아름다운 사람이 되기 위해 할 수 있는 일에 대해 생각해보겠습니다.

■ **학습 문제 정하기**

아름다운 사람이 되기 위한 방법을 생각해봅시다.

■ **함께 읽는 교실**
- 오늘 읽어볼 책은 《까마귀 소년》입니다. 책 표지에 그려진 아이가 오늘의 주인공 '까마귀 소년'인데요, 이 아이는 어떻게 '까마귀 소년'이 되었을까요?

▷ 까마귀를 닮아서일 것 같습니다.

▷ 까마귀 소리를 잘 내서일 것 같습니다.

• 인물들 사이의 관계가 어떻게 변하는지 생각해보며 이 책을 읽어보겠습니다.

• 주인공은 어떤 아이인가요?

▷ 겁이 너무 많아서 선생님과 친구와 친해지지 못한 아이입니다.

▷ '땅꼬마'라고 불리면서 친구들에게 따돌림 당하는 아이입니다.

• 주인공은 친구들과 놀지 않고 무엇을 했나요?

▷ 무엇이든 자세히 관찰했습니다.

• 그럼 친구들에게 따돌림 당하는 주인공은 아름답지 않은 사람인가요?

▷ 아니요.

• 주인공이 가진 아름다움은 무엇일까요?

▷ 주변을 자세하게 살피는 관찰력과 호기심입니다.

▷ 어떤 것을 꾸준히 할 수 있는 끈기입니다.

▷ 산속에 무엇이 어디 있는지 다 기억하는 기억력입니다.

• 주인공이 가지고 있는 아름다움을 누가 처음 발견해 주었나요?

▷ 선생님입니다.

▣ 나와 친구의 아름다움 발견하기

• 지금부터 붙임 쪽지를 3장씩 나눠주겠습니다. 모둠 친구들이 어떤 아름다움을 가졌는지 생각하여 친구 한 명당 한 가지 이상 적어 봅시다.

• 내가 발견한 친구의 아름다움은 무엇이었나요?

▷ 소현이는 친구를 도와주는 아름다운 마음을 가지고 있습니다.

▷ 현수는 항상 웃는 모습이 보기 좋습니다.

• 이번에는 쪽지를 주인공에게 전달해봅시다. 친구들에게 받은 쪽지는 활동지에 붙여 봅시다.

• 친구들의 생각과 내 생각을 모아, 나는 어떤 아름다움을 가졌는지 정리해 봅시다.

▷ 저는 운동을 잘하고, 청소를 성실히 하고, 친구들을 재미있게 웃겨줍니다.

■ 아름다운 사람이 되기 위해 할 수 있는 일
• 지금보다 더 아름다운 사람이 되기 위해 우리는 어떻게 해야 할까요?
▷ 제가 가진 아름다운 점이 더 아름다워질 수 있게 합니다.
▷ 부족한 점을 찾아서 고치려고 노력합니다.
• 우리가 세 가지 아름다움을 모두 가꾸기 위해 어떻게 해야 할지 생각해
서 써봅시다.
▷ 어떤 일이든 긍정적으로 생각할 것입니다.
▷ 운동을 매일 꾸준히 할 것입니다.
▷ 다른 사람들에게 더 친절하게 대할 것입니다.
• 방금 찾은 방법을 활동지의 실천표에 기록하여 매일 실천해봅시다.

■ 정리 및 차시 예고
• 오늘은 무엇에 대해 배웠나요?
▷ 아름다운 사람이 되기 위한 방법을 찾아보았습니다.
• 오늘 배운 내용에 대해 새로 알게 된 점, 궁금한 점, 또는 느낀 점을 말해
봅시다.
▷ 아름다운 사람이 되기 위해 꾸준히 노력해야겠다고 생각했습니다.
▷ 저는 제 외모가 마음에 들지 않아서 아름답지 못하다고 생각했는데, 저
뿐만 아니라 모든 사람이 각자 아름다운 점을 가지고 있다는 것을 알았습
니다.
• 다음 시간에는 참된 아름다움이란 무엇인지 알아보겠습니다.

산골 마을 초등학교에 다니는 땅꼬마는 평소 말이 없고 다른 친구
와 어울리지 못해 따돌림을 당하고 놀림을 받는 외톨이다. 그런데 새
로 오신 선생님의 정성 어린 보살핌으로 마을 사람 모두로부터 인정
받는 '까마귀 소년'이 된다.

사람이 꽃보다 아름답다는 말이 있다. 정말 모든 사람은 아름다움

을 가지고 있을까? 그렇다면 그것을 어떻게 발견해야 할까? 우리는 대개 다른 사람의 겉모습을 보고 그 사람을 판단한다. 하지만 그 사람의 겉모습과 짧은 시간 경험한 말과 행동은 그 사람의 단편적인 모습밖에 되지 않는다. 땅꼬마가 가진 아름다움을 발견해주었던 선생님처럼, 사람에게 숨겨진 진정한 아름다움을 알아보기 위해서는 어떻게 해야 할까? 그리고 우리는 어떻게 하면 더 찬란한 사람으로 거듭날 수 있을까?

주위 사람의 관심과 애정으로 자기 안에 숨겨진 아름다움을 발견한 땅꼬마처럼, 아이들도 친구들의 도움을 받아 자기가 가진 아름다움을 발견하고, 이를 더 아름답게 가꾸기 위해서는 어떻게 하면 좋을지 생각해보았다.

치킨 마스크 (글·그림 우쓰기 미호, 책읽는곰)

학년 및 교과	5학년 1학기 도덕	
단원 및 차시	3. 긍정적인 생활 (2/4)	
성취기준	[6도04-01] 긍정적 태도의 의미와 중요성을 알고, 어려움을 극복하기 위한 긍정적 삶의 태도를 습관화한다.	
학습주제	나를 소중히 여기기	

◼ 생각의 문 열기

• 책의 제목은 무엇인가요?
  ▷《치킨 마스크》입니다.

 • 표지에서 무엇을 볼 수 있나요?
  ▷ 치킨 마스크를 쓰고 있는 아이가 보여요.
  ▷ 바닥에 시험지가 여러 장 있어요.

• 표지를 보니 어떤 생각이 드나요?
  ▷ 왜 치킨 마스크를 쓰고 있는지 궁금해요.
  ▷ 공부를 못해서 속상할 것 같아요.
  ▷ 뒷표지의 '그래도 난 내가 좋아!'를 보니 자기 자신을 사랑하기로 한
   것 같아요.

◼ 학습 문제 정하기

> 나를 소중히 여기는 마음을 실천해봅시다.

◼ 함께 읽는 교실

• 인물의 마음을 생각하며 그림책《치킨 마스크》를 읽어봅시다.
• 이야기에 등장하는 동물은 누구누구인가요?

▷ 올빼미, 햄스터, 장수풍뎅이, 개구리, 해달, 토끼, 닭입니다.
• 각각의 동물이 가진 장점은 무엇인가요?
  ▷ 올빼미 마스크는 시험 문제를 잘 풀어요.
  ▷ 햄스터 마스크는 만들기를 잘해요.
  ▷ 장수풍뎅이 마스크는 힘이 세고 개구리 마스크는 노래를 잘해요.
• 치킨 마스크는 스스로를 어떻게 생각하나요?
  ▷ 잘하는 게 하나도 없다고 생각해요.
  ▷ 뒤처진 아이라고 생각해요.
  ▷ 늘 방해만 되는 아이라고 생각해요.

■ 나의 경험 떠올려보기
• 우리 반 친구들의 장점을 떠올려볼까요?
• 나도 다른 친구들보다 못한다고 생각해서 속상했던 경험이 있나요?
  ▷ 그림을 잘 그리고 싶은데 그러지 못해서 속상해요.
  ▷ 저도 운동을 잘하고 싶어요.
• 내가 치킨 마스크라면 어떤 마스크를 썼을 것 같나요?
  ▷ 올빼미 마스크를 쓰고 공부를 잘하고 싶어요.
  ▷ 개구리 마스크를 쓰고 노래를 잘하고 싶어요.
  ▷ 아무것도 쓰고 싶지 않아요. 부족한 점이 있어도 내 모습이 좋아요.

■ 생각의 깊이 더하기
 • 다음의 물음을 해결해봅시다.

1. 나의 장점은 무엇인가요?
2. 나의 단점은 무엇인가요?
3. 2에서 적은 단점은 꼭 고쳐야 하는 단점인가요? 나의 단점을 긍정적으로 바꿀 수 있을까요?
 (예) 우유부단하다→신중하다, 산만하다→호기심이 많다
4. 나를 소중히 여긴다는 것은 어떤 의미일까요?

• 나를 소중히 여기며 발전하기 위해 어떤 마음을 가져야 할까요?
  ▷ 있는 그대로 받아들이고 사랑하는 마음을 가져요.
  ▷ 남과 나를 비교하지 않아요.
  ▷ 나의 단점도 장점이 될 수 있다고 긍정적으로 생각해요.

■ 차시 예고하기
• 다음 시간에는 어려움에 처한 상황에서 긍정적으로 생각하고 판단하는 인물의 이야기를 들어봅시다.

  굉장한 열등감을 가진 치킨 마스크는 다른 마스크 친구들을 부러워한다. 치킨 마스크는 우연히 운동장에서 여러 종류의 마스크를 발견하고 하나하나 써보면서 정말로 자기가 되고 싶은 것이 무엇인지 생각하는 기회를 얻는다.

  모든 사람에게는 저마다의 재능이 담긴 그릇이 있다는 것을 이해하고, 자신의 장점을 찾아 소중히 여기는 기회를 가져 보았다. 그림 속 치킨 마스크의 표정을 자세히 관찰하고 치킨 마스크의 입장에서 왜 그런 표정을 짓게 되었는지 생각해본다. 다음 활동으로 나의 장단점을 떠올려보고 단점은 항상 나쁘기만 한 것인지, 단점도 나의 부분으로 받아들이며 나를 소중하게 여기는 방법에는 어떤 것이 있는지 이야기하며 마무리했다.

하늘과 바람과 별과 시 (글 윤동주, 스타북스)

학년 및 교과	5학년 2학기 사회
단원 및 차시	2. 사회의 새로운 변화와 오늘닐의 우리-(2) 일제의 침략과 광복을 위한 노력 (16/23)
성취기준	[6사04-04] 광복을 위하여 힘쓴 인물(이회영, 김구, 유관순, 신채호 등)의 활동을 파악하고, 나라를 되찾기 위한 노력을 소중히 여기는 태도를 기른다.
학습주제	나라를 되찾으려는 다양한 노력 알아보기

■ 함께 읽는 시

• 지난 시간에는 어떤 내용을 배웠나요?

▷ 나라를 되찾으려는 대한민국 임시 정부의 노력을 알아보았습니다.

▷ 독립군들의 활약을 알아보았습니다.

• 오늘은 시 두 편을 함께 읽어보겠습니다. 두 시는 모두 이 시집에 수록되었습니다.

• 시집의 제목은 무엇인가요?

▷《하늘과 바람과 별과 시》입니다.

• 이 시를 쓴 사람은 누구인가요?

▷ 윤동주 시인입니다.

• 윤동주의 시 중 〈서시〉와 〈쉽게 쓰여진 시〉를 읽어보겠습니다. 글쓴이의 마음을 생각하며 시를 읽어봅시다.

• 글쓴이는 어떤 마음을 느끼고 있을까요?

▷ 괴로운 마음일 것 같습니다.

▷ 부끄러운 마음일 것 같습니다.

• 이 시인은 무엇에 대해 부끄럽고 괴로워했을까요?

▷ 나라가 빼앗긴 것을 부끄럽고 괴로워했을 것 같습니다.

• 만약 우리나라가 빼앗겼다면, 나는 어땠을 것 같나요?

▷ 슬프고 무서웠을 것입니다.

▷ 빼앗긴 나라를 다시 되찾으려고 할 것입니다.

■ 공부할 문제 정하기

> 나라를 되찾으려는 다양한 노력을 알아봅시다.

■ 독립운동가 조사하기

• 일제가 우리 민족정신을 훼손하고 우리 민족을 수탈하기 위해 벌인 일을
알아봅시다.

▷ 우리말을 사용하지 못하게 했고 일본어를 쓰도록 강요했습니다.

▷ 일본 역사를 가르쳤고, 우리의 역사를 왜곡하고 축소했습니다.

▷ 우리 이름을 일본 성과 이름으로 바꾸게 했습니다.

▷ 신사 참배를 강요했습니다.

• 이에 맞서 독립운동가들은 어떤 노력을 했는지 알아봅시다.

▷ 신채호는 우리의 역사를 소개하는 책을 펴냈습니다.

▷ 조선어학회는 한글을 보급하고 사전을 편찬하기 위해 노력했습니다.

▷ 한용운, 이육사를 비롯한 문인들은 문학 작품에 민족정신을 담았습니다.

• 지금부터 태블릿으로 독립 운동가의 생애와 한 일에 대해 조사해봅시다.
조사한 내용은 패들릿에 올려 공유합시다. 국가보훈처 홈페이지의 독립
운동가 자료실을 활용하면 좋습니다.

• 조사한 독립운동가에 대해 발표해봅시다.

■ 별을 노래하는 마음으로

• 시를 다시 한번 읽어봅시다. 어떤 마음이 드나요?

▷ 나라를 빼앗겨 괴로워하는 시인의 마음이 느껴집니다.

▷ 윤동주 시인도 우리 민족의 정신을 담은 시를 써 일제에 저항하려한
것 같습니다.

• 나라를 되찾으려 노력한 독립운동가들에게 하고 싶은 말을 노란색 별 모
양 붙임 쪽지에 써서 칠판에 붙이고 발표해봅시다.

> ▷ 나라를 지켜주셔서 감사합니다.
> ▷ 덕분에 저희가 지금 한국말을 쓸 수 있어요.
> ▷ 이제 저희가 이 나라를 지키겠습니다.
>
> **■ 차시 예고하기**
> • 역사를 잊은 민족에게 미래는 없다고 합니다. 우리는 이 가슴 아픈 역사
> 를 기억하고 또다시 같은 실수를 하지 않도록 노력해야겠습니다.
> • 다음 시간에는 광복의 과정을 알아보겠습니다.

나라를 되찾기 위한 많은 독립운동가 중 민족 시인으로 알려진 윤
동주의 시에 담긴 정신과 의지를 떠올리며 수업을 시작한다. 우리에
게 익숙한 〈서시〉와 윤동주가 쓴 마지막 시라고 알려진 〈쉽게 쓰여
진 시〉를 읽으며 그 안에 담긴 설움과 자아 성찰에 대해 생각해본다.
우리 조상들이 다양한 형태의 독립운동을 전개했음을 이해하고 특히
민족정신을 지키기 위한 독립운동가들의 노력을 직접 조사해 발표해
봄으로써 우리 민족의 저항에 대해 공감해보도록 한다.

돼지책 (글·그림 앤서니 브라운, 웅진주니어)

학년 및 교과	6학년 1학기 실과
단원 및 차시	(미래엔) 2.가족과 가정일-(2)가정일의 분담과 실천
성취기준	[6실01-04] 건강한 가정생활을 위해 가족 구성원의 다양한 요구에 대하여 서로 간의 배려와 돌봄이 필요함을 이해한다.
학습주제	가족을 위해 내가 할 수 있는 일 찾아 실천하기

■ **책 살펴보기**
- 〈돼지책〉의 표지를 보고 떠오르는 생각을 이야기해봅시다.
  ▷ 한 사람이 세 명을 업고 있어서 힘들 것 같습니다.
  ▷ 엄마가 가족을 모두 돌보는 이야기 같습니다.
- 책의 제목은 왜 〈돼지책〉일까요?
  ▷ 엄마에게만 의지하는 다른 가족의 모습이 게으른 돼지의 이미지와 비슷하기 때문이에요.
- 그림책 〈돼지책〉을 읽고 가족에게 어떤 일이 일어났는지 알아봅시다.
  ▷ 집안일을 분담하지 않고 엄마가 혼자 다 해요.
  ▷ 엄마가 집을 나가고 나머지 가족들이 돼지로 변해요.

■ **학습 문제 정하기**

> 가족을 위해 내가 할 수 있는 일을 찾아 실천해봅시다.

■ **함께 읽는 교실**
- 그림책 〈돼지책〉을 읽고 질문을 만들어 짝과 묻고 답해봅시다.

300

내용의 사실 파악을 위한 질문	• 엄마는 집에서 무슨 일을 했나요? • 가족들은 엄마에게 어떤 말을 했나요? • 엄마가 남긴 쪽지에는 뭐라고 쓰여있었나요?

• 결국 엄마는 지쳐 집을 나가게 돼요. 아빠와 아이들은 어떻게 되었을까요?

상상하기 좋은 질문	• 엄마는 왜 집을 나갔을까요? • 쪽지를 쓸 때 엄마는 어떤 표정이었을까요? • 만약 가족들이 돼지로 변하지 않았다면 어떻게 되었을까요?

• 여러분의 경험을 떠올리며 묻고 답해봅시다.

경험과 관련된 질문	• 우리 집의 가정일은 누가 주로 하나요? • 우리 집에서 내가 하는 일은 무엇인가요? • 만약 내가 엄마라면 어떻게 할 것 같나요?

• 이 이야기를 읽고 드는 생각에 대해 이야기해봅시다.

토론하기 좋은 질문	·가정일은 누가 해야 한다고 생각하나요? ·'맞벌이해도 집안일은 아내 몫'이라는 뉴스를 보고 어떤 문제가 있는지 이야기해봅시다. ·집안일을 효과적으로 분담하는 방법에는 어떤 것이 있을까요?

▣ 가정일 분담하기
• 가정에서 내가 분담할 수 있는 일을 찾아 실천 계획을 세워봅시다.

▣ 학습 내용 정리하기
• 내가 세운 계획을 친구들 앞에서 다짐해보고, 일주일 동안 실천한 내용을 잘 기록해봅시다.

이 책은 여성이 혼자서 짊어지고 있는 가사노동의 문제점에 대한 내용을 담고 있는 책이다. 아무도 함께해주지 않는 집안일에 지친 엄마는 집을 나가게 되는데, 엄마가 사라져 아빠와 아들들만 남은 집은 엉망이 되고 그들의 모습도 점차 돼지처럼 변하게 된다.

그런데 이 책에는 그림을 아주 자세히 보아야만 알아챌 수 있는 특이한 점이 있다. 바로 책 곳곳에 숨어 있는 돼지 그림이다. 엄마가 집에서 나간 뒤 그림 속에 숨겨진 돼지 그림이 점점 늘어나고, 급기야 집의 모양 또한 돼지처럼 변해가는 것을 발견할 수 있도록 안내했다.

또 이야기를 읽으며 단계별 질문을 만들어 짝과 묻고 답하는 활동을 전개했다. 질문을 통해 그림책의 내용을 확인하고 드러나지 않은 부분을 추론하고 상상해봄으로써 아이들의 메타인지를 활용할 수 있었다. 또 아이들이 스스로 궁금한 것을 찾아가며 즐거운 분위기에서 적극적으로 수업에 참여하는 모습을 볼 수 있었다. 가정일을 '도와준다'가 아닌 '제가 할 일을 스스로 하겠습니다.'로 바꿔 생각할 수 있는 시간이 되었다.

초등학교 선생님이 교실에서 검증한
초등초등 독서인문 첫 걸음 떼기

초판 1쇄 인쇄 2022년 12월 1일
초판 1쇄 발행 2022년 12월 15일

지은이 박상아·양지수
펴낸이 하인숙

기획총괄 김현종
편집 백상웅
디자인 김정연

펴낸곳 더블북
출판등록 2009년 4월 13일 제2022-000052호
주소 서울시 양천구 목동서로 77 현대월드타워 1713호
전화 02-2061-0765 팩스 02-2061-0766
블로그 https://blog.naver.com/doublebook
인스타그램 @doublebook_pub
포스트 post.naver.com/doublebook
페이스북 www.facebook.com/doublebook1
이메일 doublebook@naver.com

ⓒ 박상아·양지수 2022
ISBN 979-11-980774-1-7 (03370)